DEUTSCHE RECHTSCHREIBUNG · AMTLICHE REGELUNG

DEUTSCHE RECHTSCHREIBUNG

Regeln und Wörterverzeichnis

AMTLICHE REGELUNG

Herausgegeben vom
Rat für deutsche Rechtschreibung

 Gunter Narr Verlag Tübingen

Bibliografische Information der Deutschen Bibliothek

Die Deutsche Bibliothek verzeichnet diese Publikation in der Deutschen Nationalbibliografie; detaillierte bibliografische Daten sind im Internet über <http://dnb.ddb.de> abrufbar.

© 2006 · Narr Francke Attempto Verlag GmbH + Co. KG
Dischingerweg 5 · D-72070 Tübingen

Internet: www.narr.de
E-Mail: info@narr.de

Druck und Bindung: Laupp & Göbel, Nehren
Printed in Germany

ISBN 13: 978-3-8233-6270-8
ISBN 10:   3-8233-6270-4

Geleitwort

Am 1. August 2006 tritt die Neuregelung der deutschen Rechtschreibung mit den vom Rat für deutsche Rechtschreibung vorgeschlagenen Änderungen in Kraft, die in die vorliegende Textausgabe des amtlichen Regelwerks eingearbeitet sind.

Der Rat für deutsche Rechtschreibung wurde im Dezember 2004 von den zuständigen staatlichen Stellen in Deutschland, Österreich, der Schweiz und Liechtenstein eingesetzt. Seine Hauptaufgabe bestand zunächst darin, auf der Basis des amtlichen Regelwerks 2004 eine konsensuelle Lösung zu entwickeln, die den Interessen sowohl der Schulen wie auch der professionell Schreibenden Rechnung trägt. Er hat dazu in schwierigen und arbeitsintensiven Beratungen innerhalb eines Jahres Änderungsvorschläge in den Bereichen Getrennt- und Zusammenschreibung, Zeichensetzung, Worttrennung am Zeilenende sowie Groß- und Kleinschreibung erarbeitet, die durch ihre Ausrichtung am Schreibgebrauch die Voraussetzung dafür schaffen, die Lesenden und Schreibenden mit der Neuregelung der deutschen Rechtschreibung zu versöhnen und somit die Einheitlichkeit der deutschen Rechtschreibung zu bewahren.

Mit dem jetzt vorliegenden Regelwerk ist ein Status erreicht, der Sicherheit und Verlässlichkeit bietet. Der Rat für deutsche Rechtschreibung wird auch in Zukunft für die Einheitlichkeit der deutschen Rechtschreibung eintreten und durch Beobachtung des Schreibgebrauchs sicherstellen, dass der allgemeine Sprachwandel angemessen im Regelwerk Berücksichtigung findet.

München, im Juli 2006

Dr. h. c. mult. Hans Zehetmair
Staatsminister a. D.
Vorsitzender des Rats für deutsche Rechtschreibung

Inhalt

Vorwort

1 Geltungsbereich der neuen Rechtschreibregelung

Das folgende amtliche Regelwerk, mit einem Regelteil und einem Wörterverzeichnis, regelt die Rechtschreibung innerhalb derjenigen Institutionen (Schule, Verwaltung), für die der Staat Regelungskompetenz hinsichtlich der Rechtschreibung hat. Darüber hinaus hat es zur Sicherung einer einheitlichen Rechtschreibung Vorbildcharakter für alle, die sich an einer allgemein gültigen Rechtschreibung orientieren möchten (das heißt Firmen, speziell Druckereien, Verlage, Redaktionen – aber auch Privatpersonen).

2 Grundlagen der deutschen Rechtschreibung

Die deutsche Rechtschreibung beruht auf einer Buchstabenschrift. Wie ein gesprochenes Wort aus Lauten besteht, so besteht ein geschriebenes Wort aus Buchstaben. Die [regelgeleitete] Zuordnung von Lauten und Buchstaben soll es ermöglichen, jedes geschriebene Wort zu lesen und jedes gehörte Wort zu schreiben.

Die Schreibung der deutschen Sprache – worunter im Folgenden immer auch die Zeichensetzung mitverstanden wird – ist durch folgende grundlegende Beziehungen geprägt:

- die Beziehung zwischen Schreibung und Lautung

- die Beziehung zwischen Schreibung und Bedeutung

2.1 Die Beziehung zwischen Schreibung und Lautung

Jedem Laut entspricht ein Buchstabe oder eine Buchstabenverbindung (zum Beispiel *sch, ch*). Gelegentlich werden auch *zwei* Laute durch *einen* Buchstaben bezeichnet (so durch *x* und *z*).

Die Zuordnung von Lauten und Buchstaben orientiert sich an der deutschen Standardaussprache. Das hat den Vorteil, dass ein Wort immer in derselben Weise geschrieben wird, obwohl es regionale Varianten in der Aussprache geben kann. Wer schreiben lernt, muss daher manchmal mit der Schreibung auch die Standardaussprache erlernen.

Besondere Probleme bereitet die Schreibung der Fremdwörter, weil andere Sprachen über Laute verfügen, die im Deutschen nicht vorkommen (zum Beispiel [θ] im Englischen wie in *Thriller* und die französischen Nasalvokale wie in *Teint*). Darüber hinaus können fremde Sprachen andere Laut-Buchstaben-Zuordnungen haben (zum Beispiel in *Nightclub*). Grundsätzlich kann man, was die Schreibung von Fremdwörtern angeht, zwei Tendenzen unterscheiden:

(1) Schreibung wie in der fremden Sprache: Diese Lösung hat Vorteile beim Erlernen fremder Sprachen, bei Mehrsprachigkeit, bei der internationalen Verständigung, speziell bei den Internationalismen (zum Beispiel *City, Taxi*) oder in den Fachsprachen (zum Beispiel *Calcium*). Teilweise verbindet sich mit der fremden Schreibung auch das Flair von Weltläufigkeit, dies besonders bei Varianten (zum Beispiel *Club* neben *Klub*).

(2) Lautliche und/oder orthografische Angleichung (zum Beispiel beides in englisch *strike*, gesprochen [straɪk], zu deutsch *Streik*, gesprochen [ʃtraɪk]): Diese Lösung hat Vorteile für den, der die fremde Herkunftssprache nicht kennt. Denn bei nicht erfolgter Angleichung kann er sich das Fremdwort nur als Schreibschema oder Schreibaussprache einprägen (zum Beispiel *Portemonnaie* als *Por-te-mon-na-i-e*). Die Angleichung vollzog und vollzieht sich meist nicht systematisch, sondern von Fall zu Fall, und sie hängt sehr stark von der Häufigkeit und Gebräuchlichkeit eines Wortes ab. Gelegentlich gibt es auch Doppelschreibungen, besonders wenn spezielle fachsprachliche Schreibungen auftreten (zum Beispiel *Karbid – Carbid*).

Nicht immer gelten die regelmäßigen Laut-Buchstaben-Zuordnungen bei Eigennamen; man vergleiche *Schmidt, Schmid; Maier, Mayer, Meyer, Meier; Duisburg; Soest.*

2.2 Die Beziehung zwischen Schreibung und Bedeutung

Die deutsche Rechtschreibung bezieht sich nicht nur auf die Lautung, sondern sie dient auch der grafischen Fixierung von Inhalten der sprachlichen Einheiten, das heißt der Bedeutung von Wortteilen, Wörtern, Sätzen und Texten. So wird ein Wortstamm möglichst gleich geschrieben, selbst wenn er in unterschiedlicher Umgebung verschieden ausgesprochen wird. Man spricht hier von Stammschreibung oder Schemakonstanz. Dies betrifft zum Beispiel die Schreibung bei Auslautverhärtung in manchen deutschen Sprachgebieten (*Rad* und *Rat* werden gleich ausgesprochen, aber unterschiedlich geschrieben wegen *des Rades* und *des Rates*), den Umlaut (zum Beispiel *Wand – Wände*, aber *Wende*), das Zusammentreffen gleicher Konsonanten (zum Beispiel *Haussegen, fünffach, zerreißen, enttäuschen, Blinddarm*), gelegentlich auch Einzelfälle (*vier* mit langem [iː], aber *vierzehn, vierzig* trotz kurzem [ɪ]). Hingegen werden in manchen Fällen verschiedene Wörter, obwohl sie gleich ausgesprochen werden, unterschiedlich geschrieben (Unterscheidungsschreibung; zum Beispiel *Saite, Seite; wieder, wider*).

Diese Schemakonstanz sichert den Lesenden ein rasches Erkennen einzelner Wörter und ihrer „Bausteine". Schwierig an diesem Verfahren ist, dass den Sprachteilhaberinnen und Sprachteilhabern einerseits in manchen Fällen nicht klar ist, ob eine Wortverwandtschaft vorliegt (gehört zum Beispiel *Herbst* zu *herb?*), oder dass sie andererseits eine Wortverwandtschaft rechtschreiblich nicht beachten müssen (zum Beispiel *Eltern* zu *alt; voll* zu *füllen*). Bei der Unterscheidungsschreibung wirkt die Wahl der unterscheidenden Buchstaben auf die heutigen Sprachteilhaberinnen und Sprachteilhaber zufällig (zum Beispiel *Laib, Leib; Lied, Lid; Lärche, Lerche*).

Der Kennzeichnung des Wortes und seiner Unterscheidung von Wortgruppen dient unter anderem die Getrennt- und Zusammenschreibung. Die Großschreibung hat im Deutschen mehrere Aufgaben. So dient sie zum Beispiel dazu, Eigennamen sowie Substantive und Substantivierungen zu markieren. Gleichzeitig dient die Großschreibung auch der Hervorhebung des Anfangs von Sätzen und Überschriften. Sätze und Texte als komplexere sprachliche Einheiten werden ihrerseits durch die Mittel der Zeichensetzung in einzelne Teileinheiten untergliedert. Die Lesenden erhalten dadurch schnell erfassbare Informationen über grammatisch-semantische Zusammenhänge.

Schwierig bei all diesen grafischen Bedeutungsmarkierungen ist, dass von den Schreibenden ein gewisses Maß an grammatischem Wissen verlangt wird. Darüber hinaus liegt es in der Natur der Sprache, dass es manchmal keine eindeutige Entscheidung für die eine oder andere Schreibung gibt, weil es sich um Übergangsfälle zwischen verschiedenen sprachlichen Einheiten oder Klassen handelt (zum Beispiel zwischen Zusammensetzung und Wortgruppe).

3 Regelteil und Wörterverzeichnis

Auf der Basis dieser grundlegenden Beziehungen wird durch den Regelteil und das Wörterverzeichnis die geltende Norm der deutschen Schreibung festgelegt. Dabei ergänzen sie einander. So kann die Norm, den Satzanfang großzuschreiben oder gleichrangige Teile in Aufzählungen durch ein Komma zu trennen, durch Regeln im Regelteil allgemein beschrieben werden. Hingegen kann die Schreibung vieler Fremdwörter nur durch Einzelfestlegungen im Wörterverzeichnis erfasst werden; es gibt dazu weder Regeln noch ist es sinnvoll, lange Ausnahme-listen im Regelteil anzulegen.

In vielen Fällen kann man die Schreibung sowohl mit Hilfe der Regeln allgemein bestimmen als auch durch das Nachschlagen im Wörter-verzeichnis ermitteln. So besagt zum Beispiel eine Regel, dass der Buchstabe für einen einzelnen Konsonanten nach betontem kurzem Vokal verdoppelt und so die Kürze des Vokals gekennzeichnet wird (zum Beispiel *Affe, Barren, gönnen, schlimm*); aber auch im Wörter-verzeichnis ist notwendigerweise jedes einschlägige Wort mit dem ver-doppelten Buchstaben für den Konsonanten (zum Beispiel *Affe*) ver-zeichnet.

3.1 Zum Aufbau des Regelteils

Der Regelteil ist in sechs Teilbereiche gegliedert:

A   Laut-Buchstaben-Zuordnungen
B   Getrennt- und Zusammenschreibung
C   Schreibung mit Bindestrich
D   Groß- und Kleinschreibung
E   Zeichensetzung
F   Worttrennung am Zeilenende

Den Teilbereichen ist jeweils eine Vorbemerkung vorangestellt, die über Inhalt und Aufbau Auskunft gibt. Die Teilbereiche sind durch Zwischenüberschriften mit arabischer Nummerierung (1, 1.1, 1.2 ...) untergliedert. Der gesamte Regelteil ist darüber hinaus fortlaufend durch Paragrafen durchgezählt, um Verweisungen sowohl innerhalb des Regelteils als auch vom Wörterverzeichnis auf den Regelteil zu ermöglichen.

Alle Regeln werden durch Beispiele verdeutlicht; die Ausnahmen sind, wenn nicht anders vermerkt, vollständig angeführt. In den Erläuterun-gen (= E) werden zusätzliche Hinweise gegeben. Dabei wird prinzipiell von einer Grundregel ausgegangen. In dem weiteren Text werden dann regelhafte Abweichungen als Einzelregeln oder als Ausnahmen ge-nannt.

Es werden die üblichen grammatischen Fachausdrücke verwendet. Speziell gilt:

Im Regelwerk:	Varianten:
Ausrufezeichen	Rufzeichen (Österreich)
Komma	Beistrich (Österreich)

Im Regelwerk:	Varianten:
Nebensatz	Gliedsatz (Österreich)
Semikolon	Strichpunkt (Österreich, Schweiz)
Substantiv	Nomen (Österreich, Schweiz), Nomen oder Substantiv (Deutschland)

Die Beispiele sind im Regelteil kursiv gesetzt.

Der vorliegende Text ist gemäß der neuen Regelung geschrieben.

3.2 Zum Aufbau des Wörterverzeichnisses

Das Wörterverzeichnis führt den zentralen rechtschreiblichen Wortschatz in alphabetischer Reihenfolge an; Ableitungen und Zusammensetzungen sind nur angegeben, wenn sich bei der Anwendung von Regeln (zum Beispiel zur Getrennt- und Zusammenschreibung) Schwierigkeiten ergeben können. Ebenso sind Angaben zu Flexion und Bedeutung nur dann aufgeführt, wenn dies für rechtschreibliche Zwecke notwendig ist; diese Angaben sind jedoch nicht amtlich festgelegt.

Im Einzelnen gilt:

(1) Stichwörter

Regionale und mundartliche Besonderheiten sind *nicht* erfasst. Länderspezifische Wörter (Austriazismen und Helvetismen) werden jedoch verzeichnet, sofern sie in Österreich beziehungsweise in der Schweiz als standardsprachlich gelten. Sie sind, sofern es sich nicht um österreichische oder schweizerische Schreibvarianten handelt, nicht markiert.

Eigennamen werden nicht aufgeführt. Eingetragene Warenzeichen sind mit ® gekennzeichnet.

Zitatwörter und fremdsprachliche Wendungen wie *all right, de facto, dolce far niente* sind nicht aufgenommen, jedoch werden Beispiele für den Gebrauch in Zusammensetzungen gegeben (*De-facto-Anerkennung* usw.).

(2) Weitere Angaben

Zur Unterscheidung von gleich gesprochenen beziehungsweise gleich geschriebenen Wörtern werden zusätzliche Angaben gemacht, zum Beispiel: *Band* (zu *binden*) und *Band* (Musikgruppe). Bei gleicher Aussprache wird außerdem mit *aber* wechselseitig aufeinander aufmerksam gemacht, zum Beispiel: *Saite* (beim Musikinstrument), aber *Seite* und *Seite* (etwa im Buch), aber *Saite*.

Bei Wörtern, die einander in Schreibung und/oder Bedeutung so ähnlich sind, dass sie verwechselt werden können, steht ebenfalls *aber,* zum Beispiel: *Apartment,* aber *Appartement* und *Appartement,* aber *Apartment.* Unterschiedliche Wortarten erhalten getrennte Einträge ohne Kommentar, zum Beispiel: *bar, Bar.*

(3) Rechtschreibliche und lexikalische Varianten

Während rechtschreiblichen Varianten die gleiche Aussprache zugrunde liegt (zum Beispiel *Anchovis, Anschovis*), unterscheiden sich lexikalische Varianten auch durch die Aussprache (zum Beispiel *Ahn, Ahne*). Sowohl rechtschreibliche als auch lexikalische Varianten stehen ohne Verweis gleichberechtigt nebeneinander. Sofern die Stichwörter in der alphabetischen Abfolge nicht unmittelbar benachbart sind, werden die Varianten an beiden Stellen aufgeführt (zum Beispiel *Anchovis, Anschovis* und *Anschovis, Anchovis*).

(4) Wortreihen

Mit dem Bogen und drei Pünktchen wird auf Reihenbildung hingewiesen, zum Beispiel: *an‿brennen ...*

Der Bestandteil vor dem Bogen gilt als Stichwort. Der Bestandteil hinter dem Bogen zählt als Beispiel und bleibt bei der alphabetischen Einordnung unberücksichtigt. Bei mehreren Beispielen wird das Stichwort durch Pünktchen ersetzt, zum Beispiel: *bereit‿halten, ...stehen, ...stellen ...*

(5) Verweise

Die Paragrafen verweisen auf den Regelteil.

Teil I
Regeln

Teil 1
Regeln

A Laut-Buchstaben-Zuordnungen

0 Vorbemerkungen

(1) Die Schreibung des Deutschen beruht auf einer Buchstabenschrift. Jeder Buchstabe existiert als Kleinbuchstabe und als Großbuchstabe (Ausnahme *ß*):

a b c d e f g h i j k l m n o p q r s t u v w x y z   ä ö ü   ß
A B C D E F G H I J K L M N O P Q R S T U V W X Y Z   Ä Ö Ü

Die Umlautbuchstaben *ä, ö, ü* werden im Folgenden mit den Buchstaben *a, o, u* zusammen eingeordnet; *ß* nach *ss*. Zum Ersatz von *ß* durch *ss* oder *SS* siehe § 25 E2 und E3.

In Fremdwörtern und fremdsprachigen Eigennamen kommen außerdem Buchstaben mit zusätzlichen Zeichen sowie Ligaturen vor (zum Beispiel *ç, é, â, œ*).

(2) Für die Schreibung des Deutschen gilt:

(2.1) Buchstaben und Sprachlaute sind einander zugeordnet. Die folgende Darstellung bezieht sich auf die Standardaussprache, die allerdings regionale Varianten aufweist.

(2.2) Die Schreibung der Wortstämme, Präfixe, Suffixe und Endungen bleibt bei der Flexion der Wörter, in Zusammensetzungen und Ableitungen weitgehend konstant (zum Beispiel *Kind, die Kinder, des Kindes, Kindbett, Kinderbuch, Kindesalter, kindisch, kindlich; Differenz, Differenzial, differenzieren;* aber *säen, Saat; nähen, Nadel*). Dies macht es in vielen Fällen möglich, die Schreibung eines Wortes aus verwandten Wörtern zu erschließen.

Dabei ist zu beachten, dass Wortstämme sich verändern können, so vor allem durch Umlaut (zum Beispiel *Hand – Hände, Not – nötig, Kunst – Künstler, rauben – Räuber*), durch Ablaut (zum Beispiel *schwimmen – er schwamm – geschwommen*) oder durch *e/i*-Wechsel (zum Beispiel *geben – du gibst – er gibt*).

In manchen Fällen werden durch verschiedene Laut-Buchstaben-Zuordnungen gleich lautende Wörter unterschieden (zum Beispiel *malen* aber *mahlen, leeren* aber *lehren*).

(3) Der folgenden Darstellung liegt die deutsche Standardsprache zugrunde.

Besonderheiten sind bei Fremdwörtern und Eigennamen zu beachten.

(3.1) Fremdwörter unterliegen oft fremdsprachigen Schreibgewohnheiten (zum Beispiel *Chaiselongue, Sympathie, Lady*). Ihre Schreibung kann jedoch – und Ähnliches gilt für die Aussprache – je nach Häufigkeit und Art der Verwendung integriert, das heißt dem Deutschen angeglichen werden (zum Beispiel *Scharnier* aus französisch *charnière, Streik* aus englisch *strike*). Manche Fremdwörter werden sowohl in einer integrierten als auch in einer fremdsprachigen Schreibung verwendet (zum Beispiel *Fotografie/Photographie*).

Nicht integriert sind üblicherweise

a) zitierte fremdsprachige Wörter und Wortgruppen (zum Beispiel: *Die Engländer nennen dies „one way mind"*);

b) Wörter in international gebräuchlicher oder festgelegter – vor allem fachsprachlicher – Schreibung (zum Beispiel *City;* medizinisch *Phlegmone*).

Für die nicht oder nur teilweise integrierten Fremdwörter lassen sich wegen der Vielgestaltigkeit fremdsprachiger Schreibgewohnheiten keine handhabbaren Regeln aufstellen. In Zweifelsfällen siehe das Wörterverzeichnis.

(3.2) Für Eigennamen (Vornamen, Familiennamen, geografische Eigennamen und dergleichen) gelten im Allgemeinen amtliche Schreibungen. Diese entsprechen nicht immer den folgenden Regeln.

Eigennamen aus Sprachen mit nicht lateinischem Alphabet können unterschiedliche Schreibungen haben, die auf die Verwendung verschiedener Umschriftsysteme zurückgehen (zum Beispiel *Schanghai, Shanghai*).

(4) Beim Aufbau der folgenden Darstellung sind zunächst Vokale (siehe Abschnitt 1) und Konsonanten (siehe Abschnitt 2) zu unterscheiden.

Unterschieden sind des Weiteren in beiden Gruppen grundlegende Zuordnungen (siehe Abschnitt 1.1 und 2.1), besondere Zuordnungen (siehe Abschnitte 1.2 bis 1.7 und 2.2 bis 2.7) sowie spezielle Zuordnungen in Fremdwörtern (siehe Abschnitt 1.8 und 2.8).

Laute werden im Folgenden durch die phonetische Umschrift wiedergegeben (zum Beispiel das lange *a* durch [a:]). Sind die Buchstaben gemeint, so ist dies durch kursiven Druck gekennzeichnet (zum Beispiel der Buchstabe *h* oder *H*).

1 Vokale

1.1 Grundlegende Laut-Buchstaben-Zuordnungen

§ 1 | Als grundlegend im Sinne dieser orthografischen Regelung gelten die folgenden Laut-Buchstaben-Zuordnungen.

Besondere Zuordnungen werden in den sich anschließenden Abschnitten behandelt.

(1) Kurze einfache Vokale

Laute	Buchstaben	Beispiele
[a]	*a*	*ab, Alter, warm, Bilanz*
[ɛ], [e]	*e*	*enorm, Endung, helfen, fett, penetrant, Prozent*
[ə]	*e*	*Atem, Ballade, gering, nobel*
[ɪ], [i]	*i*	*immer, Iltis, List, indiskret, Pilot*
[ɔ], [o]	*o*	*ob, Ort, folgen, Konzern, Logis, Obelisk, Organ*
[œ], [ø]	*ö*	*öfter, Öffnung, wölben, Ökonomie*
[ʊ], [u]	*u*	*unten, Ulme, bunt, Museum*
[ʏ], [y]	*ü*	*Küste, wünschen, Püree*

(2) Lange einfache Vokale

Laute	Buchstaben	Beispiele
[aː]	*a*	*artig, Abend, Basis*
[eː]	*e*	*edel, Efeu, Weg, Planet*
[ɛː]	*ä*	*äsen, Ära, Sekretär*
[iː]	*ie*	(in einheimischen Wörtern:) *Liebe, Dieb*
	i	(in Fremdwörtern:) *Diva, Iris, Krise, Ventil*
[oː]	*o*	*oben, Ofen, vor, Chor*
[øː]	*ö*	*öde, Öfen, schön*
[uː]	*u*	*Ufer, Bluse, Muse, Natur*
[yː]	*ü*	*üben, Übel, fügen, Menü, Molekül*

(3) Diphthonge

Laute	Buchstaben	Beispiele
[aɪ]	*ei*	*eigen, Eile, beiseite, Kaleidoskop*
[aʊ]	*au*	*auf, Auge, Haus, Audienz*
[ɔʏ]	*eu*	*euch, Eule, Zeuge, Euphorie*

1.2 Besondere Kennzeichnung der kurzen Vokale

Folgen auf einen betonten Vokal innerhalb des Wortstammes – bei Fremdwörtern betrifft dies auch den betonten Wortausgang – zwei verschiedene Konsonanten, so ist der Vokal in der Regel kurz; folgt kein Konsonant, so ist der Vokal in der Regel lang; folgt nur ein Konsonant, so ist der Vokal kurz oder lang. Deshalb beschränkt sich die besondere grafische Kennzeichnung des kurzen Vokals auf den Fall, dass nur ein einzelner Konsonant folgt.

§ 2 | Folgt im Wortstamm auf einen betonten kurzen Vokal nur ein einzelner Konsonant, so kennzeichnet man die Kürze des Vokals durch Verdopplung des Konsonantenbuchstabens.

Das betrifft Wörter wie:

Ebbe; Paddel; schlaff, Affe; Egge; generell, Kontrolle; schlimm, immer; denn, wann, gönnen; Galopp, üppig; starr, knurren; Hass, dass (Konjunktion), *bisschen, wessen, Prämisse; statt* (aber *Stadt*), *Hütte, Manschette*

§ 3 | Für *k* und *z* gilt eine besondere Regelung:
(1) Statt *kk* schreibt man *ck*.
(2) Statt *zz* schreibt man *tz*.

Das betrifft Wörter wie:

Acker, locken, Reck; Katze, Matratze, Schutz

Ausnahmen: Fremdwörter wie *Mokka, Sakko; Pizza, Razzia, Skizze*

E zu § 2 und § 3: Die Verdopplung des Buchstabens für den einzelnen Konsonanten bleibt üblicherweise in Wörtern, die sich aufeinander beziehen lassen, auch dann erhalten, wenn sich die Betonung ändert, zum Beispiel: *Galopp – galoppieren, Horror – horrend, Kontrolle – kontrollieren, Nummer – nummerieren, spinnen – Spinnerei, Stuck – Stuckatur, Stuckateur*

§ 4 | In acht Fallgruppen verdoppelt man den Buchstaben für den einzelnen Konsonanten nicht, obwohl dieser einem betonten kurzen Vokal folgt.

Dies betrifft

(1) eine Reihe einsilbiger Wörter (besonders aus dem Englischen), zum Beispiel:

Bus, Chip, fit, Gag, Grog, Jet, Job, Kap, Klub, Mob, Pop, Slip, top, Twen

E1: Ableitungen schreibt man entsprechend § 2 mit doppeltem Konsonantenbuchstaben: *jobben – du jobbst – er jobbt; jetten, poppig, Slipper;* außerdem: *die Busse* (zu *Bus*)

(2) die fremdsprachigen Suffixe *-ik* und *-it*, die mit kurzem, aber auch mit langem Vokal gesprochen werden können, zum Beispiel:

Kritik, Politik; Kredit, Profit

(3) einige Wörter mit unklarem Wortaufbau oder mit Bestandteilen, die nicht selbständig vorkommen, zum Beispiel:

Brombeere, Damwild, Himbeere, Imbiss, Imker (aber *Imme*), *Sperling, Walnuss;* aber *Bollwerk*

(4) eine Reihe von Fremdwörtern, zum Beispiel:

Ananas, April, City, Hotel, Kamera, Kapitel, Limit, Mini, Relief, Roboter

(5) Wörter mit den nicht mehr produktiven Suffixen *-d, -st* und *-t,* zum Beispiel:

Brand (trotz *brennen*), *Spindel* (trotz *spinnen*); *Geschwulst* (trotz *schwellen*), *Gespinst* (trotz *spinnen*), *Gunst* (trotz *gönnen*); *beschäftigen, Geschäft* (trotz *schaffen*), *[ins]gesamt, sämtlich* (trotz *zusammen*)

(6) eine Reihe einsilbiger Wörter mit grammatischer Funktion, zum Beispiel:

ab, an, dran, bis, das (Artikel, Pronomen), *des* (aber *dessen*), *in, drin* (aber *innen, drinnen*), *man, mit, ob, plus, um, was, wes* (aber *wessen*)

E2: Aber entsprechend § 2: *dann, denn, wann, wenn; dass* (Konjunktion)

(7) die folgenden Verbformen:

ich bin, er hat; aber nach der Grundregel (§ 2): *er hatte, sie tritt, nimm!*

(8) die folgenden Ausnahmen:

Drittel, Mittag, dennoch

§ 5

> In vier Fallgruppen verdoppelt man den Buchstaben für den einzelnen Konsonanten, obwohl der vorausgehende kurze Vokal nicht betont ist.

Dies betrifft

(1) das scharfe (stimmlose) *s* in Fremdwörtern, zum Beispiel:

Fassade, Karussell, Kassette, passieren, Rezession

(2) die Suffixe *-in* und *-nis* sowie die Wortausgänge *-as, -is, -os* und *-us,* wenn in erweiterten Formen dem Konsonanten ein Vokal folgt, zum Beispiel:

-in:	*Ärztin – Ärztinnen, Königin – Königinnen*
-nis:	*Beschwernis – Beschwernisse, Kenntnis – Kenntnisse*
-as:	*Ananas – Ananasse, Ukas – Ukasse*
-is:	*Iltis – Iltisse, Kürbis – Kürbisse*
-os:	*Albatros – Albatrosse, Rhinozeros – Rhinozerosse*
-us:	*Diskus – Diskusse, Globus – Globusse*

(3) eine Reihe von Fremdwörtern, zum Beispiel:

Allee, Batterie, Billion, Buffet, Effekt, frappant, Grammatik, Kannibale, Karriere, kompromittieren, Konkurrenz, Konstellation, Lotterie, Porzellan, raffiniert, Renommee, skurril, Stanniol

E: In Zusammensetzungen mit fremdsprachigen Präfixen wie *ad-, dis-, in-, kon-/con-, ob-, sub-* und *syn-* ist deren auslautender Konsonant in manchen Fällen an den Konsonanten des folgenden Wortes angeglichen, zum Beispiel: *Affekt, akkurat, Attraktion* (vgl. aber *Advokat, addieren*)*;* ebenso*: Differenz, Illusion, korrekt, Opposition, suggerieren, Symmetrie*

(4) wenige Wörter mit *tz* (siehe § 3(2)), zum Beispiel:

Kiebitz, Stieglitz

1.3 Besondere Kennzeichnung der langen Vokale

Folgt im Wortstamm auf einen betonten Vokal kein Konsonant, ist er lang. Die regelmäßige Kennzeichnung mit *h* hat auch die Aufgabe, die Silbenfuge zu markieren, zum Beispiel *Kü|he;* vgl. § 6. Folgt nur ein Konsonant, so kann der Vokal kurz oder lang sein. Die Länge wird jedoch nur bei einheimischen Wörtern mit [i:] regelmäßig durch *ie* bezeichnet; vgl. § 1. Ansonsten erfolgt die Kennzeichnung nur ausnahmsweise:

a) in manchen Wörtern vor *l, m, n, r* mit *h;* vgl. § 8;

b) mit Doppelvokal *aa, ee, oo;* vgl. § 9;

c) mit *ih, ieh;* vgl. § 12.

Zum *ß* (statt *s*) nach langem Vokal und Diphthong siehe § 25.

§ 6	Wenn einem betonten einfachen langen Vokal ein unbetonter kurzer Vokal unmittelbar folgt oder in erweiterten Formen eines Wortes folgen kann, so steht nach dem Buchstaben für den langen Vokal stets der Buchstabe *h*.

Dies betrifft Wörter wie:

ah:	*nahen, bejahen* (aber *ja*)
eh:	*Darlehen, drehen*
oh:	*drohen, Floh* (wegen *Flöhe*)
uh:	*Kuh* (wegen *Kühe*), *Ruhe, Schuhe*
äh:	*fähig, Krähe, zäh* (Ausnahme *säen*)
öh:	*Höhe* (Ausnahme *Bö*, trotz *Böe, Böen*)
üh:	*früh* (wegen *früher*)

Zu *ieh* siehe § 12(2).

Zu *See* u. a. siehe § 9.

§ 7

> Das *h* steht ausnahmsweise auch nach dem Diphthong [aɪ].

Das betrifft Wörter wie:

gedeihen, Geweih, leihen (aber *Laien*), *Reihe, Reiher, seihen, verzeihen, weihen, Weiher;* aber sonst: *Blei, drei, schreien*

§ 8

> Wenn einem betonten langen Vokal einer der Konsonanten [l], [m], [n] oder [r] folgt, so wird in vielen, jedoch nicht in der Mehrzahl der Wörter nach dem Buchstaben für den Vokal ein *h* eingefügt.

Dies betrifft

(1) Wörter, in denen auf [l], [m], [n] oder [r] kein weiterer Konsonant folgt, zum Beispiel:

ah:	*Dahlie, lahm, ahnen, Bahre*
eh:	*Befehl, benehmen, ablehnen, begehren*
oh:	*hohl, Sohn, bohren*
uh:	*Pfuhl, Ruhm, Huhn, Uhr*
äh:	*ähneln, Ähre*
öh:	*Höhle, stöhnen, Möhre*
üh:	*fühlen, Bühne, führen*

Zu *ih* siehe § 12(1).

(2) die folgenden Einzelfälle: *ahnden, fahnden*

E1: Zu unterscheiden sind gleich lautende, aber unterschiedlich geschriebene Wortstämme wie: *Mahl* aber *Mal, mahlen* aber *malen, Sohle* aber *Sole;* dehnen aber *denen;* Bahre aber *Bar, wahr* aber *er war, lehren* aber *leeren, mehr* aber *Meer, Mohr* aber *Moor, Uhr* aber *Ur, währen* aber *sie wären*

E2 zu § 6 bis 8: Das *h* bleibt auch bei Flexion, Stammveränderung und in Ableitungen erhalten, zum Beispiel: *befehlen – befiehl – er befahl – befohlen, drehen – gedreht – Draht, empfehlen – empfiehl – er empfahl – empfohlen, gedeihen – es gedieh – gediehen, fliehen – er floh – geflohen, leihen – er lieh – geliehen, mähen – Mahd, nähen – Naht, nehmen – er nahm, sehen – er sieht – er sah – gesehen, stehlen – er stiehlt – er stahl – gestohlen, verzeihen – er verzieh – verziehen, weihen – geweiht – Weihnachten*

Ausnahmen, zum Beispiel: *Blüte, Blume* (trotz *blühen*), *Glut* (trotz *glühen*), *Nadel* (trotz *nähen*)

E3: In Fremdwörtern steht bis auf wenige Ausnahmen wie *Allah, Schah* kein *h.*

§ 9	Die Länge von [aː], [eː] und [oː] kennzeichnet man in einer kleinen Gruppe von Wörtern durch die Verdopplung *aa, ee* bzw. *oo.*

Dies betrifft Wörter wie:

aa:	*Aal, Aas, Haar, paar, Paar, Saal, Saat, Staat, Waage*
ee:	*Beere, Beet, Fee, Klee, scheel, Schnee, See, Speer, Tee, Teer;* außerdem eine Reihe von Fremdwörtern mit *ee* im Wortausgang wie: *Armee, Idee, Kaffee, Klischee, Tournee, Varietee*
oo:	*Boot, Moor, Moos, Zoo*

Zu *die Feen, Seen* siehe § 19.

E1: Zu unterscheiden sind gleich lautende, aber unterschiedlich geschriebene Wortstämme wie: *Waage* aber *Wagen; Heer* aber *her, hehr; leeren* aber *lehren; Meer* aber *mehr; Reede* aber *Rede; Seele, seelisch* aber *selig; Moor* aber *Mohr*

E2: Bei Umlaut schreibt man nur *ä* bzw. *ö,* zum Beispiel: *Härchen* – aber *Haar; Pärchen* – aber *Paar; Säle* – aber *Saal; Bötchen* – aber *Boot*

§ 10	Wenige einheimische Wörter und eingebürgerte Entlehnungen mit dem langen Vokal [iː] schreibt man ausnahmsweise mit *i.*

Dies betrifft Wörter wie:

dir, mir, wir; gib, du gibst, er gibt (aber *ergiebig*); *Bibel, Biber, Brise, Fibel, Igel, Liter, Nische, Primel, Tiger, Wisent*

E: Zu unterscheiden sind gleich lautende, aber unterschiedlich geschriebene Wörter wie: *Lid* aber *Lied; Mine* aber *Miene; Stil* aber *Stiel; wider* aber *wieder*

§ 11	Für langes [iː] schreibt man *ie* in den fremdsprachigen Suffixen und Wortausgängen *-ie, -ier* und *-ieren.*

Dies betrifft Wörter wie:

Batterie, Lotterie; Manier, Scharnier; marschieren, probieren

Ausnahmen, zum Beispiel: *Geysir, Saphir, Souvenir, Vampir, Wesir*

§ 12 | In Einzelfällen kennzeichnet man die Länge des Vokals [i:] zusätzlich mit dem Buchstaben *h* und schreibt *ih* oder *ieh*.

Im Einzelnen gilt:

(1) *ih* steht nur in den folgenden Wörtern (vgl. § 8):

ihm, ihn, ihnen; ihr (Personal- und Possessivpronomen), außerdem *Ihle*

(2) *ieh* steht nur in den folgenden Wörtern (vgl. § 6):

fliehen, Vieh, wiehern, ziehen

Zu *ieh* in Flexionsformen wie *befiehl* (zu *befehlen*) siehe § 8 E2.

1.4 Umlautschreibung bei [ε]

§ 13 | Für kurzes [ε] schreibt man *ä* statt *e*, wenn es eine Grundform mit *a* gibt.

Dies betrifft flektierte und abgeleitete Wörter wie:

Bänder, Bändel (wegen *Band*); *Hälse* (wegen *Hals*); *Kälte, kälter* (wegen *kalt*); *überschwänglich* (wegen *Überschwang*)

E1: Man schreibt *e* oder *ä* in *Schenke/Schänke* (wegen *ausschenken/Ausschank*), *aufwendig/aufwändig* (wegen *aufwenden/Aufwand*).

E2: Für langes [e:] und langes [ε:], die in der Aussprache oft nicht unterschieden werden, schreibt man *ä*, sofern es eine Grundform mit *a* gibt, zum Beispiel: *quälen* (wegen *Qual*). Wörter wie *sägen, Ähre* (aber *Ehre*), *Bär* sind Ausnahmen.

§ 14 | In wenigen Wörtern schreibt man ausnahmsweise *ä*.

Dies betrifft Wörter wie:

ätzen, dämmern, Geländer, Lärm, März, Schärpe

E: Zu unterscheiden sind gleich lautende, aber unterschiedlich geschriebene Wörter wie: *Äsche* aber *Esche; Färse* aber *Ferse; Lärche* aber *Lerche*

§ 15 | In wenigen Wörtern schreibt man ausnahmsweise *e*.

Das betrifft Wörter wie:

Eltern (trotz *alt*); *schwenken* (trotz *schwanken*)

1.5 Umlautschreibung bei [ɔY]

> **§ 16** | Für den Diphthong [ɔY] schreibt man *äu* statt *eu*, wenn es eine Grundform mit *au* gibt.

Dies betrifft flektierte und abgeleitete Wörter wie:

Häuser (wegen *Haus*), *er läuft* (wegen *laufen*), *Mäuse, Mäuschen* (wegen *Maus*); *Gebäude* (wegen *Bau*), *Geräusch* (wegen *rauschen*), *sich schnäuzen* (wegen *Schnauze*), *verbläuen* (wegen *blau*)

> **§ 17** | In wenigen Wörtern schreibt man ausnahmsweise *äu*.

Das betrifft Wörter wie:

Knäuel, Räude, sich räuspern, Säule, sich sträuben, täuschen

1.6 Ausnahmen beim Diphthong [aɪ]

> **§ 18** | In wenigen Wörtern schreibt man den Diphthong [aɪ] ausnahmsweise *ai*.

Das betrifft Wörter wie:

Hai, Kaiser, Mai

E: Zu unterscheiden sind gleich lautende, aber unterschiedlich geschriebene Wortstämme wie*: Bai* aber *bei; Laib* aber *Leib; Laich* aber *Leiche; Laie, Laien* aber *leihen; Saite* aber *Seite; Waise* aber *Weise, weisen*

1.7 Besonderheiten beim *e*

> **§ 19** | Folgen auf *-ee* oder *-ie* die Flexionsendungen oder Ableitungssuffixe *-e, -en, -er, -es, -ell*, so lässt man ein *e* weg.

Das betrifft Wörter wie:

die Feen; die Ideen; die Mondseer, des Sees; die Knie, knien; die Fantasien; sie schrien, geschrien; ideell; industriell

1.8 Spezielle Laut-Buchstaben-Zuordnungen in Fremdwörtern

§ 20 | Über die bisher dargestellten Laut-Buchstaben-Zuordnungen hinaus treten in Fremdwörtern auch fremdsprachige Zuordnungen auf. In den folgenden Listen sind nur die wichtigeren angeführt.

Dabei ist zu beachten, dass Kürze und Länge der Vokale von der Betonung abhängen. Vokale, die in betonten Silben lang sind, werden in unbetonten Silben kurz gesprochen, zum Beispiel *Analyse* mit langem Vokal [y:] – *analysieren* mit kurzem Vokal [y].

(1) Fremdsprachige Laut-Buchstaben-Zuordnungen

Laute	Buchstaben	Beispiele
[a], [a:]	*u*	*Butler, Cup, Make-up, Slum*
	at	*Eklat, Etat*
[ɛ], [ɛ:]	*a*	*Action, Camping, Fan, Gag*
	ai	*Airbus, Chaiselongue, fair, Flair, Saison*
[e], [e:]	*é*	*Abbé, Attaché, Lamé*
	er	*Atelier, Bankier, Premier*
	et	*Budget, Couplet, Filet*
	ai	*Cocktail, Container*
[i], [i:]	*y*	*Baby, City, Lady, sexy*
	ea	*Beat, Dealer, Hearing, Jeans, Team*
	ee	*Evergreen, Spleen, Teenager*
[o], [o:]	*au*	*Chaussee, Chauvinismus*
	eau	*Niveau, Plateau, Tableau*
	ot	*Depot, Trikot*
[ø:]	*eu*	*adieu, Milieu;* häufig in den Suffixen *-eur, -euse: Ingenieur, Souffleuse*
[ʊ], [u], [u:]	*oo*	*Boom, Swimmingpool*
	ou	*Journalist, Rouge, Route, souverän*
[ʏ], [y], [y:]	*y*	*Analyse, Hymne, Physik, System, Typ;* auch in den Präfixen *dys-* (aber *dis-*), *hyper-, hypo-, syl-, sym-, syn-: dysfunktional, hyperkorrekt, Hypozentrum, Syllogismus, Symbiose, synchron*

Laute	Buchstaben	Beispiele
[ã], [ã:]	*an*	*Branche, Chance, Orange, Renaissance, Revanche*
	ant	*Avantgarde, Pendant, Restaurant*
	en	*engagiert, Ensemble, Entree, Pendant, Rendez-vous*
	ent	*Abonnement, Engagement*
[ɛ̃], [ɛ̃:]	*ain*	*Refrain, Souterrain, Terrain*
	eint	*Teint*
	in	*Bulletin, Dessin, Mannequin*
[ɔ̃], [ɔ̃:]	*on*	*Annonce, Chanson, Pardon*
[œ̃], [œ̃:]	*um*	*Parfum*
[aʊ]	*ou*	*Couch, Countdown, Foul, Sound*
	ow	*Clown, Countdown, Cowboy, Power(play)*
[aɪ]	*i*	*Lifetime, Pipeline*
	igh	*Copyright, high, Starfighter*
	y	*Nylon, Recycling*
[ɔY]	*oy*	*Boy, Boykott*
[oa]	*oi*	*Memoiren, Repertoire, Reservoir, Toilette*

(2) Doppelschreibungen

Im Prozess der Integration entlehnter Wörter können fremdsprachige und integrierte Schreibung nebeneinanderstehen. Manche fremdsprachige Schreibungen sind nur noch fachsprachlich üblich.

Laute	Buchstaben	Beispiele
[ɛ], [ɛ:]	*ai – ä*	*Drainage – Dränage, Mayonnaise – Majonäse, Mohair – Mohär, Polonaise – Polonäse*
[e:]	*é – ee*	*Bouclé – Buklee, Doublé – Dublee, Exposé – Exposee Café – Kaffee* (mit Bedeutungsdifferenzierung), *Kommuniqué – Kommunikee, Varieté – Varietee*
[o:]	*au – o*	*Sauce – Soße*
[ʊ], [u], [u:]	*ou – u*	*Bravour – Bravur, Bouquet – Bukett, Doublé – Dublee, Coupon – Kupon, Nougat – Nugat*

§ 21 | Fremdwörter aus dem Englischen, die auf *-y* enden und im Englischen den Plural *-ies* haben, erhalten im Plural ein *-s*.

Das betrifft Wörter wie:

Baby – Babys, Lady – Ladys, Party – Partys

E: Bei Zitatwörtern gilt die englische Schreibung, zum Beispiel:

Grand Old Ladies

2 Konsonanten

2.1 Grundlegende Laut-Buchstaben-Zuordnungen

§ 22

> Als grundlegend im Sinne dieser orthografischen Regelung gelten die folgenden Laut-Buchstaben-Zuordnungen.

Besondere Zuordnungen werden in den sich anschließenden Abschnitten behandelt.

(1) Einfache Konsonanten

Laute	Buchstaben	Beispiele
[b]	b	*backen, Baum, Obolus, Parabel*
[ç], [x]	ch	*ich, Bücher, lynchen; ach, Rauch*
[d]	d	*danken, Druck, leiden, Mansarde*
[f]	f	*fertig, Falke, Hafen, Fusion*
[g]	g	*gehen, Gas, sägen, Organ, Eleganz*
[h]	h	*hinterher, Haus, Hektik, Ahorn, vehement*
[j]	j	*ja, Jagd, Boje, Objekt*
[k]	k	*Kiste, Haken, Flanke, Majuskel, Konkurs*
[l]	l	*laufen, Laut, Schale, lamentieren*
[m]	m	*machen, Mund, Lampe, Maximum*
[n]	n	*nur, Nagel, Ton, Natur, nuklear*
[ŋ]	ng	*Gang, Länge, singen, Zange*
[p]	p	*packen, Paste, Raupe, Problem*
[r], [ʀ], [ʁ]	r	*rauben, Rampe, hören, Zitrone*
[s]	s	*skurril, Skandal, Hast, hopsen*
[z]	s	*sagen, Seife, lesen, Laser*
[ʃ]	sch	*scharf, Schaufel, rauschen*
[t]	t	*tragen, Tür, fort, Optimum*
[v]	w	*wann, Wagen, Möwe*

(2) Konsonantenverbindungen (innerhalb des Stammes)

Laute	Buchstaben	Beispiele
[kv]	qu	*quälen, Quelle, liquid, Qualität*
[ks]	x	*xylographisch, Xenophobie, boxen, toxisch*
[ts]	z	*zart, Zaum, tanzen, speziell, Zenit*

2.2 Auslautverhärtung und Wortausgang -*ig*

§ 23 | Die in großen Teilen des deutschen Sprachgebiets auftretende Verhärtung der Konsonanten [b], [d], [g],[v] und [z] am Silbenende sowie vor anderen Konsonanten innerhalb der Silbe wird in der Schreibung nicht berücksichtigt.

E1: Bei vielen Wörtern kann die Schreibung aus der Aussprache erweiterter Formen oder verwandter Wörter abgeleitet werden, in denen der betreffende Konsonant am Silbenanfang steht, zum Beispiel:

Konsonant am Silbenende usw.	Konsonant am Silbenanfang
Lob, löblich, du lobst	*Lobes, belobigen* (aber *Isotop-Isotope*)
trüb, trübselig, eingetrübt	*trübe, eintrüben* (aber *Typ – Typen*)
Rad, Radumfang	*Rades, rädern* (aber *Rat – Rates*)
absurd	*absurde, Absurdität* (aber *Gurt – Gurte*)
Sieg, siegreich, er siegt	*siegen* (aber *Musik – musikalisch*)
Trug, er betrog, Betrug	*betrügen* (aber *Spuk – spuken*)
gläubig	*gläubige* (aber *Plastik – Plastiken*)
Möwchen	*Möwe* (aber *Öfchen – Ofen*)
naiv, Naivling, Naivheit	*Naive, Naivität* (aber *er rief – rufen*)
Preis, preislich, preiswert	*Preise* (aber *Fleiß – fleißig*)
Haus, häuslich, behaust	*Häuser* (aber *Strauß – Sträuße*)

E2: Bei einer kleinen Gruppe von Wörtern ist es nicht oder nur schwer möglich, eine solche Erweiterung durchzuführen oder eine Beziehung zu verwandten Wörtern herzustellen. Man schreibt sie trotzdem mit *b, d, g* bzw. *s*, zum Beispiel: *ab, Eisbein (Eis – Eises), flugs (Flug), Herbst, hübsch, jeglich, Jugend, Kies (Kiesel), Lebkuchen, morgendlich, ob, Obst, Plebs (Plebejer), preisgeben, Rebhuhn, redlich (Rede), Reis (Reisig), Reis (= Korn; Reise* fachsprachlich = Reissorten; aber *Grieß), ihr seid (aber seit), sie sind, und, Vogt, weg (Weges), weissagen (weise)*

§ 24 | Für den Laut [ç] schreibt man regelmäßig *g*, wenn erweiterte Formen am Silbenanfang mit dem Laut [g] gesprochen werden.

Das betrifft Wörter wie:

ewig, Ewigkeit (wegen *ewige*), *gläubig* (wegen *gläubige*); aber *unglaublich* (wegen *unglaubliche*); *heilig, Käfig, ruhig*

E: In einigen Sprachlandschaften wird -*ig* mit [k] gesprochen; dann gilt § 23.

2.3 Besonderheiten bei [s]

§ 25 | Für das scharfe (stimmlose) [s] nach langem Vokal oder Diphthong schreibt man *ß*, wenn im Wortstamm kein weiterer Konsonant folgt.

Das betrifft Wörter wie:

Maß, Straße, Grieß, Spieß, groß, grüßen; außen, außer, draußen, Strauß, beißen, Fleiß, heißen

Ausnahme: *aus*

Zur Schreibung von [s] in Wörtern mit Auslautverhärtung wie *Haus, graziös, Maus, Preis* siehe § 23.

E1: In manchen Wortstämmen wechselt bei Flexion und in Ableitungen die Länge und Kürze des Vokals vor [s]; entsprechend wechselt die Schreibung *ß* mit *ss*. Beispiele:

fließen – er floss – Fluss – das Floß
genießen – er genoss – Genuss
wissen – er weiß – er wusste

E2: Steht der Buchstabe *ß* nicht zur Verfügung, so schreibt man *ss*. In der Schweiz kann man immer *ss* schreiben. Beispiel: *Straße – Strasse*

E3: Bei Schreibung mit Großbuchstaben schreibt man *SS*, zum Beispiel: *Straße – STRASSE*

§ 26 | Folgt auf das *s, ss, ß, x* oder *z* eines Verb- oder Adjektivstammes die Endung *-st* der 2. Person Singular bzw. die Endung *-st(e)* des Superlativs, so lässt man das *s* der Endung weg.

Das betrifft Wörter wie:

du reist (zu *reisen*), *du hasst* (zu *hassen*), *du reißt* (zu *reißen*), *du mixt* (zu *mixen*), *du sitzt* (zu *sitzen*); *(groß – größer –) größte*

2.4 Besonderheiten bei [ʃ]

§ 27 | Für den Laut [ʃ] am Anfang des Wortstammes vor folgendem [p] oder [t] schreibt man *s* statt *sch*.

Das betrifft Wörter wie:

spielen, verspotten; starren, Stelle, Stunde

2.5 Besonderheiten bei [ŋ]

§ 28 | Für den Laut [ŋ] vor [k] oder [g] im Wortstamm schreibt man *n* statt *ng.*

Das betrifft Wörter wie:

Bank, dünken, Enkel, Schranke, trinken; Mangan, Singular

2.6 Besonderheiten bei [f] und [v]

§ 29 | Für den Laut [f] schreibt man *v* statt *f* in *ver-* (wie in *verlaufen*) sowie am Anfang einiger weiterer Wörter.

Das betrifft Wörter wie:

Vater, Veilchen, Vettel, Vetter, Vieh, viel, vielleicht, vier, Vlies, Vogel, Vogt, Volk, voll (aber *füllen*), *von, vor, vordere, vorn*

Dazu kommen: *Frevel, Nerv (Nerven)*

§ 30 | Für den Laut [v] schreibt man in Fremdwörtern regelmäßig und in wenigen eingebürgerten Entlehnungen *v* statt *w.*

Das betrifft Wörter wie:

privat, Revolution, Universität, Virus, zivil, Malve, Vase; Suffix bzw. Endung *-iv, -ive: Aktivität, die Detektive, Motivation; Initiative, Perspektive*

E: Bei einigen Wörtern schwankt die Aussprache von *v* zwischen [v] und [f] wie bei *Initiative, Larve, Pulver, evangelisch, Vers, Vesper, November, brave.*

2.7 Besonderheiten bei [ks]

§ 31 | Für die Lautverbindung [ks] schreibt man in einigen Wortstämmen ausnahmsweise *chs* bzw. *ks* statt *x.*

Das betrifft Wörter wie:

Achse, Achsel, Büchse, Dachs, drechseln, Echse, Flachs, Fuchs, Lachs, Luchs, Ochse, sechs, Wachs, wachsen, Wechsel, Weichsel[kirsche], wichsen

Keks, schlaksig

E: Die bei Flexion und in Ableitungen entstehende Lautverbindung [ks] wird je nach dem zugrunde liegenden Wort *gs, ks* oder *cks* geschrieben, zum Beispiel: *du hegst* (wegen *hegen*), *du hinkst* (wegen *hinken*), *Streiks* (wegen *Streik*), *Häcksel* (wegen *hacken*)

2.8 Spezielle Laut-Buchstaben-Zuordnungen in Fremdwörtern

§ 32

> Über die bisher dargestellten Laut-Buchstaben-Zuordnungen hinaus treten in Fremdwörtern auch fremdsprachige Zuordnungen auf.

In den folgenden Listen sind nur die wichtigeren angeführt.

(1) Fremdsprachige Laut-Buchstaben-Zuordnungen

(1.1) Einfache Konsonanten

Laute	Buchstaben	Beispiele
[f]	*ph*	*Atmosphäre, Metapher, Philosophie, Physik*
[k]	*c*	*Clown, Container, Crew*
	ch	*Chaos, Charakter, Chlor, christlich*
	qu	*Mannequin, Queue*
[r]	*rh*	*Rhapsodie, Rhesusfaktor*
	rt	*Dessert, Kuvert, Ressort*
[s]	*c, ce*	*Annonce, Chance, City, Renaissance, Service*
[ʃ]	*ch*	*Champignon, Chance, charmant, Chef*
	sh	*Geisha, Sheriff, Shop, Shorts*
[ʒ]	*g*	*Genie, Ingenieur, Loge, Passagier, Regime;*
		auch im Suffix *-age*: *Blamage, Garage*
	j	*Jalousie, Jargon, jonglieren, Journalist*
[t]	*th*	*Ethos, Mathematik, Theater, These*
[v]	*v*	*Virus, zivil* (vgl. § 30)

(1.2) Konsonantenverbindungen

Laute	Buchstaben	Beispiele
[dʒ]	*g*	*Gentleman, Gin, Manager, Teenager*
	j	*Jazz, Jeans, Jeep, Job, Pyjama*
[lj] / [j]	*ll*	*Billard, Bouillon, brillant, Guerilla, Medaille, Pavillon, Taille*
[nj]	*gn*	*Champagner, Kampagne, Lasagne*

34

Laute	Buchstaben	Beispiele
[ts]	*c*	*Aceton, Celsius, Cellophan*
	t (vor [i] + Vokal)	sehr häufig im Suffix *-tion;* außerdem häufig in Fällen wie *-tie, -tiell, -tiös: Funktion, Nation, Produktion; Aktie, partiell, infektiös*
[tʃ]	*c*	*Cello, Cembalo*
	ch	*Chip, Coach, Ranch*
	ge	*College*
	dge	*Bridge*

(2) Doppelschreibungen

Im Prozess der Integration entlehnter Wörter können fremdsprachige und integrierte Schreibung nebeneinanderstehen. Manche fremdsprachige Schreibungen sind nur noch fachsprachlich üblich.

Laute	Buchstaben	Beispiele
[f]	*ph – f*	*-photo- – -foto-,* zum Beispiel *Photographie – Fotografie* *-graph- – -graf-,* zum Beispiel *Graphik – Grafik* *-phon- – -fon-,* zum Beispiel *Mikrophon – Mikrofon* *Delphin – Delfin,* *phantastisch – fantastisch*
[g]	*gh – g*	*Ghetto – Getto, Joghurt – Jogurt,* *Spaghetti – Spagetti*
[j]	*y – j*	*Yacht – Jacht, Yoga – Joga,* *Mayonnaise – Majonäse*
[k]	*c – k*	*Calcit – Kalzit, Caritas – Karitas,* *Code – Kode, codieren – kodieren, circa – zirka*
	qu – k	*Bouquet – Bukett, Kommuniqué – Kommunikee*
[r]	*rh – r*	*Katarrh – Katarr, Myrrhe – Myrre*
[s]	*c – ss, ß*	*Facette – Fassette, Necessaire – Nessessär,* *Sauce – Soße*
[ʃ]	*ch – sch*	*Anchovis – Anschovis, Chicorée – Schikoree,* *Sketch – Sketsch*
[t]	*th – t*	*Kathode – Katode,* *Panther – Panter, Thunfisch – Tunfisch*
[ts]	*c – z*	*Acetat – Azetat, Calcit – Kalzit,* *Penicillin – Penizillin, circa – zirka*
	t – z (vor [i] + Vokal)	*pretiös – preziös, Pretiosen – Preziosen;* *potentiell – potenziell* (wegen *Potenz*), *substantiell – substanziell* (wegen *Substanz*)

B Getrennt- und Zusammenschreibung

0 Vorbemerkungen

(1) Die Getrennt- und Zusammenschreibung betrifft Einheiten, die im Text unmittelbar benachbart und aufeinander bezogen sind. Handelt es sich um die Bestandteile von Wortgruppen, so schreibt man sie getrennt. Handelt es sich um die Bestandteile von Zusammensetzungen, so schreibt man sie zusammen.

(2) Einheiten derselben Form können manchmal sowohl eine Wortgruppe (wie *schwer beschädigt*) als auch eine Zusammensetzung (wie *schwerbeschädigt*) bilden. Die Verwendung einer Wortgruppe oder einer Zusammensetzung richtet sich danach, was jeweils gemeint ist und was dem Sprachgebrauch und den Regularitäten des Sprachbaus entspricht.

(3) Bei den verschiedenen Wortarten sind – auch in Abhängigkeit von sprachlichen Entwicklungsprozessen – spezielle Bedingungen zu beachten. Daher ist die folgende Darstellung nach der Wortart der Zusammensetzung gegliedert:

1 Verb (§ 33 bis 35)
2 Adjektiv (§ 36)
3 Substantiv (§ 37 und § 38)
4 Andere Wortarten (§ 39)

1 Verb

Zusätzlich zur generellen Unterscheidung von Wortgruppen (wie *auf den Berg steigen*) und Zusammensetzungen (wie *bergsteigen*) hat man bei Verbstämmen untrennbare von trennbaren Zusammensetzungen zu unterscheiden:

a) Untrennbare Zusammensetzungen bestehen aus einem Verbstamm, dem ein Stamm eines Substantivs, eines Adjektivs oder einer Partikel vorausgeht. Man erkennt sie daran, dass die Reihenfolge ihrer Bestandteile stets unverändert bleibt:

maß + regeln: Wer jemanden *maßregelt* … Man *maßregelte* ihn … Niemand wagte, ihn zu *maßregeln*. Er wurde offiziell *gemaßregelt*.

b) Trennbare Zusammensetzungen bestehen aus einem Verbstamm, dem ein Verbzusatz vorausgeht. Man erkennt sie daran, dass die Reihenfolge ihrer Bestandteile in Abhängigkeit von ihrer Stellung im Satz wechselt:

hinzu + kommen: Wenn dieses Argument *hinzukommt* … Dieses Argument *kommt hinzu*. Dieses Argument *kommt* erschwerend *hinzu*.

§ 33	Substantive, Adjektive, Präpositionen oder Adverbien können mit Verben untrennbare Zusammensetzungen bilden. Man schreibt sie zusammen.

Dies betrifft

(1) Zusammensetzungen aus Substantiv + Verb, zum Beispiel: *brandmarken (gebrandmarkt, zu brandmarken), handhaben, lobpreisen, maßregeln, nachtwandeln, schlafwandeln, schlussfolgern*

E: In manchen Fällen stehen Zusammensetzung und Wortgruppe nebeneinander, zum Beispiel:

danksagen/Dank sagen (er sagt Dank), gewährleisten/ Gewähr leisten (sie leistet Gewähr), staubsaugen/Staub saugen (er saugt Staub); brustschwimmen/Brust schwimmen (er schwimmt Brust), delfinschwimmen/Delfin schwimmen (sie schwimmt Delfin), marathonlaufen/Marathon laufen (sie läuft Marathon).

Zu Fällen wie *Acht geben/achtgeben* vgl. § 34 E6.

(2) Zusammensetzungen aus Adjektiv + Verb, zum Beispiel: *frohlocken (frohlockt, zu frohlocken), langweilen, liebäugeln, vollbringen, vollenden, weissagen*

(3) Zusammensetzungen aus Präposition + Verb oder Adverb + Verb mit Betonung auf dem zweiten Bestandteil, zum Beispiel: *durchbrechen (er durchbricht die Regel, zu durchbrechen), hintergehen, übersetzen (sie übersetzt das Buch), umfahren, unterstellen, widersprechen, wiederholen*

§ 34	Partikeln, Adjektive, Substantive oder Verben können als Verbzusatz mit Verben trennbare Zusammensetzungen bilden. Man schreibt sie nur in den Infinitiven, den Partizipien sowie im Nebensatz bei Endstellung des Verbs zusammen.

Dies betrifft

(1) Zusammensetzungen mit einer Verbpartikel als erstem Bestandteil.

Verbpartikeln sind Bestandteile, die

(1.1) formgleich mit Präpositionen sind, zum Beispiel:

ab-, an-, auf-, aus-, bei-, durch-, ein- (zur Präposition *in-*)*, entgegen-, entlang-, gegen-, gegenüber-, hinter-, in-, mit-, nach-, über-, um-, unter-, vor-, wider-, zu-, zuwider-, zwischen-*

(1.2) formgleich mit Adverbien, insbesondere Adverbien der Richtung, des Ortes, der Zeit sowie mit Pronominaladverbien sind, zum Beispiel:

abwärts-, auseinander-, beisammen-, davon-, davor-, dazu-, dazwischen-, empor-, fort-, her-, heraus-, herbei-, herein-, hin-, hinaus-, hindurch-, hinein-, hintenüber-, hinterher-, hinüber-, nebenher-, nieder-, rückwärts-, umher-, voran-, voraus-, vorbei-, vorher-, vorweg-, weg-, weiter-, wieder-, zurück-, zusammen-, zuvor-

E1: Zur Unterscheidung von Verbpartikel und selbständigem Adverb: Bei Zusammensetzungen liegt der Hauptakzent normalerweise auf der Verbpartikel (vgl. *wiedersehen, zusammensitzen*), während bei Wortgruppen das selbständige Adverb auch unbetont sein kann (vgl. *wieder sehen, zusammen sitzen*). Wenn das Betonungskriterium nicht zu einem eindeutigen Ergebnis führt, hilft in manchen Fällen eine der folgenden Proben weiter:

(1) Das Adverb kann im Aussagesatz vor dem finiten Verb an erster Stelle stehen, die Verbpartikel hingegen nicht, vgl.: *Dabei wollte sie nicht immer sitzen, sondern auch ab und zu mal stehen* (Adverb *dabei*), aber *Dabeisitzen wollte sie nicht immer* (Verbpartikel *dabei-*).

(2) Zwischen Adverb und Infinitiv können ein oder mehrere Satzglieder eingeschoben werden, zwischen Verbpartikel und verbalen Bestandteil hingegen nicht, vgl.: *Sie wollte dabei nicht immer sitzen, sondern auch ab und zu mal stehen* (Adverb *dabei*), aber *Sie wollte nicht immer dabeisitzen* (Verbpartikel *dabei-*).

E2: Eine Reihe von Pronominaladverbien mit dem Bestandteil *dar-* wirft besonders bei der Verwendung als Verbpartikel das *a* ab, zum Beispiel: *darin sitzen – drinsitzen*, ähnlich *dran-* (*dranbleiben*), *drauf-* (*draufhauen*), *drauflos-* (*drauflosreden*).

E3: Unter Kontrastakzent kann die Verbpartikel an die erste Stelle im Satz treten und wird dann vom Verb getrennt geschrieben, zum Beispiel: *Beisammen bleiben wir immer. Heraus kam leider nichts. Hintan stellte er seine eigenen Bedürfnisse.*

(1.3) die Merkmale von frei vorkommenden Wörtern verloren haben, zum Beispiel:

abhanden-, anheim-, bevor-, dar-, einher-, entzwei-, fürlieb-, hintan-, inne-, überein-, überhand-, umhin-, vorlieb-, zurecht-

E4: Dazu gehören auch die folgenden ersten Bestandteile, die in der Verwendung beim Verb nicht mehr einer bestimmten Wortartkategorie zugeordnet werden können:

fehl-, feil-, heim-, irre-, kund-, preis-, wahr-, weis-, wett-

Zu Fällen wie *infrage stellen – in Frage stellen* vgl. § 39 E3(1).

(2) Zusammensetzungen mit einem adjektivischen ersten Bestandteil.

Dabei sind folgende Fälle zu unterscheiden:

(2.1) Es kann zusammen- wie auch getrennt geschrieben werden, wenn ein einfaches Adjektiv eine Eigenschaft als Resultat des Verbalvorgangs bezeichnet (sog. resultative Prädikative), zum Beispiel:

blank putzen/blankputzen, glatt hobeln/glatthobeln, klein schneiden/ kleinschneiden; kalt stellen/kaltstellen, kaputt machen/kaputtmachen, leer essen/leeressen

(2.2) Es wird zusammengeschrieben, wenn der adjektivische Bestandteil zusammen mit dem verbalen Bestandteil eine neue, idiomatisierte Gesamtbedeutung bildet, die nicht auf der Basis der Bedeutungen der einzelnen Teile bestimmt werden kann, zum Beispiel:

krankschreiben, freisprechen, (sich) kranklachen; festnageln (= festlegen), *heimlichtun* (= geheimnisvoll tun), *kaltstellen* (= [politisch] ausschalten), *kürzertreten* (= sich einschränken), *richtigstellen* (= berichtigen), *schwerfallen* (= Mühe verursachen), *heiligsprechen*

E5: Lässt sich in einzelnen Fällen keine klare Entscheidung darüber treffen, ob eine idiomatisierte Gesamtbedeutung vorliegt, so bleibt es dem Schreibenden überlassen, getrennt oder zusammenzuschreiben.

(2.3) In den anderen Fällen wird getrennt geschrieben. Dazu zählen insbesondere Verbindungen mit morphologisch komplexen oder erweiterten Adjektiven, zum Beispiel:

bewusstlos schlagen, ultramarinblau streichen, ganz nahe kommen, dingfest machen, schachmatt setzen

(3) Zusammensetzungen mit einem substantivischen ersten Bestandteil.

Dabei handelt es sich um folgende Fälle, bei denen die ersten Bestandteile die Eigenschaften selbständiger Substantive weitgehend verloren haben:

eislaufen, kopfstehen, leidtun, nottun, standhalten, stattfinden, stattgeben, statthaben, teilhaben, teilnehmen, wundernehmen

E6: In den nachstehenden Fällen ist bei den nicht näher bestimmten oder ergänzten Formen sowohl Zusammen- als auch Getrenntschreibung möglich, da ihnen eine Zusammensetzung oder eine Wortgruppe zugrunde liegen kann:

achtgeben/Acht geben (aber nur: *sehr achtgeben, allergrößte Acht geben*), *achthaben/Acht haben, haltmachen/Halt machen, maßhalten/Maß halten*

Zu Fällen wie *staubsaugen/Staub saugen* vgl. § 33 E.

(4) Verbindungen mit einem verbalen ersten Bestandteil.

Verbindungen aus zwei Verben werden getrennt geschrieben, zum Beispiel:

laufen lernen, arbeiten kommen, baden gehen, lesen üben

E7: Bei Verbindungen mit *bleiben* und *lassen* als zweitem Bestandteil ist bei übertragener Bedeutung auch Zusammenschreibung möglich. Dasselbe gilt für *kennen lernen*:

sitzen bleiben/sitzenbleiben (= nicht versetzt werden), *stehen lassen/stehenlassen* (= nicht länger beachten, sich abwenden), *liegen bleiben/liegenbleiben* (= unerledigt bleiben); *kennen lernen/kennenlernen* (= Erfahrung mit etwas oder jmdm. haben).

§ 35 | Verbindungen mit *sein* werden getrennt geschrieben.

Zum Beispiel:

beisammen sein, fertig sein, los sein, vonnöten sein, vorbei sein, vorhanden sein, vorüber sein, zufrieden sein

2 Adjektiv

§ 36 | Substantive, Adjektive, Verben, Adverbien oder Wörter anderer Kategorien können als erster Bestandteil zusammen mit einem adjektivischen oder adjektivisch gebrauchten zweiten Bestandteil Zusammensetzungen bilden.

(1) Es wird zusammengeschrieben, wenn

(1.1) der erste Bestandteil mit einer Wortgruppe paraphrasierbar ist, zum Beispiel:

angsterfüllt, bahnbrechend, butterweich, fingerbreit, freudestrahlend, herzerquickend, hitzebeständig, jahrelang, knielang, meterhoch, milieubedingt; denkfaul, fernsehmüde, lernbegierig, röstfrisch, schreibgewandt, tropfnass; selbstbewusst, selbstsicher; altersschwach, anlehnungsbedürftig, geschlechtsreif, lebensfremd, sonnenarm, werbewirksam

E1: Im Unterschied zur Zusammensetzung weist die entsprechende syntaktische Fügung Artikel, Präpositionen u. Ä. auf, zum Beispiel: *von Angst erfüllt* (= *angsterfüllt*), *das Herz erquickend* (= *herzerquickend*), *durch das Milieu bedingt* (= *milieubedingt*), *rot wie Feuer* (= *feuerrot*)

E2: Viele der Zusammensetzungen sind bereits an der Verwendung eines Fugenelements zu erkennen, zum Beispiel: *altersschwach, sonnenarm, werbewirksam*

(1.2) der erste oder der zweite Bestandteil in dieser Form nicht selbständig vorkommt, zum Beispiel:

einfach, zweifach; letztmalig, redselig, saumselig, schwerstbehindert, schwindsüchtig; blauäugig, großspurig, kleinmütig, vieldeutig; der schwerwiegendere Vorwurf, die zeitsparendste Lösung

(1.3) das dem Partizip zugrunde liegende Verb entsprechend § 33 bzw. § 34 mit dem ersten Bestandteil zusammengeschrieben wird, zum Beispiel:

wehklagend (wegen *wehklagen*); *herunterfallend, heruntergefallen; irreführend, irregeführt; teilnehmend, teilgenommen*

(1.4) es sich um gleichrangige (nebengeordnete) Adjektive handelt, zum Beispiel:

blaugrau, dummdreist, feuchtwarm, grünblau, nasskalt, taubstumm

Zur Schreibung mit Bindestrich siehe § 45(2).

(1.5) der erste Bestandteil bedeutungsverstärkend oder bedeutungsabschwächend ist. Mit Bestandteilen dieser Art werden zum Teil lange Reihen gebildet, zum Beispiel:

bitter- (bitterböse, bitterernst, bitterkalt), brand-, dunkel-, erz-, extra-, früh-, gemein-, grund-, hyper-, lau-, minder-, stock-, super-, tod-, ultra-, ur-, voll-

Zu adjektivischen Bestandteilen siehe § 36(2.2).

(1.6) es sich um mehrteilige Kardinalzahlen unter einer Million sowie allgemein um Ordinalzahlen handelt, zum Beispiel:

dreizehn, siebenhundert, neunzehnhundertneunundachtzig; der siebzehnte Oktober, der einhundertste Geburtstag, der fünfhunderttausendste Fall, der zweimillionste Besucher

Beachte aber Substantive wie *Dutzend, Million, Milliarde, Billion*, zum Beispiel:

zwei Dutzend Hühner, eine Million Teilnehmer, zwei Milliarden fünfhunderttausend Menschen

(2) Zusammen- wie auch getrennt geschrieben werden kann, wenn der entsprechende Ausdruck sowohl als Zusammensetzung als auch als syntaktische Fügung angesehen werden kann.

Dies betrifft

(2.1) Verbindungen von Substantiven, Adjektiven, Verben, Adverbien oder Partikeln mit adjektivisch gebrauchten Partizipien, zum Beispiel:

die Rat suchenden/ratsuchenden Bürger, eine allein erziehende/alleinerziehende Mutter; ein klein geschnittenes/kleingeschnittenes Radieschen, selbst gebackene/selbstgebackene Kekse

E3: Bei erweiterten bzw. gesteigerten Formen richtet sich die Schreibung danach, ob nur der erste Bestandteil oder die gesamte Verbindung betroffen ist, vgl. *ein schwerwiegenderer Vorfall – ein schwerer wiegender Vorfall; eine äußerst notleidende Bevölkerung – eine große Not leidende Bevölkerung*

(2.2) Verbindungen mit einem einfachen unflektierten Adjektiv als graduierender Bestimmung, zum Beispiel:

allgemein gültig/allgemeingültig, eng verwandt/engverwandt, schwer verständlich/schwerverständlich, schwer krank/schwerkrank

E4: Ist der erste Bestandteil erweitert oder gesteigert, dann wird getrennt geschrieben, zum Beispiel: *leichter verdaulich, besonders schwer verständlich, höchst erfreulich*

In Zweifelsfällen entscheidet die Akzentplatzierung, vgl. *er ist h**ö**chstpersönlich gekommen – das ist eine höchst pers**ö**nliche Angelegenheit.*

(2.3) Verbindungen von *nicht* mit Adjektiven, zum Beispiel:

eine nicht öffentliche/nichtöffentliche Sitzung, nicht operativ/nichtoperativ behandeln

E5: Bezieht sich *nicht* auf größere Einheiten, wie zum Beispiel auf den ganzen Satz, so wird es getrennt vom Adjektiv geschrieben, vgl. *Die Sitzung findet nicht öffentlich statt.*

3 Substantiv

§ 37

> Substantive, Adjektive, Verbstämme, Pronomen oder Partikeln können mit Substantiven Zusammensetzungen bilden. Man schreibt sie ebenso wie mehrteilige Substantivierungen zusammen.

Dies betrifft

(1) Zusammensetzungen:

(1.1) mit substantivischem Erstglied:

Holztür, Hoheitsgebiet, Holzbearbeitung, Hosenrock

E1: Als Erstelemente können auch Eigennamen (*Goethegedicht; Parisreise*) und in lexikalisierten Fällen von Namen abgeleitete Herkunfts- und Zugehörigkeitsbezeichnungen auf *-er* (*Danaergeschenk*) auftreten (vgl. aber § 38).

42

E2: Das betrifft auch Eigennamen mit dieser Struktur – es handelt sich besonders um Straßennamen (*Bahnhofstraße, Schopenhauerstraße;* zum Typ *Willy-Brandt-Straße* vgl. § 50).

(1.2) mit adjektivischem Erstglied:

Hochhaus, Schnellstraße, Freileitung

(1.3) mit verbalem Erstglied:

Backform, Schreibtisch, Waschmaschine

(1.4) mit pronominalem Erstglied:

Ichsucht, Wemfall, Niemandsland

(1.5) mit Elementen unflektierter Wortarten (Adverbien, Partikeln):

Jetztzeit, Nichtraucher, Selbstverständnis

E3: Dieser Regel folgen auch lexikalisierte, ursprünglich aus dem Englischen stammende bzw. aus englischen Einheiten gebildete Zusammensetzungen: *Bandleader, Cheerleader, Chewinggum, Mountainbike, Bluejeans, Hardware, Swimmingpool.*

Zu den verschiedenen Fällen von Bindestrichschreibung vgl. § 45.

E4: Aus dem Englischen stammende Bildungen aus Adjektiv + Substantiv können zusammengeschrieben werden, wenn der Hauptakzent auf dem ersten Bestandteil liegt, also *Hotdog* oder *Hot Dog, Softdrink* oder *Soft Drink*, aber nur *High Society, Electronic Banking* oder *New Economy*.

E5: Bruchzahlangaben vor entsprechenden Maßeinheiten können als ein zweiteiliges Zahladjektiv angesehen werden: *fünf hundertstel Sekunden.* Der Nenner der Bruchzahl kann auch mit der Maßeinheit eine Zusammensetzungen bilden: *fünf Hundertstelsekunden.* Bei der Unterscheidung hilft die Betonung.

(2) Mehrteilige Substantivierungen, zum Beispiel:

das Holzholen, das Inkrafttreten; der Kehraus, das Stelldichein, das Vergissmeinnicht

§ 38 | Ableitungen auf *-er* von geografischen Eigennamen, die sich auf die geografische Lage beziehen, schreibt man in der Regel von dem folgenden Substantiv getrennt.

Beispiele:

Allgäuer Alpen, Brandenburger Tor, Naumburger Dom, Potsdamer Abkommen, Thüringer Wald, Wiener Straße

4 Andere Wortarten

Manche mehrteilige Adverbien, Konjunktionen, Präpositionen und Pronomen sind aus Elementen verschiedener Wortarten entstanden. Zum Teil sind sie als Wortgruppe erhalten geblieben, zum Teil haben sie sich zu einer Zusammensetzung entwickelt.

In Zweifelsfällen siehe das Wörterverzeichnis.

§ 39

> Mehrteilige Adverbien, Konjunktionen, Präpositionen und Pronomen schreibt man zusammen, wenn die Wortart, die Wortform oder die Bedeutung der einzelnen Bestandteile nicht mehr deutlich erkennbar ist.

Dies betrifft

(1) Adverbien, zum Beispiel:

bergab, bergauf; kopfüber; landaus, landein; stromabwärts, stromaufwärts; tagsüber; zweifelsohne

-dessen	*indessen, infolgedessen, unterdessen*
-dings	*allerdings, neuerdings, schlechterdings*
-falls	*allenfalls, ander(e)nfalls, keinesfalls, schlimmstenfalls*
-halber	*ehrenhalber, umständehalber*
-mal	*diesmal, einmal, zweimal, keinmal, manchmal*
-maßen	*dermaßen, einigermaßen, gleichermaßen, solchermaßen, zugegebenermaßen*
-orten	*allerorten, mancherorten*
-orts	*allerorts, ander(e)norts, mancherorts*
-seits	*allseits, allerseits, and(e)rerseits, einerseits, meinerseits*
-so	*ebenso, genauso, geradeso, sowieso, umso, wieso*
-teils	*einesteils, großenteils, meistenteils*
-wärts	*himmelwärts, meerwärts, seitwärts*
-wegen	*deinetwegen, deswegen, meinetwegen*
-wegs	*geradewegs, keineswegs, unterwegs*
-weil	*alldieweil, alleweil, derweil*
-weilen	*bisweilen, derweilen, zuweilen*
-weise	*probeweise, klugerweise, schlauerweise*
-zeit	*all(e)zeit, derzeit, jederzeit, seinerzeit, zurzeit*

-zeiten	*beizeiten, vorzeiten, zuzeiten*
-zu	*allzu, geradezu, hierzu, immerzu*
bei-	*beileibe, beinahe, beisammen, beizeiten*
der-	*derart, dereinst, dergestalt, dermaßen, derweil(en), derzeit*
irgend-	*irgendeinmal, irgendwann, irgendwie, irgendwo, irgendwohin*
nichts-	*nichtsdestominder, nichtsdestoweniger*
zu-	*zuallererst, zuallerletzt, zuallermeist, zuerst, zuhauf, zuhinterst, zuhöchst, zuletzt, zumal, zumeist, zumindest, zunächst, zuoberst, zutiefst, zuunterst, zuweilen, zuzeiten*

E1: Zu Fällen wie *abhandenkommen, anheimfallen* siehe § 34(1.3); zu Fällen wie *außerstand setzen/außer Stand setzen, imstande sein/im Stande sein* siehe unten E3(1).

(2) Konjunktionen, zum Beispiel:

anstatt (dass/zu), indem, inwiefern, sobald, sofern, solange, sooft, soviel, soweit

(3) Präpositionen, zum Beispiel:

anhand, anstatt (des/der), infolge, inmitten, zufolge, zuliebe

(4) Pronomen, zum Beispiel:

irgend-: irgendein, irgendetwas, irgendjemand, irgendwas, irgendwelcher, irgendwer

E2: In anderen Fällen schreibt man getrennt. Siehe auch § 39 E3(1).

Dies betrifft

(1) Fälle, bei denen ein Bestandteil erweitert ist, zum Beispiel:

dies eine Mal (aber *diesmal*), *den Strom abwärts* (aber *stromabwärts*)

der Ehre halber (aber *ehrenhalber*), *in keinem Fall, das erste Mal, ein einziges Mal, in bekannter Weise, zu jeder Zeit*

irgend so ein/eine/einer (aber *irgendein*), *irgend so etwas*

(2) Fälle, bei denen die Wortart, die Wortform oder die Bedeutung der einzelnen Bestandteile deutlich erkennbar ist, und zwar

(2.1) Fügungen in adverbialer Verwendung, zum Beispiel:

zu Ende [gehen, kommen], zu Fuß [gehen], zu Hilfe [kommen], zu Lande, zu Wasser und zu Lande, zu Schaden [kommen]

darüber hinaus, nach wie vor, vor allem

(2.2) mehrteilige Konjunktionen, zum Beispiel:

ohne dass, statt dass, außer dass

(2.3) Fügungen in präpositionaler Verwendung, zum Beispiel:

zur Zeit [Goethes], zu Zeiten [Goethes]

(2.4) *so, wie* oder *zu* + Adjektiv, Adverb oder Pronomen, zum Beispiel:

so (wie, zu) hohe Häuser; er hat das schon so (wie, zu) oft gesagt; so (wie, zu) viel Geld; so (wie, zu) viele Leute; so (wie, zu) weit

(2.5) *gar kein, gar nicht, gar nichts, gar sehr, gar wohl*

E3: In den folgenden Fällen bleibt es dem Schreibenden überlassen, ob er sie als Zusammensetzung oder als Wortgruppe verstanden wissen will:

(1) Fügungen in adverbialer Verwendung, zum Beispiel:

außerstand setzen/außer Stand setzen; außerstande sein/außer Stande sein; imstande sein/im Stande sein; infrage stellen/in Frage stellen; instand setzen/ in Stand setzen; zugrunde gehen/zu Grunde gehen; zuhause/zu Hause [bleiben, sein]; zuleide tun/zu Leide tun; zumute sein/zu Mute sein; zurande kommen/zu Rande kommen; zuschanden machen, werden/zu Schanden machen, werden; zuschulden kommen lassen/zu Schulden kommen lassen; zustande bringen/zu Stande bringen; zutage fördern, treten/zu Tage fördern, treten; zuwege bringen/zu Wege bringen

(2) die Konjunktion

sodass/so dass

(3) Fügungen in präpositionaler Verwendung, zum Beispiel:

anstelle/an Stelle; aufgrund/auf Grund; aufseiten/auf Seiten; mithilfe/mit Hilfe; vonseiten/von Seiten; zugunsten/zu Gunsten; zulasten/zu Lasten; zuungunsten/zu Ungunsten

C Schreibung mit Bindestrich

0 Vorbemerkungen

(1) Der Bindestrich bietet dem Schreibenden die Möglichkeit, anstelle der sonst bei Zusammensetzungen und Ableitungen üblichen Zusammenschreibung die einzelnen Bestandteile als solche zu kennzeichnen, sie gegeneinander abzusetzen und sie dadurch für den Lesenden hervorzuheben.

(2) Die Schreibung mit Bindestrich bei Fremdwörtern (zum Beispiel bei *7-Bit-Code, Stand-by-System*) folgt den für das Deutsche geltenden Regeln.

Die Schreibung mit Bindestrich bei Eigennamen entspricht nicht immer den folgenden Regeln, so dass nur allgemeine Hinweise gegeben werden können. Zusammensetzungen aus Eigennamen und Substantiv zur Benennung von Schulen, Universitäten, Betrieben, Firmen und ähnlichen Institutionen werden so geschrieben, wie sie amtlich festgelegt sind. In Zweifelsfällen sollte man nach § 46 bis § 52 schreiben.

Steht ein Bindestrich am Zeilenende, so gilt er zugleich als Trennungsstrich.

(3) Zu unterscheiden sind:

- Zusammensetzungen und Ableitungen, die keine Eigennamen als Bestandteile enthalten (§ 40 bis § 45)
- Zusammensetzungen und Ableitungen, die Eigennamen als Bestandteile enthalten (§ 46 bis § 52)
- Gruppen, in denen man den Bindestrich setzen muss (§ 40 bis § 44; § 46 und § 48 bis § 50), und solche, in denen der Gebrauch des Bindestrichs dem Schreibenden freigestellt ist (§ 45, § 51 bis § 52).

Zum Ergänzungsstrich (zum Beispiel in *Haupt- und Nebeneingang*) siehe § 98.

1 Zusammensetzungen und Ableitungen, die keine Eigennamen als Bestandteile enthalten

§ 40 | Man setzt einen Bindestrich in Zusammensetzungen mit Einzelbuchstaben, Abkürzungen oder Ziffern.

Dies betrifft

(1) Zusammensetzungen mit Einzelbuchstaben, zum Beispiel:

A-Dur (ebenso *Cis-Dur*), *b-Moll, b-Strahlen, i-Punkt, n-Eck, S-Kurve, s-Laut, s-förmig, T-Shirt, T-Träger, x-beliebig, x-beinig, x-mal, y-Achse; Dativ-e, Zungenspitzen-r, Fugen-s*

(2) Zusammensetzungen mit Abkürzungen und Initialwörtern, zum Beispiel:

dpa-Meldung, D-Zug, Kfz-Schlosser, km-Bereich, UNO-Sicherheitsrat, VIP-Lounge; Fußball-WM, Lungen-Tbc; H_2O-gesättigt, DGB-eigen, Na-haltig, UV-bestrahlt; Abt.-Leiter, Inf.-Büro

Abt.-Ltr. (= Abteilungsleiter), Dipl.-Ing. (= Diplomingenieur), Tgb.-Nr. (= Tagebuchnummer), Telegr.-Adr. (= Telegrammadresse)

E: Aber ohne Bindestrich bei Kurzformen von Wörtern (Kürzeln), zum Beispiel: *Busfahrt, Akkubehälter*

(3) Zusammensetzungen mit Ziffern, zum Beispiel:

3-Tonner, 2-Pfünder, 8-Zylinder; 5-mal, 4-silbig, 100-prozentig, 1-zeilig, 17-jährig, der 17-Jährige

8:6-Sieg, 2:3-Niederlage, der 5:3-[2:1-]Sieg (auch *5:3[2:1]-Sieg*)

⅔-Mehrheit, ⅜-Takt, 2^n-Eck

§ 41	Vor Suffixen setzt man nur dann einen Bindestrich, wenn sie mit einem Einzelbuchstaben verbunden werden.

Beispiele:

der x-te, zum x-ten Mal, die n-te Potenz

E: Aber: *abclich, ÖVPler; der 68er, ein 32stel, 100%ig*

§ 42	Bilden Verbindungen aus Ziffern und Suffixen den vorderen Teil einer Zusammensetzung, so setzt man nach dem Suffix einen Bindestrich.

Beispiele:

ein 100stel-Millimeter, die 61er-Bildröhre, eine 25er-Gruppe, in den 80er-Jahren (auch *in den 80er Jahren*)

E: Aber ausgeschrieben: *die Zweierbeziehung, die Zehnergruppe, die Achtzigerjahre* (auch *die achtziger Jahre*)

§ 43 | Man setzt Bindestriche in substantivisch gebrauchten Zusammensetzungen (Aneinanderreihungen), insbesondere bei substantivisch gebrauchten Infinitiven mit mehr als zwei Bestandteilen.

Beispiele:

das Entweder-oder, das Teils-teils, das Als-ob, das Sowohl-als-auch; der Boogie-Woogie, das Walkie-Talkie

das Auf-die-lange-Bank-Schieben, das An-den-Haaren-Herbeiziehen, das In-den-Tag-Hineinträumen, das Von-der-Hand-in-den-Mund-Leben

E: Dies gilt nicht für übersichtliche Zusammensetzungen mit Infinitiv, zum Beispiel: *das Autofahren, das Ballspielen, beim Walzertanzen, das Inkrafttreten*

Zur Groß- und Kleinschreibung siehe § 57 E3.

§ 44 | Man setzt einen Bindestrich zwischen allen Bestandteilen mehrteiliger Zusammensetzungen, in denen eine Wortgruppe oder eine Zusammensetzung mit Bindestrich auftritt, sowie in unübersichtlichen Zusammensetzungen aus gleichrangigen, nebengeordneten Adjektiven.

Dies betrifft

(1) mehrteilige Zusammensetzungen, in denen eine Wortgruppe oder eine Zusammensetzung mit Bindestrich auftritt, zum Beispiel:

A-Dur-Tonleiter, D-Zug-Wagen, S-Kurven-reich (aber *kurvenreich*), *Vitamin-B-haltig* (aber *vitaminhaltig*), *K.-o.-Schlag, UV-Strahlen-gefährdet* (aber *strahlengefährdet*), *Dipl.-Ing.-Ök.*

2-Euro-Stück, 800-Jahr-Feier, 40-Stunden-Woche, 55-Cent-Briefmarke, 8-Zylinder-Motor, 400-m-Lauf, 2-kg-Büchse, 3-Zimmer-Wohnung, $^1\!/_2$-kg-Packung

Berg-und-Tal-Bahn, Frage-und-Antwort-Spiel; Kopf-an-Kopf-Rennen, Mund-zu-Mund-Beatmung, Wort-für-Wort-Übersetzung

Arzt-Patient-Verhältnis, Grund-Folge-Beziehung, Links-rechts-Kombination, Hals-Nasen-Ohren-Klinik, Ost-West-Gespräche, September-Oktober-Heft (auch *September/Oktober-Heft*; siehe § 106(1))

Ad-hoc-Bildung, Als-ob-Philosophie, De-facto-Anerkennung, Do-it-yourself-Bewegung, Erste-Hilfe-Lehrgang, Go-go-Girl, Rooming-in-System; Make-up-freie Haut, Ruhe-vor-dem-Sturm-artig, Fata-Morgana-ähnlich; Trimm-dich-Pfad

Abend-Make-up, Wasch-Eau-de-Cologne

(2) unübersichtliche Zusammensetzungen aus gleichrangigen, nebengeordneten Adjektiven, zum Beispiel:

der wissenschaftlich-technische Fortschritt, ein lateinisch-deutsches Wörterbuch, deutsch-österreichische Angelegenheiten; manisch-depressives Verhalten; physikalisch-chemisch-biologische Prozesse

§ 45

> Man kann einen Bindestrich setzen zur Hervorhebung einzelner Bestandteile, zur Gliederung unübersichtlicher Zusammensetzungen, zur Vermeidung von Missverständnissen oder beim Zusammentreffen von drei gleichen Buchstaben.

Dies betrifft

(1) Hervorhebung einzelner Bestandteile, zum Beispiel:

der dass-Satz, die Ich-Erzählung, das Ist-Aufkommen, die Kann-Bestimmung, die Soll-Stärke; die Hoch-Zeit, das Nach-Denken, Vor-Sätze, be-greifen

(2) unübersichtliche Zusammensetzungen, zum Beispiel:

Arbeiter-Unfallversicherungsgesetz, Haushalt-Mehrzweckküchenmaschine, Lotto-Annahmestelle, Mosel-Winzergenossenschaft, Software-Angebotsmesse, Ultraschall-Messgerät

(3) Vermeidung von Missverständnissen, zum Beispiel:

Drucker-Zeugnis und *Druck-Erzeugnis, Musiker-Leben* und *Musik-Erleben; re-integrieren*

(4) Zusammentreffen von drei gleichen Buchstaben in Zusammensetzungen, zum Beispiel:

Hawaii-Inseln, Kaffee-Ersatz, See-Elefant, Zoo-Orchester; Bett-Tuch, Schiff-Fahrt, Schrott-Transport

E1: Aus anderen Sprachen stammende Verbindungen aus Substantiv + Substantiv, die sich im Deutschen grammatisch wie Zusammensetzungen verhalten, werden zusammengeschrieben; ebenso ist die verdeutlichende Schreibung mit Bindestrich möglich: *Sexappeal (Sex-Appeal), Sciencefiction (Science-Fiction), Shoppingcenter (Shopping-Center), Desktoppublishing (Desktop-Publishing), Midlifecrisis (Midlife-Crisis)*

Zur Groß- und Kleinschreibung siehe § 55(1) und § 55(3).

Zu Verbindungen aus Adjektiv + Substantiv siehe § 37 E4.

E2: Aus dem Englischen stammende Substantivierungen aus Verb + Adverb schreibt man mit Bindestrich; das Adverb wird dann kleingeschrieben, zum Beispiel: *Make-up, Go-in*

Daneben ist auch Zusammenschreibung möglich, sofern die Lesbarkeit nicht beeinträchtigt ist, zum Beispiel: *Count-down (Countdown), Come-back (Comeback), Knock-out (Knockout), Stand-by (Standby)*

2 Zusammensetzungen und Ableitungen, die Eigennamen als Bestandteile enthalten

§ 46 | Man setzt einen Bindestrich in Zusammensetzungen, die als zweiten Bestandteil einen Eigennamen enthalten oder die aus zwei Eigennamen bestehen.

Dies betrifft

(1) Zusammensetzungen mit Personennamen, zum Beispiel:
Frau Müller-Weber, Herr Schmidt-Wilpert; Eva-Maria (auch *Eva Maria, Evamaria*), *Karl-Heinz* (auch *Karl Heinz, Karlheinz*)
die Bäcker-Anna, der Schneider-Karl; Blumen-Richter, Foto-Müller, Möbel-Schmidt; Müller-Lüdenscheid, Schneider-Partenkirchen

E1: Die standesamtliche Schreibung mehrteiliger Personennamen kann von dieser Regelung abweichen.

(2) geografische Eigennamen, zum Beispiel:
Annaberg-Buchholz, Baden-Württemberg, Flughafen Köln-Bonn, Neu-Bamberg, Rheinland-Pfalz, Sachsen-Anhalt

E2: Die amtliche Schreibung von Zusammensetzungen mit einem geografischen Eigennamen, die ihrerseits zu einem geografischen Eigennamen geworden sind, kann von dieser Regelung abweichen.

Adjektiv + Eigenname, zum Beispiel: *Neu Seehagen, Neubrandenburg*

Immer Getrenntschreibung bei *Sankt,* zum Beispiel: *Sankt Georgen (St. Georgen)*

Substantiv + Eigenname, zum Beispiel: *Nordkorea, Königs Wusterhausen, Marktredwitz, Markt Indersdorf, Stadtlauringen, Stadt Rottenmann*

Immer Getrenntschreibung bei *Bad,* zum Beispiel: *Bad Säckingen*

Zwei Eigennamen, zum Beispiel: *Grindelwald Grund, Rostock Lütten Klein; Berlin Schönefeld* (auch *Berlin-Schönefeld*)

52

| § 47 | Werden Zusammensetzungen mit einem ursprünglichen Personennamen als Gattungsbezeichnung gebraucht, so schreibt man ohne Bindestrich zusammen. |

Beispiele:

Gänseliesel, Heulsuse, Meckerfritze

| § 48 | Bei Ableitungen von Verbindungen mit einem Eigennamen als zweitem Bestandteil bleibt der Bindestrich erhalten. |

Beispiele:

baden-württembergisch (Baden-Württemberg), rheinland-pfälzisch, altwienerische/Alt-Wiener Kaffeehäuser, Spree-Athener

| § 49 | Bei Ableitungen von mehreren Eigennamen, von Titeln und Eigennamen oder von einem mehrteiligen Eigennamen setzt man einen Bindestrich. |

Beispiele:

die sankt-gallischen/st.-gallischen Klosterschätze (St. Gallen), die gräflich-rieneckische Güterverwaltung (Graf Rieneck)

die kant-laplacesche Theorie (Kant und Laplace), der de-costersche Roman (de Coster), die gräflich-rienecksche Güterverwaltung (Graf Rieneck)

die Kant-Laplace'sche Theorie (Kant und Laplace), der de-Coster'sche Roman (de Coster), die Gräflich-Rieneck'sche Güterverwaltung (Graf Rieneck)

Zur Groß- und Kleinschreibung und zur Schreibung mit Apostroph siehe § 62.

E: Bei Ableitungen auf *-er* kann man den Bindestrich weglassen, zum Beispiel:

die Bad-Schandauer (Bad Schandau)/Bad Schandauer, die Sankt-Galler/Sankt Galler, die New-Yorker/New Yorker

| § 50 | Man setzt einen Bindestrich zwischen allen Bestandteilen mehrteiliger Zusammensetzungen, deren erste Bestandteile aus Eigennamen bestehen. |

Beispiele:

Albrecht-Dürer-Allee, Heinrich-Heine-Platz, Kaiser-Karl-Ring, Ernst-Ludwig-Kirchner-Straße, Rainer-Maria-Rilke-Promenade, Thomas-Müntzer-Gasse

Elbe-Havel-Kanal, Oder-Neiße-Grenze, La-Plata-Mündung

Albert-Einstein-Gedenkstätte, Georg-Büchner-Preis, Jacob-und-Wilhelm-Grimm-Preis, Goethe-Schiller-Archiv, Johann-Sebastian-Bach-Gymnasium, Van-Gogh-Ausstellung

am Lago-di-Como-seitigen Abhang, Fidel-Castro-freundlich

§ 51
> Man kann einen Bindestrich in Zusammensetzungen setzen, die als ersten Bestandteil einen Eigennamen haben, der besonders hervorgehoben werden soll, oder wenn der zweite Bestandteil bereits eine Zusammensetzung ist.

Beispiele:

Goethe-Ausgabe, Johannes-Passion, Richelieu-freundlich, Kafka-Kolloquium; Goethe-Geburtshaus, Brecht-Jubiläumsausgabe

Ganges-Ebene, Krim-Treffen, Mekong-Delta; Elbe-Wasserstandsmeldung, Helsinki-Nachfolgekonferenz

§ 52
> Wird ein geografischer Eigenname von einem nachgestellten Substantiv näher bestimmt, so kann man einen Bindestrich setzen.

Beispiele:

Frankfurt Hauptbahnhof/Frankfurt-Hauptbahnhof, München Ost/München-Ost

D Groß- und Kleinschreibung

0 Vorbemerkungen

(1) Die Großschreibung, das heißt die Schreibung mit einem großen Anfangsbuchstaben, dient dem Schreibenden dazu, den Anfang bestimmter Texteinheiten sowie Wörter bestimmter Gruppen zu kennzeichnen und sie dadurch für den Lesenden hervorzuheben.

(2) Die Großschreibung wird im Deutschen verwendet zur Kennzeichnung von

- Überschriften, Werktiteln und dergleichen
- Satzanfängen
- Substantiven und Substantivierungen
- Eigennamen mit ihren nichtsubstantivischen Bestandteilen
- bestimmten festen nominalen Wortgruppen mit nichtsubstantivischen Bestandteilen
- Anredepronomen und Anreden

(3) Die Abgrenzung von Groß- und Kleinschreibung, wie sie sich in der Tradition der deutschen Orthografie herausgebildet hat, macht es erforderlich, neben den Regeln für die Großschreibung auch Regeln für die Kleinschreibung zu formulieren. Diese werden in den einzelnen Teilabschnitten jeweils im Anschluss an die Großschreibungsregeln angegeben. In einigen Fallgruppen ist eine eindeutige Zuweisung zur Groß- oder Kleinschreibung fragwürdig. Hier sind beide Schreibungen zulässig.

(4) Entsprechend gliedert sich die folgende Darstellung in die Abschnitte:

1 Kennzeichnung des Anfangs bestimmter Texteinheiten durch Großschreibung (§ 53: Überschriften, Werktitel und dergleichen; § 54: Ganzsätze)

2 Anwendung von Groß- oder Kleinschreibung bei bestimmten Wörtern und Wortgruppen

2.1 Substantive und Desubstantivierungen (§ 55 bis § 56)

2.2 Substantivierungen (§ 57 bis § 58)

2.3 Eigennamen mit ihren nichtsubstantivischen Bestandteilen sowie Ableitungen von Eigennamen (§ 59 bis § 62)

2.4 Feste Verbindungen aus Adjektiv und Substantiv (§ 63 bis § 64)

2.5 Anredepronomen und Anreden (§ 65 bis § 66)

1 Kennzeichnung des Anfangs bestimmter Texteinheiten durch Großschreibung

§ 53

> Das erste Wort einer Überschrift, eines Werktitels, einer Anschrift und dergleichen schreibt man groß.

Dies betrifft unter anderem

(1) Überschriften und Werktitel (etwa von Büchern und Theaterstücken, Werken der Bildenden Kunst und der Musik, Rundfunk- und Fernsehproduktionen), zum Beispiel:

Allmähliche Normalisierung im Erdbebengebiet

Hohe Schneeverwehungen behindern Autoverkehr

Keine Chance für eine diplomatische Lösung!

Kleines Wörterbuch der Stilkunde

Wo warst du, Adam?

Der kaukasische Kreidekreis

Der grüne Heinrich

Hundert Jahre Einsamkeit

Ungarische Rhapsodie

Unter den Dächern von Paris

Ein Fall für zwei

(2) Titel von Gesetzen, Verträgen, Deklarationen und dergleichen sowie Bezeichnungen für Veranstaltungen, zum Beispiel:

Bayerisches Hochschulgesetz

Potsdamer Abkommen

Internationaler Ärzte- und Ärztinnenkongress

Grüne Woche (in Berlin)

E1: Die Großschreibung des ersten Wortes bleibt auch dann erhalten, wenn eine Überschrift, ein Werktitel und dergleichen innerhalb eines Textes gebraucht wird, zum Beispiel: *Das Theaterstück „Der kaukasische Kreidekreis" steht auf dem Programm. Sie lesen Kellers Roman „Der grüne Heinrich".*

Wird dabei am Anfang ein Titel und dergleichen verkürzt oder sein Artikel verändert, so schreibt man das nächstfolgende Wort des Titels groß, zum Beispiel: *Wir haben im Theater Brechts „Kaukasischen Kreidekreis" gesehen. Sie lesen den „Grünen Heinrich".*

Zur Schreibung nach Gliederungsangaben oder nach Auslassungszeichen und Zahlen siehe § 54(5) und (6). Zum Gebrauch der Anführungszeichen siehe § 94(1).

(3) Anschriften, Datumszeilen und Anreden sowie Grußformeln etwa in Briefen, zum Beispiel:

Frau   *Donnerstag, 16. Februar 2006*
Ulla Schröder
Rüdesheimer Str. 29
D-65197 Wiesbaden

Sehr geehrte Frau Schröder,

entsprechend unserer telefonischen Vereinbarung ...

... erwarten wir Ihre Antwort.

Mit freundlichen Grüßen
Werner Meier

E2: Wenn man nach der Anrede – wie in der Schweiz üblich – auf ein Satzzeichen verzichtet, schreibt man das erste Wort des folgenden Abschnitts groß.

Siehe auch § 69 E3.

§ 54 | Das erste Wort eines Ganzsatzes schreibt man groß.

Beispiele:

Gestern hat es geregnet. Du kommst bitte morgen! Hat er das wirklich gesagt?

Nachdem sie von der Reise zurückgekehrt war, hatte sie den dringenden Wunsch, ein Bad zu nehmen. Im Hausflur war es still, ich drückte erwartungsvoll auf die Klingel. Meine Freundin hatte den Zug versäumt, deshalb kam sie eine halbe Stunde zu spät. Wir sehen nach, was Paul macht. Sehen Sie nur, wie schön die Aussicht ist. Haben Sie ihn aufgefordert, die Wohnung zu verlassen?

Kommt doch schnell! Bitte die Türen schließen und Vorsicht bei der Abfahrt des Zuges!

Ob sie heute kommt? Nein, morgen. Warum nicht? Gute Reise!

Vorwärts! Vgl. Anlage 3, Ziffer 7.

Alles war zerstört: das Haus, der Stall, die Scheune. Die Teeküche kann zu folgenden Zeiten benutzt werden: morgens von 7 bis 8 Uhr, abends von 18 bis 19 Uhr.

Im Einzelnen ist zu beachten:

(1) Wird die nach dem Doppelpunkt folgende Ausführung als Ganzsatz verstanden, so schreibt man das erste Wort groß, zum Beispiel:

Beachten Sie bitte folgenden Hinweis: Alle Bänke sind frisch gestrichen. Die Regel lautet: Würfelt man eine Sechs, dann ...

(2) Das erste Wort der wörtlichen Rede schreibt man groß, zum Beispiel:

Sie fragte: „Kommt er heute?" Er sagte: „Wir wissen es nicht." Alle baten: „Bleib!"

(3) Folgt dem wörtlich Wiedergegebenen der Begleitsatz oder ein Teil von ihm, so schreibt man das erste Wort nach dem abschließenden Anführungszeichen klein, zum Beispiel:

„Hörst du?", fragte sie. „Ich verstehe dich gut", antwortete er. „Mit welchem Recht", fragte er, „willst du das tun?" Sie rief mir zu: „Wir treffen uns auf dem Schulhof!", und lief weiter.

(4) Das erste Wort von Parenthesen schreibt man klein, wenn es nicht nach einer anderen Regel großzuschreiben ist, zum Beispiel:

Eines Tages, es war mitten im Sommer, hagelte es. Er behauptete – so eine Frechheit! –, dass er im Kino gewesen sei. Sie hat das (erinnerst du dich?) gestern gesagt.

Zu den Satzzeichen siehe § 77(1), § 84(1), § 86(1).

(5) Gliederungsangaben wie Ziffern, Paragrafen, Buchstaben gehören nicht zum nachfolgenden Ganzsatz; entsprechend schreibt man das folgende Wort groß. Dies gilt auch für Überschriften, Werktitel und dergleichen. Beispiele:

3. Die Besitzer und Besitzerinnen von Haustieren sollten ...

§ 13 Die Behandlung sollte sofort einsetzen.

c) Vgl. Anlage 3, Ziffer 7.

2 Die Säugetiere

(6) Auslassungspunkte, Apostroph oder Zahlen zu Beginn eines Ganzsatzes gelten als Satzanfang; entsprechend bleibt die Schreibung des folgenden Wortes unverändert. Dies gilt auch für Überschriften, Werktitel und dergleichen. Beispiele:

... und gab keine Antwort.

's ist schade um sie.

52 volle Wochen hat das Jahr.

2 Anwendung von Groß- oder Kleinschreibung bei bestimmten Wörtern und Wortgruppen

2.1 Substantive und Desubstantivierungen

§ 55 | Substantive schreibt man groß.

Beispiele:

Tisch, Wald, Milch, Mond, Genie, Team, Ladung, Feuer, Wasser, Luft, Sandkasten

Verständnis, Verantwortung, Freiheit, Aktion

Gabriela, Markus, Europa, Wien, Alpen

Substantive dienen der Bezeichnung von Gegenständen, Lebewesen und abstrakten Begriffen. Sie besitzen in der Regel ein festes Genus (Maskulinum, Femininum, Neutrum) und sind im Numerus (Singular, Plural) und im Kasus (Nominativ, Genitiv, Dativ, Akkusativ) bestimmt.

Die Großschreibung gilt auch

(1) für nichtsubstantivische Wörter, wenn sie am Anfang einer Zusammensetzung mit Bindestrich stehen, die als Ganzes die Eigenschaften eines Substantivs hat, zum Beispiel:

die Ad-hoc-Entscheidung, der A-cappella-Chor (vgl. auch § 55 E2), *das In-den-Tag-hinein-Leben* (vgl. auch § 57(2)), *der Trimm-dich-Pfad, die X-Beine, die S-Kurve*

Abkürzungen sowie zitierte Wortformen und Einzelbuchstaben und dergleichen bleiben allerdings unverändert, zum Beispiel:

die km-Zahl, die pH-Wert-Bestimmung, der dass-Satz, die x-Achse, der i-Punkt (der Punkt auf dem kleinen *i*)

(2) für Substantive – auch Initialwörter (§ 102(2)) und Einzelbuchstaben, sofern sie nicht als Kleinbuchstaben zitiert sind – als Teile von Zusammensetzungen mit Bindestrich, zum Beispiel:

die Natrium-Chlor-Verbindung, der 400-Meter-Lauf, zum Aus-der-Haut-Fahren (vgl. auch § 57(2))

pH-Wert-neutral, Napoleon-freundlich, S-Kurven-reich, Formel-1-tauglich

UV-empfindlich, T-förmig (in der Form eines großen *T*), *S-förmig* oder *s-förmig* (in der Form eines großen *S* bzw. eines kleinen *s*), *x-beliebig*

(3) für Substantive aus anderen Sprachen, wenn sie nicht als Zitatwörter gemeint sind. Sind sie mehrteilig, wird der erste Teil großgeschrieben. Beispiele:

das Crescendo, der Drink, das Center, die Ratio; die Conditio sine qua non, das Cordon bleu, eine Terra incognita; das Know-how, das Make-up

Substantivische Bestandteile werden auch im Innern mehrteiliger Fügungen großgeschrieben, die als Ganzes die Funktion eines Substantivs haben, zum Beispiel:

die Alma Mater, die Ultima Ratio, das Desktop-Publishing, der Soft Drink, der Sex-Appeal, das Corned Beef

E1: Teilweise wird auch zusammengeschrieben, siehe Getrennt- und Zusammenschreibung, § 37 E3 und E4, und Schreibung mit Bindestrich, § 44 und § 45. Beispiele: *der Softdrink, der Sexappeal, das Cornedbeef*

(4) für Substantive, die Bestandteile fester Gefüge sind und nicht mit anderen Bestandteilen des Gefüges zusammengeschrieben werden (siehe dazu auch Teil B, Getrennt- und Zusammenschreibung, § 34(3) und § 39), zum Beispiel:

auf Abruf, in Bälde, in/mit Bezug auf, im Grunde, auf Grund (auch *aufgrund*)*; zu Grunde gehen* (auch *zugrunde gehen*)*, zu Händen von* (aber *zuhanden von*)*, in Hinsicht auf* (aber *infolge*)*, zur Not* (aber *vonnöten*)*, zur Seite, von Seiten, auf Seiten* (auch *aufseiten, vonseiten*)

etwas außer Acht lassen, die Haare stehen jemandem zu Berge, in Betracht kommen, zu Hilfe kommen, in Kauf nehmen

Auto fahren, Rad fahren, Maschine schreiben, Kegel schieben, Diät leben, Folge leisten, Hof halten, Not leiden, Gefahr laufen, Modell sitzen, Radio hören, Tee trinken, Unkraut jäten, Zeitung lesen

Ernst machen mit etwas, Wert legen auf etwas, Angst haben, jemandem Angst (und Bange) machen, (keine) Schuld tragen (vgl. aber § 34(2.3) sowie § 56(1) und § 56 E2, zum Beispiel: *etwas ernst nehmen; ernst sein/werden, recht sein, unrecht sein; recht/Recht haben*)

zum ersten Mal (aber nach § 39(1): *einmal, diesmal, manchmal*)

eines Abends, des Nachts, letzten Endes, guten Mutes, schlechter Laune (aber nach § 56(3): *abends, nachts;* aber nach § 39(1): *keinesfalls, andernorts*)

E2: In festen adverbialen Fügungen, die als Ganzes aus einer fremden Sprache entlehnt worden sind, gilt Kleinschreibung, zum Beispiel:
a cappella, in flagranti, à discrétion, de jure, de facto, in nuce, pro domo, ex cathedra, coram publico

Zu Schreibungen wie *A-cappella-Chor, De-facto-Anerkennung* siehe oben Absatz (1).

(5) für Zahlsubstantive, zum Beispiel:

ein Dutzend, das Schock (= 60 Stück), *das Paar* (aber *ein paar* = einige), *das Hundert* (zum Beispiel: *das erste Hundert Schrauben*), *das Tausend, eine Million, eine Milliarde, eine Billion*

Zu *Dutzend, Hundert* und *Tausend* siehe auch § 58 E5.

(6) für Ausdrücke, die als Bezeichnung von Tageszeiten nach den Adverbien *vorgestern, gestern, heute, morgen, übermorgen* auftreten, zum Beispiel:

Wir treffen uns heute Mittag. Die Frist läuft übermorgen Mitternacht ab. Sie rief gestern Abend an.

Zu Verbindungen wie *(am) Dienstagabend* siehe § 37(1.1).

§ 56 | Klein schreibt man Wörter, die formgleich als Substantive vorkommen, aber selbst keine substantivischen Merkmale aufweisen.

Dies betrifft

(1) Wörter, die vorwiegend prädikativ gebraucht werden, wie *angst, bange, feind, freund, gram, klasse, leid, pleite, recht, schuld, spitze, unrecht, weh* in Verbindung mit den Verben *sein, bleiben* oder *werden*.

Beispiele:

Mir wird angst. Uns ist angst und bange. Wir sind ihr gram. Sein Spiel ist klasse. Mir ist das alles leid. Die Firma ist pleite. Das ist mir recht. Er ist schuld daran.

E1: Das gilt auch für Zusammensetzungen mit diesen Wörtern, zum Beispiel: *Er ist ihm spinnefeind.*

E2: Groß- wie kleingeschrieben werden können *recht/Recht* und *unrecht/ Unrecht* in Verbindung mit Verben wie *behalten, bekommen, geben, haben, tun,* zum Beispiel:

Ich gebe ihm recht/Recht. Du tust ihm unrecht/Unrecht.

(2) den ersten Bestandteil unfest zusammengesetzter Verben auch in getrennter Stellung (siehe § 34(3)), zum Beispiel:

Ich nehme daran teil (teilnehmen). Die Besprechung findet am Freitag statt (stattfinden). Die Stadt stand kopf (kopfstehen). Man konnte ihm ansehen, wie leid es ihm tat (leidtun). Es nimmt mich wunder (wundernehmen).

E3: Wird ein Substantiv mit dem Infinitiv nicht zusammengeschrieben, so schreibt man es entsprechend § 55(4) groß, zum Beispiel: *Ich nehme daran Anteil (Anteil nehmen). Du fährst Auto, und ich fahre Rad (Auto fahren, Rad fahren). Sie leistete der Aufforderung nicht Folge (Folge leisten).*

(3) Adverbien, Präpositionen, Konjunktionen auf -*s* und -*ens,* zum Beispiel:

abends, anfangs, donnerstags, schlechterdings, morgens, hungers (hungers sterben), willens, rechtens (rechtens sein, etwas rechtens machen); abseits, angesichts, mangels, mittels, namens, seitens; falls, teils ... teils

(4) die folgenden Präpositionen:

dank, kraft (kraft ihres Amtes), laut, statt, an ... statt (an Kindes statt, an seiner statt), trotz, wegen, von ... wegen (von Amts wegen), um ... willen, zeit (zeit seines Lebens)

(5) die folgenden unbestimmten Zahlwörter:

ein bisschen (= ein wenig), ein paar (= einige)

Beispiele:

ein bisschen Leim, dieses kleine bisschen Leim; ein paar Steine, diese paar Steine (aber nach § 55(5): *ein Paar Schuhe*)

(6) Bruchzahlen auf -*tel* und -*stel*

(6.1) vor Maßangaben (siehe auch § 37 E5), zum Beispiel:

ein zehntel Millimeter, ein viertel Kilogramm, in fünf hundertstel Sekunden, nach drei viertel Stunden

E4: Hier ist auch Zusammenschreibung nach § 37 E5 möglich, zum Beispiel: *ein Zehntelmillimeter, ein Viertelkilogramm, in fünf Hundertstelsekunden, nach drei Viertelstunden*

(6.2) in Uhrzeitangaben unmittelbar vor Kardinalzahlen, zum Beispiel:

um viertel fünf, gegen drei viertel acht

E5: In allen übrigen Fällen schreibt man Bruchzahlen auf -*tel* und -*stel* entsprechend § 55 groß, zum Beispiel: *ein Drittel, das erste Fünftel, neun Zehntel des Umsatzes, um drei Viertel größer, um [ein] Viertel vor fünf*

2.2 Substantivierungen

§ 57
> Wörter anderer Wortarten schreibt man groß, wenn sie als Substantive gebraucht werden (= Substantivierungen).

Substantivierte Wörter nehmen die Eigenschaften von Substantiven an (vgl. § 55). Man erkennt sie im Text an zumindest einem der folgenden Merkmale:

a) an einem vorausgehenden Artikel *(der, die, das; ein, eine, ein)*, Pronomen *(dieser, jener, welcher, mein, kein, etwas, nichts, alle, einige …)* oder unbestimmten Zahlwort *(ein paar, genug, viel, wenig …)*, die sich auf das substantivierte Wort beziehen;

b) an einem vorangestellten adjektivischen Attribut oder einem nachgestellten Attribut, das sich auf das substantivierte Wort bezieht;

c) an ihrer Funktion als kasusbestimmtes Satzglied oder kasusbestimmtes Attribut.

Siehe dazu folgende Beispiele:

Das Inkrafttreten (a, b, c) *des Gesetzes verzögert sich. Er übersah alles Kleingedruckte* (a, c*). Das Ausschlaggebende* (a, b, c) *für ihre Einstellung war ihr sicheres Auftreten* (a, b, c)*. Nichts Menschliches* (a, c) *war ihr fremd. Das Deutsche* (a, c) *gilt als schwere Sprache. Sie bot ihr das Du* (a, c) *an. Der Beschluss fiel nach langem Hin und Her* (b, c)*. Bananen kosten jetzt das Zweifache* (a, b, c) *des früheren Preises. Lesen und Schreiben* (c) *sind Kulturtechniken. Sie brachte eine Platte mit Gebratenem* (c)*. Du sollst Gleiches* (c) *nicht mit Gleichem* (c) *vergelten. Man sagt, Liebende* (c) *seien blind.*

E1: Zahlreiche Substantivierungen sind ein fester Bestandteil des Substantivwortschatzes geworden, zum Beispiel: *das Essen, das Herzklopfen, das Leben, das Deutsche, die Grünen, die Studierenden, der/die Angestellte, das Durcheinander, das Jenseits, das Vergissmeinnicht*

Die folgende Aufgliederung der Großschreibung von Substantivierungen ist nach Wortarten geordnet.

(1) Substantivierte Adjektive und adjektivisch gebrauchte Partizipien, besonders auch in Verbindung mit Wörtern wie *alles, allerlei, etwas, genug, nichts, viel, wenig,* zum Beispiel:
Wir wünschen alles Gute. Zum Aperitif gab es Süßes und Salziges. Geh nicht mit Unbekannten! Das Ausschlaggebende für die Einstellung war ihre Erfahrung. Er hat nichts/wenig/etwas/viel Bedeutendes geschrieben. Das nie Erwartete trat ein. Sie hatte nur Angenehmes erlebt. Der Umsatz war dieses Jahr um das Dreifache höher. Das andere Gebäude war um ein Beträchtliches höher. Das ist das einzig Richtige, was du

64

tun kannst. Es wäre wohl das Richtige, wenn wir noch einmal darüber reden. Bitte lesen Sie das unten Stehende/unten Stehendes genau durch. Wir haben das Folgende/Folgendes verabredet. Wir werden das im Folgenden noch genauer darstellen. Des Näheren vermag ich mich nicht zu entsinnen. Sie hat mir die Sache des Näheren erläutert. Wir haben alles des Langen und Breiten diskutiert. Wir wohnen im Grünen. Beim Umweltschutz liegen noch viele Dinge im Argen. Wir sind uns im Großen und Ganzen einig. Die Arbeiten sind im Allgemeinen nicht schlecht geraten. Das ist im Wesentlichen richtig. Im Einzelnen sind aber noch Verbesserungen möglich. Plötzlich ertönte eine Stimme aus dem Dunkeln. Die Polizei tappt im Dunkeln. Die Direktorin war auf dem Laufenden.

Sie war unsere Jüngste. Das Beste, was dieser Ferienort bietet, ist die Ruhe. Es ist das Beste, wenn du kommst. Es änderte sich nicht das Geringste. Dies geschieht zum Besten unserer Kinder. Er gab wieder einmal eine seiner Geschichten zum Besten. Sie konnte uns vor dem Ärgsten bewahren. Daran haben wir nicht im Entferntesten gedacht. Sie war bis ins Kleinste vorbereitet. Sie war aufs Schrecklichste/auf das Schrecklichste gefasst. Sie hat uns aufs Herzlichste/auf das Herzlichste begrüßt (siehe auch § 58 E1).

Die Pest traf Hohe und Niedrige/Hoch und Niedrig. Diese Musik gefällt Jungen und Alten/Jung und Alt. Die Teilnehmenden diskutierten über den Konflikt zwischen Jungen und Alten/zwischen Jung und Alt. Das ist ein Fest für Junge und Alte/für Jung und Alt.

Sie trug das kleine Schwarze. Der Zeitungsbericht traf ins Schwarze. Wenn man Schwarz mit Weiß mischt, entsteht Grau. Die Ampel schaltete auf Rot. Wir liefern das Gerät in Grau oder Schwarz.

Das Englische ist eine Weltsprache. Ihr Englisch hatte einen südamerikanischen Akzent. Mit Englisch kommt man überall durch. In Ostafrika verständigt man sich am besten auf Swahili oder auf Englisch.

E2: Gelegentlich ist Groß- oder Kleinschreibung möglich, zum Beispiel:
Sie spricht Englisch (was? – *die englische Sprache*)/*englisch* (wie?).

Ordnungszahladjektive sowie sinnverwandte Adjektive, zum Beispiel:
Die Miete ist am Ersten jedes Monats zu bezahlen. Er ist schon der Zweite, der den Rekord des vergangenen Jahres überboten hat. Jeder Fünfte lehnte das Projekt ab. Endlich war sie die Erste im Staat. Dieses Vorgehen verletzte die Rechte Dritter. Er kam als Dritter an die Reihe. Er kam vom Hundertsten ins Tausendste. Fürs Erste wollen wir nicht mehr darüber reden. Die Nächste bitte! Liebe deinen Nächsten wie dich selbst! Trotz ihrer Verletzung wurde sie noch Viertletzte. Als Letztes muss der Deckel angeschraubt werden. Arthur und Armin gingen unterschiedliche Wege: der Erste/Ersterer wurde Beamter, der Zweite/der Letzte/Letzterer hatte als Schauspieler Erfolg.

Unbestimmte Zahladjektive (siehe aber auch § 58(5)), zum Beispiel:

Den Kometen haben Unzählige (Ungezählte, Zahllose) gesehen. Ich muss noch Verschiedenes erledigen. Er hatte das Ganze rasch wieder vergessen. Der Kongress war als Ganzes ein Erfolg. Das muss jeder Einzelne mit sich selbst ausmachen. Anita war die Einzige, die alles wusste. Alles Übrige besprechen wir morgen. Er gab sein Geld für alles Mögliche aus.

(2) Substantivierte Verben, zum Beispiel:

Das Lesen fällt mir schwer. Sie hörten ein starkes Klopfen. Wer erledigt das Fensterputzen? Viele waren am Zustandekommen des Vertrages beteiligt. Die Sache kam ins Stocken. Das ist zum Lachen. Euer Fernbleiben fiel uns auf. Uns half nur noch lautes Rufen. Die Mitbewohner begnügten sich mit Wegsehen und Schweigen.

Sie wollte auf Biegen und Brechen gewinnen. Er klopfte mit Zittern und Zagen an. Ich nehme die Tabletten auf Anraten meiner Ärztin.

Sie hat ihr Soll erfüllt. Dies ist ein absolutes Muss.

Bei mehrteiligen Fügungen, deren Bestandteile mit einem Bindestrich verbunden werden, schreibt man das erste Wort, den Infinitiv und die anderen substantivischen Bestandteile groß (siehe auch § 55(1) und (2)), zum Beispiel:

es ist zum Auf-und-davon-Laufen, das Hand-in-Hand-Arbeiten, das In-den-Tag-hinein-Leben

E3: Gelegentlich ist bei einfachen Infinitiven Groß- oder Kleinschreibung möglich, zum Beispiel: *Der Gehörgeschädigte lernt Sprechen.* (Wie: *Der Gehörgeschädigte lernt das Sprechen/das deutliche Sprechen.*) Oder: *Der Gehörgeschädigte lernt sprechen.* (Wie: *Der Gehörgeschädigte lernt deutlich sprechen.*) (Ebenso:) *Bekanntlich ist Umlernen/umlernen schwieriger als Dazulernen/dazulernen. Doch geht Probieren/probieren über Studieren/ studieren.*

(3) Substantivierte Pronomen (vgl. aber auch § 58(4)), zum Beispiel:

Sie hatte ein gewisses Etwas. Er bot ihm das Du an. Das ist ein Er, keine Sie. Wir standen vor dem Nichts. Er konnte Mein und Dein nicht unterscheiden.

(4) Substantivierte Grundzahlen als Bezeichnung von Ziffern, zum Beispiel:

Er setzte alles auf die Vier. Sie fürchtete sich vor der Dreizehn. Der Zeiger nähert sich der Elf. Sie hat lauter Einsen im Zeugnis. Er würfelt eine Sechs.

(5) Substantivierte Adverbien, Präpositionen, Konjunktionen, Interjektionen, zum Beispiel:

Es gab ein großes Durcheinander. Mich störte das ewige Hin und Her. Ich will das noch im Diesseits erleben. Auf das Hier und Jetzt kommt es an. Das Danach war ihr egal. Es gibt kein Übermorgen. Sie hatte so viel wie möglich im Voraus erledigt. Im Nachhinein wussten wir es besser. Er stand im Aus. Sie überlegte sich das Für und Wider genau. Sein ständiges Aber stört mich. Es kommt nicht nur auf das Dass an, sondern auch auf das Wie. Er erledigte es mit Ach und Krach. Ein vielstimmiges Ah ertönte. Ihr freudiges Oh freute ihre Kolleginnen. Das Nein fällt ihm schwer.

E4: Bei mehrteiligen substantivierten Konjunktionen, die mit einem Bindestrich verbunden werden (siehe § 43), schreibt man nur das erste Wort groß, zum Beispiel: *ein Entweder-oder, das Als-ob, das Sowohl-als-auch*

§ 58	In folgenden Fällen schreibt man Adjektive, Partizipien und Pronomen klein, obwohl sie formale Merkmale der Substantivierung aufweisen.

(1) Adjektive, Partizipien und Pronomen, die sich auf ein vorhergehendes oder nachstehendes Substantiv beziehen, zum Beispiel:

Sie war die aufmerksamste und klügste meiner Zuhörerinnen. Vor dem Haus spielten viele Kinder, einige kleine im Sandkasten, die größeren am Klettergerüst. Es waren neun Teilnehmer erschienen, auf den zehnten wartete man vergebens. Alte Schuhe sind meist bequemer als neue. Dünne Bücher lese ich in der Freizeit, dicke im Urlaub. Zwei Männer betraten den Raum; der erste trug einen Anzug, der zweite Jeans und Pullover. Leih mir bitte deine Farbstifte, ich habe meine/die meinen/die meinigen vergessen. Der Verkäufer zeigte mir seine Auswahl an Krawatten. Die gestreiften und gepunkteten gefielen mir am besten.

(2) Superlative mit „am", nach denen mit „Wie?" gefragt werden kann, zum Beispiel:

Dieser Weg ist am steilsten. (Frage: Wie ist der Weg?) *Dieser Stift schreibt am feinsten.* (Frage: Wie schreibt dieser Stift?) *Der ICE fährt am schnellsten.*

E1: Superlative mit „am" gehören zur regulären Flexion des Adjektivs; „am" ist in diesen Fügungen nicht in „an dem" auflösbar. Beispiele: *Dieser Weg ist steil – steiler – am steilsten. Dieser Stift schreibt fein – feiner – am feinsten.*

In Anlehnung an diese Fügungen kann man auch feste adverbiale Wendungen mit *aufs* oder *auf das*, die mit „Wie?" erfragt werden können, kleinschreiben, zum Beispiel:

Sie hat uns aufs/auf das herzlichste begrüßt. (Frage: Wie hat sie uns begrüßt?) *Der Fall ließ sich aufs/auf das einfachste lösen.*

Superlative, nach denen mit „Woran?" („An was?") oder „Worauf?" („Auf was?") gefragt werden kann, schreibt man nach § 57(1) groß, zum Beispiel:

Es fehlt ihnen am/an dem Nötigsten. (Frage: Woran fehlt es ihnen?) *Wir sind aufs/auf das Beste angewiesen.* (Frage: Worauf sind wir angewiesen?)

(3) bestimmte feste Verbindungen

(3.1) aus Präposition und nichtdekliniertem Adjektiv ohne vorangehenden Artikel, zum Beispiel:

Ich hörte von fern ein dumpfes Grollen. Die Pilger kamen von nah und fern. Die Ware wird nur gegen bar ausgeliefert. Die Mädchen hielten durch dick und dünn zusammen. Das wird sich über kurz oder lang herausstellen. Damit habe ich mich von klein auf beschäftigt.

Er hat die frei erfundene Geschichte für wahr gehalten. Man hat ihn für dumm verkauft. Sie hat sich die Argumentation zu eigen gemacht.

Das werde ich dir schwarz auf weiß beweisen. Die Stimmung war grau in grau.

(3.2) aus Präposition und dekliniertem Adjektiv ohne vorangehenden Artikel. In diesen Fällen ist jedoch auch die Großschreibung des Adjektivs zulässig, zum Beispiel:

Aus der Brandruine stieg von neuem/Neuem Rauch auf. Wir konnten das Feuer nur von weitem/Weitem betrachten. Der Fahrplan bleibt bis auf weiteres/Weiteres in Kraft. Unsere Pressesprecherin gibt Ihnen ohne weiteres/Weiteres Auskunft. Der Termin stand seit längerem/Längerem fest. Die Aufgabe wird binnen kurzem/Kurzem erledigt.

E2: Substantivierungen, die auch ohne Präposition üblich sind, werden nach § 57(1) auch dann großgeschrieben, wenn sie mit einer Präposition verbunden werden, zum Beispiel:

Die Historikerin beschäftigt sich mit dem Konflikt zwischen Arm und Reich. Das ist ein Fest für Jung und Alt. Sein Vorschlag war jenseits von Gut und Böse. (Vgl.: *Die Königin lud Arm und Reich ein. Das Fest gefiel Jung und Alt.*)

Die Ampel schaltete auf Rot. Wir liefern das Gerät in Grau (= in grauer Farbe). (Vgl.: *Das ist ein grelles Rot. Sie hasst Grau.*)

Mit Englisch kommst du überall durch. In Ostafrika verständigt man sich am besten auf Swahili oder Englisch. (Vgl.: *Bekanntlich ist Englisch eine Weltsprache. Sein Englisch war gut verständlich.*)

(4) Pronomen, auch wenn sie als Stellvertreter von Substantiven gebraucht werden, zum Beispiel:

In diesem Wald hat sich schon mancher verirrt. Ich habe mich mit diesen und jenen unterhalten. Wenn einer eine Reise tut, so kann er was erzählen. Das muss (ein) jeder mit sich selbst ausmachen. Wir haben alles mitgebracht. Sie hatten beides mitgebracht. Man muss mit (den) beiden reden.

Zur Großschreibung der Anredepronomen siehe § 65, § 66.

E3: In Verbindung mit dem bestimmten Artikel oder dergleichen lassen sich Possessivpronomen auch als substantivische possessive Adjektive bestimmen, entsprechend kann man hier nach § 57(1) auch großschreiben, zum Beispiel:

Grüß mir die deinen/Deinen (die deinigen/Deinigen)! Sie trug das ihre/Ihre (das ihrige/Ihrige) zum Gelingen bei. Jedem das seine/Seine!

(5) die folgenden Zahladjektive mit allen ihren Flexionsformen:

viel, wenig; (der, die, das) eine, (der, die, das) andere

Beispiele:

Das haben schon viele erlebt. Zum Erfolg trugen auch die vielen bei, die ohne Entgelt mitgearbeitet haben. Nach dem Brand war nur noch weniges zu gebrauchen. Sie hat das wenige, was noch da war, in eine Kiste versorgt. Die meisten haben diesen Film schon einmal gesehen. Die einen kommen, die anderen gehen. Was der eine nicht tut, soll der andere nicht lassen. Die anderen kommen später. Das können auch andere bestätigen. Alles andere erzähle ich dir später. Sie hatte noch anderes zu tun. Unter anderem wurde auch über finanzielle Angelegenheiten gesprochen.

E4: Wenn der Schreibende zum Ausdruck bringen will, dass das Zahladjektiv substantivisch gebraucht ist, kann er es nach § 57(1) auch großschreiben, zum Beispiel:

Sie strebte etwas ganz Anderes an. Die Einen sagen dies, die Anderen das. Die Meisten stimmten seiner Meinung zu.

(6) Kardinalzahlen unter einer Million, zum Beispiel:

Was drei wissen, wissen bald dreißig. Diese drei kommen mir bekannt vor. Sie rief um fünf an. Wir waren an die zwanzig. Er sollte die Summe durch acht teilen. Dieser Kandidat konnte nicht bis drei zählen. Wir fünf gehören zusammen. Der Abschnitt sieben fehlt im Text. Der Mensch über achtzig schätzt die Gesundheit besonders.

E5: Wenn *hundert* und *tausend* eine unbestimmte (nicht in Ziffern schreibbare) Menge angeben, können sie auch auf die Zahlsubstantive *Hundert* und *Tausend* bezogen werden (vgl. § 55(5)); entsprechend kann man sie dann klein- oder großschreiben, zum Beispiel:

*Es kamen viele tausende/Tausende von Zuschauern. Sie strömten zu aber-
hunderten/Aberhunderten herein. Mehrere tausend/Tausend Menschen füll-
ten das Stadion. Der Beifall zigtausender/Zigtausender von Zuschauern war
ihr gewiss.*

Entsprechend auch:

*Der Stoff wird in einigen Dutzend/dutzend Farben angeboten. Der Fall war
angesichts Dutzender/dutzender von Augenzeugen klar.*

2.3 Eigennamen mit ihren nichtsubstantivischen Bestandtei-
len sowie Ableitungen von Eigennamen

§ 59

> Eigennamen schreibt man groß.

Eigennamen sind Bezeichnungen zur Identifizierung bestimmter einzelner Gegebenheiten (eine Person, ein Ort, ein Land, eine Institution
usw.). Viele sind einfache, zusammengesetzte oder abgeleitete Sub-
stantive, zum Beispiel *Peter, Wien, Deutschland, Europa, Südamerika,
Bahnhofstraße, Sigmaringen, Albrecht-Dürer-Allee, Ostsee-Zeitung.*
Sie werden nach § 55 großgeschrieben. Daneben gibt es mehrteilige
Eigennamen, die häufig auch nichtsubstantivische Bestandteile enthal-
ten, zum Beispiel *Kap der Guten Hoffnung, Norddeutsche Neueste
Nachrichten, Vereinigte Staaten von Amerika.* Im Folgenden wird die
Groß- und Kleinschreibung dieser Gruppe von Eigennamen dargestellt.

§ 60

> In mehrteiligen Eigennamen mit nichtsubstantivischen Bestandteilen
> schreibt man das erste Wort und alle weiteren Wörter außer Artikel,
> Präpositionen und Konjunktionen groß.

E1: Ein vorangestellter Artikel ist in der Regel nicht Bestandteil des Eigen-
namens und wird darum kleingeschrieben.

Zu Ausnahmen siehe unten, Absatz (4.4).

Als Eigennamen im Sinne dieser orthografischen Regelung gelten:

(1) Personennamen, Eigennamen aus Religion, Mythologie sowie Bei-
namen, Spitznamen und dergleichen, zum Beispiel:

*Johann Wolfgang von Goethe, Gertrud von Le Fort, Charles de Coster,
Ludwig van Beethoven, der Apokalyptische Reiter, Walther von der
Vogelweide, Holbein der Jüngere, der Alte Fritz, Katharina die Große,
Heinrich der Achte, Elisabeth die Zweite; Klein Erna*

Präpositionen wie *von, van, de, ten, zu(r)* in Personennamen schreibt man im Satzinnern auch dann klein, wenn ihnen kein Vorname vorausgeht, zum Beispiel: *Der Autor dieses Buches heißt von Ossietzky.*

(2) Geografische und geografisch-politische Eigennamen, so

(2.1) von Erdteilen, Ländern, Staaten, Verwaltungsgebieten und dergleichen, zum Beispiel:

Vereinigte Staaten von Amerika, Freie und Hansestadt Hamburg (als Bundesland), *Tschechische Republik*

(2.2) von Städten, Dörfern, Straßen, Plätzen und dergleichen, zum Beispiel:

Neu Lübbenau, Groß Flatow, Rostock Lütten Klein, Unter den Linden, Lange Straße, In der Mittleren Holdergasse, Am Tiefen Graben, An den Drei Pfählen, Hamburger Straße, Neuer Markt

(2.3) von Landschaften, Gebirgen, Wäldern, Wüsten, Fluren und dergleichen, zum Beispiel:

Kahler Asten, Hohe Tatra, Holsteinische Schweiz, Schwäbische Alb, Bayerischer Wald, Libysche Wüste, Goldene Aue, Thüringer Wald

(2.4) von Meeren, Meeresteilen und -straßen, Flüssen, Inseln und Küsten und dergleichen, zum Beispiel:

Stiller Ozean, Indischer Ozean, Rotes Meer, Kleine Antillen, Großer Belt, Schweriner See, Straße von Gibraltar, Kapverdische Inseln, Kap der Guten Hoffnung

(3) Eigennamen von Objekten unterschiedlicher Klassen, so

(3.1) von Sternen, Sternbildern und anderen Himmelskörpern, zum Beispiel:

Kleiner Bär, Großer Wagen, Halleyscher Komet (auch: *Halley'scher Komet;* § 62)

(3.2) von Fahrzeugen, bestimmten Bauwerken und Örtlichkeiten, zum Beispiel:

die Vorwärts (Schiff), *der Blaue Enzian* (Eisenbahnzug), *der Fliegende Hamburger* (Eisenbahnzug), *die Blaue Moschee* (in Istanbul), *das Alte Rathaus* (in Leipzig), *der Französische Dom* (in Berlin), *die Große Mauer* (in China), *der Schiefe Turm* (in Pisa)

(3.3) von einzeln benannten Tieren, Pflanzen und gelegentlich auch von Einzelobjekten weiterer Klassen, zum Beispiel:

der Fliegende Pfeil (ein bestimmtes Pferd), *die Alte Eiche* (ein bestimmter Baum)

(3.4) von Orden und Auszeichnungen, zum Beispiel:

das Blaue Band des Ozeans, Großer Österreichischer Staatspreis für Literatur

(4) Eigennamen von Institutionen, Organisationen, Einrichtungen, so

(4.1) von staatlichen bzw. öffentlichen Dienststellen, Behörden und Gremien, von Bildungs- und Kulturinstitutionen und dergleichen, zum Beispiel:

Deutscher Bundestag, Statistisches Bundesamt, Mecklenburgisches Staatstheater Schwerin, Naturhistorisches Museum (in Wien), *Grünes Gewölbe* (in Dresden), *Klinik für Innere Medizin der Universität Rostock, Akademie für Alte Musik Berlin, Zweites Deutsches Fernsehen, Eidgenössische Technische Hochschule* (in Zürich)

(4.2) von Organisationen, Parteien, Verbänden, Vereinen und dergleichen, zum Beispiel:

Vereinte Nationen, Internationales Olympisches Komitee, Deutscher Gewerkschaftsbund, Sozialdemokratische Partei Deutschlands, Christlich-Demokratische Union, Allgemeiner Deutscher Automobilclub, Börsenverein des Deutschen Buchhandels, Österreichisches Rotes Kreuz

(4.3) von Betrieben, Firmen, Genossenschaften, Gaststätten, Geschäften und dergleichen, zum Beispiel:

Deutsche Bank, Österreichischer Raiffeisenverband, Bibliographisches Institut (in Mannheim), *Deutsche Bahn, Weiße Flotte, Hotel Vier Jahreszeiten, Gasthaus zur Neuen Post, Zum Goldenen Anker* (Gaststätte), *Salzburger Dombuchhandlung, Rheinisch-Westfälisches Elektrizitätswerk AG*

(4.4) von Zeitungen und Zeitschriften und dergleichen, zum Beispiel:

Berliner Zeitung, Sächsische Neueste Nachrichten, Deutsch als Fremdsprache, Dermatologische Monatsschrift, Die Zeit

Wird der Artikel am Anfang verändert, so schreibt man ihn klein, zum Beispiel: *Sie hat das in der Zeit gelesen.*

(5) inoffizielle Eigennamen, Kurzformen sowie Abkürzungen von Eigennamen, zum Beispiel:

Schwarzer Kontinent, Ferner Osten, Naher Osten, Vereinigte Staaten, Hohes Haus

A. Müller, Astrid M., A. M. (= Astrid Müller), *J. W. v. Goethe; SPD* (= Sozialdemokratische Partei Deutschlands), *DGB* (= Deutscher Gewerkschaftsbund), *EU* (= Europäische Union), *SBB* (= Schweizerische Bundesbahnen), *ORF* (= Österreichischer Rundfunk)

(6) bestimmte historische Ereignisse und Epochen, zum Beispiel:

der Westfälische Frieden, der Deutsch-Französische Krieg 1870/1871, der Zweite Weltkrieg, die Goldenen Zwanziger

E2: In einigen der oben genannten Namengruppen kann die Schreibung im Einzelfall abweichend festgelegt sein, zum Beispiel:

neue deutsche literatur, profil, konkret (Zeitschriften); *Akademie für Musik und darstellende Kunst „Mozarteum"; Zur letzten Instanz* (Gaststätte)

Zur Kennzeichnung der Namen von Zeitungen und Zeitschriften mit Anführungszeichen siehe § 94(1).

---

§ 61 | Ableitungen von geografischen Eigennamen auf *-er* schreibt man groß.

Beispiele:

das Bad Krozinger Kurgebiet, die Berliner Bevölkerung, die Mecklenburger Landschaft, die New Yorker Kunstszene, der Schweizer Käse, das St. Galler/Sankt Galler Kloster

Zur Schreibung mit oder ohne Bindestrich siehe § 49 E.

---

§ 62 | Kleingeschrieben werden adjektivische Ableitungen von Eigennamen auf *-(i)sch,* außer wenn die Grundform eines Personennamens durch einen Apostroph verdeutlicht wird, ferner alle adjektivischen Ableitungen mit anderen Suffixen.

Beispiele:

die darwinsche/die Darwin'sche Evolutionstheorie, das wackernagelsche/Wackernagel'sche Gesetz, die goethischen/goetheschen/Goethe'schen Dramen, die bernoullischen/Bernoulli'schen Gleichungen

die homerischen Epen, das kopernikanische Weltsystem, die darwinistische Evolutionstheorie, tschechisches Bier, indischer Tee, englischer Stoff

mit eulenspiegelhaftem Schalk, eine kafkaeske Stimmung

Zur Schreibung mit Apostroph siehe auch Zeichensetzung, § 97 E.

Zur Schreibung mehrteiliger Ableitungen mit Bindestrich siehe § 49 E.

2.4 Feste Verbindungen aus Adjektiv und Substantiv

§ 63 | In substantivischen Wortgruppen, die zu festen Verbindungen geworden, aber keine Eigennamen sind, schreibt man Adjektive klein.

Beispiele:

das autogene Training, das neue Jahr, die höhere Mathematik, die graue Maus, die schöne Bescherung, das tolle Treiben, der bunte Hund

E: Bei Verbindungen mit einer neuen, idiomatisierten Gesamtbedeutung kann der Schreibende zur Hervorhebung dieses besonderen Gebrauchs das Adjektiv großschreiben, zum Beispiel:

das Schwarze Brett (= Anschlagtafel), *der Weiße Tod* (= Lawinentod)

Kleinschreibung des Adjektivs ist in diesen Fällen der Regelfall.

§ 64 | In bestimmten substantivischen Wortgruppen werden Adjektive großgeschrieben, obwohl keine Eigennamen vorliegen.

Dies betrifft

(1) Titel, Ehrenbezeichnungen, bestimmte Amts- und Funktionsbezeichnungen, zum Beispiel:
der Heilige Vater, der Regierende Bürgermeister, die Königliche Hoheit, der Technische Direktor

(2) besondere Kalendertage, zum Beispiel:
der Heilige Abend, der Internationale Frauentag, der Erste Mai

(3) fachsprachliche Bezeichnungen bestimmter Klassifizierungseinheiten, so von Arten, Unterarten oder Rassen in der Botanik und Zoologie, zum Beispiel:
Fleißiges Lieschen, Grüner Veltliner, Roter Milan, Schwarze Witwe

E: Die Großschreibung von Adjektiven, die mit dem Substantiv zusammen für eine begriffliche Einheit stehen, ist auch in Fachsprachen außerhalb der Biologie und bei Verbindungen mit terminologischem Charakter belegt, zum Beispiel:
Gelbe Karte, Goldener Schnitt, Kleine Anfrage; Erste Hilfe

In manchen Fachsprachen wird demgegenüber die Kleinschreibung bevorzugt, zum Beispiel:
eiserne Lunge, grauer Star, seltene Erden

2.5 Anredepronomen und Anreden

§ 65 | Das Anredepronomen *Sie* und das entsprechende Possessivpronomen *Ihr* sowie die zugehörigen flektierten Formen schreibt man groß.

Beispiele:

Würden Sie mir helfen? Wie geht es Ihnen? Ist das Ihr Mantel? Bestehen Ihrerseits Bedenken gegen den Vorschlag?

E1: Großschreibung gilt auch für ältere Anredeformen wie: *Habt Ihr es Euch überlegt, Fürst von Gallenstein? Johann, führe Er die Gäste herein.*

E2: In Anreden und Titeln wie *Seine Majestät, Eure Exzellenz, Eure Magnifizenz* schreibt man das Pronomen ebenfalls groß.

§ 66

> Die Anredepronomen *du* und *ihr*, die entsprechenden Possessivpronomen *dein* und *euer* sowie das Reflexivpronomen *sich* schreibt man klein.

Beispiele:

Würdest du mir helfen? Hast du dich gut erholt? Haben Sie sich schon angemeldet?

E: In Briefen können die Anredepronomen *du* und *ihr* mit ihren Possessivpronomen auch großgeschrieben werden:

Lieber Freund,
ich schreibe dir/Dir diesen Brief und schicke dir/Dir eure/Eure Bilder ...

E Zeichensetzung

0 Vorbemerkungen

(1) Die Satzzeichen sind Grenz- und Gliederungszeichen. Sie dienen insbesondere dazu, einen geschriebenen Text übersichtlich zu gestalten und ihn dadurch für den Lesenden überschaubar zu machen. Zudem kann der Schreibende mit den Satzzeichen besondere Aussageabsichten oder Einstellungen zum Ausdruck bringen oder stilistische Wirkungen anstreben.

Zu unterscheiden sind Satzzeichen

- zur Kennzeichnung des Schlusses von Ganzsätzen: Punkt, Ausrufezeichen, Fragezeichen
- zur Gliederung innerhalb von Ganzsätzen: Komma, Semikolon, Doppelpunkt, Gedankenstrich, Klammern
- zur Anführung von Äußerungen oder Textstellen bzw. zur Hervorhebung von Wörtern oder Textteilen: Anführungszeichen

(2) Daneben dienen bestimmte Zeichen

- zur Markierung von Auslassungen: Apostroph, Ergänzungsstrich, Auslassungspunkte
- zur Kennzeichnung der Wörter bestimmter Gruppen: Punkt nach Abkürzungen bzw. Ordinalzahlen, Schrägstrich

1 Kennzeichnung des Schlusses von Ganzsätzen

Der Kennzeichnung des Schlusses von Ganzsätzen dienen:

- der Punkt
- das Ausrufezeichen
- das Fragezeichen

Ganzsätze im Sinne dieser orthografischen Regelung zeigen Beispiele wie:

Gestern hat es geregnet. Du kommst bitte morgen! Hat er das wirklich gesagt? Im Hausflur war es still, ich drückte erwartungsvoll auf die Klingel. Ich hoffe, dass wir uns bald wiedersehen. Meine Freundin hatte den Zug versäumt; deshalb kam sie eine halbe Stunde zu spät.

Niemand kannte ihn. Auch der Gärtner nicht. Bitte die Türen schließen und Vorsicht bei der Abfahrt des Zuges! Ob er heute kommt? Nein, morgen. Warum nicht? Gute Reise! Hilfe!

Zu den Zeichen in Verbindung mit Gedankenstrich oder Klammern siehe § 85 bzw. § 88.

Zu den Zeichen bei wörtlich Wiedergegebenem siehe § 90.

Zum Gedankenstrich zwischen zwei Ganzsätzen siehe § 83.

§ 67 | Mit dem Punkt kennzeichnet man den Schluss eines Ganzsatzes.

Ich habe ihn gestern gesehen. Sie kommt morgen. Das Kind weinte, weil es seinen Schlüssel verloren hatte.

Wir sehen nach, was Paul macht. Sie habe ihn gestern gesehen, behauptete sie. Sie forderte ihn auf die Wohnung sofort zu verlassen. Ich wünschte, die Prüfung wäre vorbei. Sie fragte ungeduldig, ob er endlich käme. Der Redner stellte die Frage, wie es nach diesen Umweltschäden weitergehen solle.

Im Hausflur war es still. Ich drückte erwartungsvoll auf die Klingel.

E1: Wenn aber als mehrteiliger Ganzsatz verstanden, entsprechend § 71(1) bzw. § 80(1) mit Komma oder Semikolon:
Im Hausflur war es still, ich drückte erwartungsvoll auf die Klingel.
Im Hausflur war es still; ich drückte erwartungsvoll auf die Klingel.

E2: Bei Aufforderungen, denen man keinen besonderen Nachdruck geben will, setzt man einen Punkt und kein Ausrufezeichen (hierzu siehe § 69): *Rufen Sie bitte später noch einmal an. Nehmen Sie doch Platz. Vgl. S. 25 seiner letzten Veröffentlichung.*

E3: In den folgenden Fällen setzt man keinen Punkt:

► am Ende von freistehenden Zeilen (siehe § 68)
► am Ende einer kolumnenartigen Aufzählung ohne schließende Satzzeichen (siehe § 71 E2)
► am Ende von Parenthesen (mit Gedankenstrich siehe § 85, mit Klammern siehe § 88)
► bei wörtlich Wiedergegebenem am Anfang oder im Inneren von Ganzsätzen (siehe § 92)
► nach Auslassungspunkten (siehe § 100)
► nach Punkt zur Kennzeichnung von Abkürzungen (siehe § 103) und Ordinalzahlen (siehe § 105)

§ 68 | Nach freistehenden Zeilen setzt man keinen Punkt.

Dies betrifft unter anderem

(1) Überschriften und Werktitel (etwa von Büchern und Theaterstücken, Werken der Bildenden Kunst und der Musik, Rundfunk- und Fernsehproduktionen):

Allmähliche Normalisierung im Erdbebengebiet
Schneeverwehungen behindern Autoverkehr
Chance für eine diplomatische Lösung
Einführung in die höhere Mathematik
Der kaukasische Kreidekreis
Die Zauberflöte

Zum Ausrufezeichen siehe § 69 E2(1); zum Fragezeichen siehe § 70 E2.

(2) Titel von Gesetzen, Verträgen, Deklarationen und dergleichen sowie Bezeichnungen für Veranstaltungen:

Bundesgesetz über den Straßenverkehr
Konferenz über Sicherheit und Zusammenarbeit in Europa
Internationaler Ärztekongress

(3) Anschriften und Datumszeilen sowie Grußformeln und Unterschriften etwa in Briefen:

Werner Meier   *Donnerstag, 16. Februar 2006*
Gerichtsweg 12
04103 Leipzig

Herrn Rudolf Schröder
Rüdesheimer Str. 29
62123 Wiesbaden

Sehr geehrter Herr Schröder,
entsprechend unserer telefonischen Vereinbarung ...
...
Mit freundlichen Grüßen
Ihr Werner Meier

Zur Zeichensetzung bei der Anrede etwa in Briefen siehe § 69 E3.

§ 69	Mit dem Ausrufezeichen gibt man dem Inhalt des Ganzsatzes einen besonderen Nachdruck wie etwa bei nachdrücklichen Behauptungen, Aufforderungen, Grüßen, Wünschen oder Ausrufen.

Ich habe ihn gestern bestimmt gesehen! Komm bitte morgen! Du kommst morgen! Lasst uns keine Zeit verlieren! Du musst die Arbeit abgeben, weil morgen der letzte Termin ist!
Seht nach, was Paul macht! Sehen Sie nur, wie schön die Aussicht ist! Bitte fordern Sie ihn auf die Wohnung sofort zu verlassen! Frag ihn, ob er kommt!

*Ruhe! Bitte nicht stören! Zurücktreten! Bitte die Türen schließen und
Vorsicht bei der Abfahrt des Zuges! Guten Morgen! Hoffentlich sehen
wir uns bald wieder! Wäre nur die Prüfung erst einmal vorbei! Wenn
ich dich noch einmal erwische, kannst du was erleben! Das ist ja großartig! Welch ein Glück! Au! Das tut weh! Nein! Nein!*

Zum Punkt nach Aufforderungen ohne besonderen Nachdruck siehe § 67 E2.

E1: Wenn aber als mehrteiliger Ganzsatz oder als Teile einer Aufzählung
verstanden, entsprechend § 71 mit Komma (siehe auch § 79(2) und (3)):
Das ist ja großartig, welch ein Glück! Au, das tut weh! Nein, nein!

E2: Zur Kennzeichnung eines besonderen Nachdrucks setzt man auch nach
freistehenden Zeilen ein Ausrufezeichen.

Dies betrifft

(1) Überschriften und Werktitel:
Chance für eine diplomatische Lösung!
Kämpft für den Frieden!
Endlich!

Zum Punkt siehe § 68(1); zum Fragezeichen siehe § 70 E2.

(2) die Anrede: *Sehr geehrter Herr Präsident! Meine Damen und Herren!*

E3: Nach der Anrede etwa in Briefen kann man ein Ausrufezeichen oder entsprechend § 79(1) ein Komma setzen:

Sehr geehrter Herr Schröder!
Entsprechend unserer telefonischen Vereinbarung ...

Sehr geehrter Herr Schröder,
entsprechend unserer telefonischen Vereinbarung ...

In der Schweiz auch ohne Zeichen am Ende:

Sehr geehrter Herr Schröder
Entsprechend unserer telefonischen Vereinbarung ...

§ 70	Mit dem Fragezeichen kennzeichnet man den Ganzsatz als Frage.

*Hast du ihn gestern gesehen? Wann kommst du? Kommst du wirklich
morgen? Ob er morgen kommt? Soll er ihm einen Brief schreiben oder
ist es besser, dass er ihn anruft?*

*Habt ihr nachgesehen, was Paul macht? Sehen Sie, wie schön die Aus-
sicht ist? Haben Sie ihn aufgefordert die Wohnung sofort zu verlassen?
Hat er gefragt, ob Fritz kommt?*

*Warst du im Kino? In welchem Film? Dein Freund war auch mit? Was
möchtet ihr trinken: Bier, Wein oder Apfelmost? Ist das nicht großartig? Ist das nicht ein Glück? Warum? Weshalb? Weswegen?*

E1: Wenn aber als mehrteiliger Ganzsatz oder als Teile einer Aufzählung verstanden, entsprechend § 71 mit Komma:

Ist das nicht großartig, ist das nicht ein Glück? Warum, weshalb, weswegen?

E2: Zur Kennzeichnung einer Frage setzt man auch nach freistehenden Zeilen, zum Beispiel nach Überschriften und Werktiteln, ein Fragezeichen: *Chance für eine diplomatische Lösung? Wo warst du, Adam? Quo vadis?*

Zum Punkt siehe § 68(1); zum Ausrufezeichen siehe § 69 E2.

2 Gliederung innerhalb von Ganzsätzen

(1) Der Gliederung des Ganzsatzes dienen die folgenden Satzzeichen:

- das Komma
- das Semikolon
- der Doppelpunkt
- der Gedankenstrich
- die Klammern

Zu den Auslassungspunkten siehe § 99 bis § 100.

(2) Das Komma wird sowohl einfach als auch paarig gebraucht:

Er trug einen schwarzen, breitkrempigen Hut. Seine Kopfbedeckung, ein schwarzer und breitkrempiger Hut, lag auf dem Tisch.

Dasselbe gilt für den Gedankenstrich.

Nur paarig werden die Klammern gebraucht, nur einfach das Semikolon und der Doppelpunkt.

(3) Manchmal kann man zwischen verschiedenen Zeichen wählen:

Im Hausflur war es still, ich drückte erwartungsvoll auf die Klingel.
Im Hausflur war es still; ich drückte erwartungsvoll auf die Klingel.
Im Hausflur war es still – ich drückte erwartungsvoll auf die Klingel.

Zur stärkeren Abgrenzung kann man entsprechend § 67 auch einen Punkt setzen:

Im Hausflur war es still. Ich drückte erwartungsvoll auf die Klingel.

Eines Tages, es war mitten im Sommer, hagelte es. Eines Tages – es war mitten im Sommer – hagelte es. Eines Tages (es war mitten im Sommer) hagelte es.

2.1 Komma

> **§ 71** Gleichrangige (nebengeordnete) Teilsätze, Wortgruppen oder Wörter grenzt man mit Komma voneinander ab.

Dies betrifft (siehe aber § 72)

(1) gleichrangige Teilsätze:

Im Hausflur war es still, ich drückte erwartungsvoll auf die Klingel. Die Musik wird leiser, der Vorhang hebt sich, das Spiel beginnt. Er dachte angestrengt nach, aber ihr Name fiel ihm nicht ein. Ich wollte ihm helfen, doch er ließ es nicht zu. Ich wollte ihm helfen, er ließ es jedoch nicht zu. Das ist ja großartig, welch ein Glück! Ist das nicht großartig, ist das nicht ein Glück?

Zur Möglichkeit der Wahl zwischen Komma, Semikolon oder Punkt siehe § 80(1).

Er log beharrlich, er wisse von nichts, er sei es nicht gewesen. Wenn das wahr ist, wenn du ihn wirklich nicht gesehen hast, brauchst du dir keine Vorwürfe zu machen. Er erkundigte sich, was es Neues gebe, ob Post gekommen sei. Dass sie ihn nicht nur übersah, sondern dass sie auch noch mit anderen flirtete, kränkte ihn sehr.

(2) gleichrangige Wortgruppen oder Wörter in Aufzählungen:

Der Nachbar hatte versprochen den Briefkasten zu leeren, die Blumen zu gießen, hin und wieder zu lüften. Völlig erschöpft, hungrig und frierend, vom Regen durchnässt kamen sie nach Hause. Er hat nicht behauptet in Berlin gewesen zu sein, sondern in Mainz seinen Onkel besucht zu haben. Sie ärgerte sich ständig über ihren Mann, über die Kinder, über die Hausbewohner.

Er trug einen schwarzen, breitkrempigen Hut. Das ist ein ausgesprochen süßes, widerlich klebriges Getränk. (Siehe aber unten E1.)

Zu Fällen wie den folgenden siehe § 77(4): *Auf der Ausstellung waren viele ausländische, insbesondere holländische Firmen vertreten. Als er sein Herz ausgeschüttet, das heißt alles erzählt hatte, fühlte er sich besser.*

Die Buchstaben x, y, z bilden den Schluss des Alphabets. Frühling, Sommer, Herbst, Winter.

Er fährt nicht mit dem Auto, sondern mit dem Zug. Er ist klug, (dabei) aber faul. Einerseits ist er klug, andererseits faul. Der März war teils freundlich, teils regnerisch, aber im Ganzen zu kalt. Sie lächelte halb verlegen, halb belustigt.

Nein, nein! Warum, weshalb, weswegen?

Zum Ausrufe- oder Fragezeichen siehe § 69 bzw. § 70.

Zum Komma bei mehrteiligen Orts-, Wohnungs-, Zeit- und Literaturangaben siehe § 77(3).

E1: Sind zwei Adjektive nicht gleichrangig, so setzt man kein Komma:

die letzten großen Ferien, eine neue blaue Bluse, dunkles bayerisches Bier, die allgemeine wirtschaftliche Lage, zahlreiche wertende Stellungnahmen

Gelegentlich kann der Schreibende dadurch, dass er ein Komma setzt oder nicht, deutlich machen, ob er die Adjektive als gleichrangig verstanden wissen will oder nicht.

Gleichrangig: *neue, umweltfreundliche Verfahren* (neben den bisherigen Verfahren, die nicht umweltfreundlich sind, gibt es nunmehr neue und umweltfreundliche Verfahren)

Nicht gleichrangig: *neue umweltfreundliche Verfahren* (zusätzlich zu den bisherigen umweltfreundlichen Verfahren gibt es weitere umweltfreundliche Verfahren)

E2: Das Komma (und gegebenenfalls der Schlusspunkt) kann in kolumnenartigen Aufzählungen fehlen, zum Beispiel:

Unser Sonderangebot:

– Äpfel

– Birnen

– Orangen

§ 72 | Sind die gleichrangigen Teilsätze, Wortgruppen oder Wörter durch *und, oder, beziehungsweise/bzw., sowie (= und), wie (= und), entweder ... oder, nicht ... noch, sowohl ... als (auch), sowohl ... wie (auch)* oder durch *weder ... noch* verbunden, so setzt man kein Komma.

Dies betrifft

(1) gleichrangige Teilsätze (siehe aber § 73):

Die Musik wird leiser und der Vorhang hebt sich und das Spiel beginnt. Ich habe sie oft besucht und wir saßen bis spät in die Nacht zusammen. Seid ihr mit meinem Vorschlag einverstanden oder habt ihr Einwände vorzubringen?

Sie wisse Bescheid und der Vorgang sei ihr völlig klar, sagte sie. Er erkundigte sich, was es Neues gebe und ob Post gekommen sei. Alle wollten wissen, wie es gewesen war und warum es so lange gedauert hatte. Ich hoffe, dass es dir gefällt und dass du zufrieden bist.

(2) gleichrangige Wortgruppen oder Wörter in Aufzählungen:

Der Nachbar hatte versprochen den Briefkasten zu leeren und die Blumen zu gießen und hin und wieder zu lüften. Völlig erschöpft und vom Regen durchnässt kamen sie nach Hause.

Sie fährt sowohl bei gutem als auch bei schlechtem Wetter. Der März war kalt und unfreundlich. Das ist ein ausgesprochen süßes sowie widerlich klebriges Getränk. Feuer, Wasser, Luft und Erde

Sie fährt entweder mit dem Auto oder mit dem Zug. Er ist klug und dabei faul. Nein und abermals nein! Wie und warum und wozu?

E1: Ein Komma vor *und* usw. kann dadurch begründet sein, dass mit ihm entsprechend § 74 ein Nebensatz, entsprechend § 77 ein Zusatz oder Nachtrag bzw. entsprechend § 93 ein wörtlich wiedergegebener Satz abgeschlossen wird: *Er sagte, dass er morgen komme, und verabschiedete sich. Mein Onkel, ein großer Tierfreund, und seine Katzen leben in einer alten Mühle. Sie fragte: „Brauchen Sie die Unterlagen?", und öffnete die Schublade.*

E2: Bei entgegenstellenden Konjunktionen wie *aber, doch, jedoch, sondern* steht nach der Grundregel (§ 71) ein Komma, wenn sie zwischen gleichrangigen Wörtern oder Wortgruppen stehen: *Sie fährt nicht nur bei gutem, sondern auch bei schlechtem Wetter. Der März war sonnig, aber kalt. Er hat mir ein süßes, jedoch wohlschmeckendes Getränk eingeschenkt.*

---

§ 73 | Bei der Reihung von selbständigen Sätzen, die durch *und, oder, beziehungsweise/bzw., entweder – oder, nicht – noch* oder durch *weder – noch* verbunden sind, kann man ein Komma setzen, um die Gliederung des Ganzsatzes deutlich zu machen.

Das Feuer brannte endlich(,) und sie machten es sich gemütlich. Hast du ihn angerufen(,) oder wirst du es erst am Sonntag tun? Dem Täter ist die Flucht ins Ausland gelungen(,) bzw. er versteckt sich. Entweder du kommst(,) oder du schreibst einen Brief. Nicht einmal ein Dank kam von seinen Lippen(,) noch fand er sonst wohlwollende Worte. Weder schrieb er einen Brief(,) noch kam er selbst.

Ich fotografierte die Berge(,) und meine Frau lag in der Sonne. Er traf sich mit meiner Schwester(,) und deren Freundin war auch mitgekommen. Wir warten auf euch(,) oder die Kinder gehen schon voraus.

---

§ 74 | Nebensätze grenzt man mit Komma ab; sind sie eingeschoben, so schließt man sie mit paarigem Komma ein.

Am Anfang des Ganzsatzes:

Was ich anfangen soll, weiß ich nicht. Als wir nach Hause kamen, war es schon spät. Dass es dir wieder besser geht, freut mich sehr. Obwohl schlechtes Wetter war, suchten wir die Ostereier im Garten. Ist dir der Weg zu weit, kannst du mit dem Bus fahren. Er komme morgen, sagte er. Als er sich niederbeugte, weil er ihre Tasche aufheben wollte, stießen sie mit den Köpfen zusammen.

Eingeschoben:

Das Buch, das ich dir mitgebracht habe, liegt auf dem Tisch. Seine An-nahme, dass Peter käme, erfüllte sich nicht. Sie konnte, wenn sie wollte, äußerst liebenswürdig sein. Er sagte, dass er morgen komme, und ver-abschiedete sich. Er sagte, er komme morgen, und verabschiedete sich.

Am Ende des Ganzsatzes:

Ich weiß nicht, was ich anfangen soll. Sie beobachtete die Kinder, die auf der Wiese ihre Drachen steigen ließen. Gestern traf ich eine Freundin, von der ich lange nichts mehr gehört hatte. Das Kind weinte, weil es seinen Schlüssel verloren hatte. Ich hätte nie gedacht, dass du mich so enttäuschen würdest. Sie sah gesünder aus, als sie sich fühlte. Seine Tochter war ebenso rothaarig, wie er es als Kind gewesen war. Sie sagte, sie komme morgen. Er war zu klug, als dass er in die Falle gegangen wäre, die man ihm gestellt hatte.

E1: Besteht die Einleitung eines Nebensatzes aus einem Einleitewort und weiteren Wörtern, so gilt:

(1) Man setzt das Komma vor die ganze Wortgruppe:

Ich habe sie selten besucht, aber wenn ich bei ihr war, saßen wir bis spät in die Nacht zusammen. Er rannte, als ob es um sein Leben ginge, über die Straße. Sie rannte, wie wenn es um ihr Leben ginge. Ein Passant hatte bereits Risse in den Pfeilern der Brücke bemerkt, zwei Tage bevor sie zusammen-brach.

(2) In einigen Fällen kann der Schreibende zusätzlich ein Komma zwischen den Bestandteilen der Wortgruppe setzen:

Morgen wird es regnen, angenommen(,) dass der Wetterbericht stimmt. Wir fahren morgen, ausgenommen(,) wenn es regnet. Ich glaube nicht, dass er anruft, geschweige(,) dass er vorbeikommt. Ich glaube nicht, dass er anruft, geschweige denn(,) dass er vorbeikommt. Ich komme morgen, gleichviel(,) ob er es will oder nicht. Ich werde ihnen gegenüber abweisend oder entgegen-kommend sein, je nachdem(,) ob sie hartnäckig oder sachlich sind. Egal(,) welche Farbe sie sich aussucht, sie wird immer gut aussehen.

(3) Der Schreibende kann durch das Komma deutlich machen, ob er Wörter als Bestandteil der Nebensatzeinleitung verstanden wissen will oder nicht:

Ich freue mich, auch wenn du mir nur eine Karte schreibst. Ich freue mich auch, wenn du mir nur eine Karte schreibst. Die Rehe bemerkten ihn, gleich als er sein Versteck verließ. Die Rehe bemerkten ihn gleich, als er sein Ver-steck verließ. Er ärgerte sich zeitlebens, so dass er schon früh graue Haare bekam. Er ärgerte sich zeitlebens so, dass er schon früh graue Haare bekam. Sie sorgt sich um ihn, vor allem(,) wenn er nachts unterwegs ist. Sie sorgt sich um ihn vor allem, wenn er nachts unterwegs ist.

E2: Wenn eine beiordnende Konjunktion wie *und, oder* (§ 72) Satzglieder oder Teile von Satzgliedern mit Nebensätzen verbindet, so steht zwischen den Bestandteilen einer solchen Reihung kein Komma. Gegenüber dem übergeordneten Satz sind die Teile der Reihung nur dann mit Komma abgetrennt, wenn der Nebensatz anschließt, nicht aber, wenn das Satzglied bzw. ein Teil eines Satzgliedes anschließt:

Außerordentlich bedauert hat er diesen Vorfall und dass das hier geschehen konnte.

Bei großer Dürre oder wenn der Föhn weht, ist das Rauchen hier streng verboten.

Wenn der Föhn weht oder bei großer Dürre ist das Rauchen hier streng verboten.

Das Rauchen ist hier streng verboten bei großer Dürre oder wenn der Föhn weht.

Das Rauchen ist hier streng verboten, wenn der Föhn weht oder bei großer Dürre.

E3: Vergleiche mit *als* oder *wie* in Verbindung mit einer Wortgruppe oder einem Wort sind keine Nebensätze; entsprechend setzt man kein Komma (zu *wie* siehe auch § 78(2)):

Früher als gewöhnlich kam er von der Arbeit nach Hause. Wie im letzten Jahr hatten wir auch diesmal einen schönen Herbst. Er kam früher als gewöhnlich von der Arbeit nach Hause. Er kam wie am Vortage auch heute zu spät. Peter ist größer als sein Vater. Heute war er früher da als gestern. Das ging schneller als erwartet. Er ist genauso groß wie sie.

§ 75 | Infinitivgruppen grenzt man mit Komma ab, wenn eine der folgenden Bedingungen erfüllt ist.

(1) die Infinitivgruppe ist mit *um, ohne, statt, anstatt, außer, als* eingeleitet:

Sie öffnete das Fenster, um frische Luft hereinzulassen. Das Kind rannte, ohne auf den Verkehr zu achten, über die Straße. Statt am Bericht zu arbeiten, vergnügte sich Herbert mit Computerspielchen. Ihr fiel nichts Besseres ein, als zu kündigen. Ihre Forderung, um das noch einmal zu sagen, halten wir für wenig angemessen (siehe auch § 77 (1)). Er, ohne den Vertrag vorher gesehen zu haben, hatte ihn sofort unterschrieben (siehe auch § 77 (6)).

(2) die Infinitivgruppe hängt von einem Substantiv ab:

Er wurde beim Versuch, den Tresor zu knacken, vom Nachtwächter überrascht. Er fasste den Plan, heimlich abzureisen.

(3) die Infinitivgruppe hängt von einem Korrelat oder einem Verweiswort ab (siehe § 77(5)):

Anita liebt es, lange auszuschlafen. Werner hat es nie bereut, diese Ausbildung gemacht zu haben. Es missfällt mir, diesen Vertrag zu unterzeichnen. René hat nicht damit gerechnet, doch noch zu gewinnen, und strahlte über das ganze Gesicht.

Lange auszuschlafen, das liebt Anita sehr. Doch noch zu gewinnen, damit hat René nicht gerechnet. Damit, doch noch zu gewinnen, hat René nicht gerechnet.

E1: Wenn ein bloßer Infinitiv vorliegt, können in den Fallgruppen (2) und (3) die Kommas weggelassen werden, sofern keine Missverständnisse entstehen:

Den Plan(,) abzureisen(,) hatte sie schon lange gefasst. Die Angst(,) zu fallen(,) lähmte seine Schritte. Thomas dachte nicht daran(,) zu gehen.

E2: In den Fällen, die nicht durch § 75(1) bis (3) geregelt sind, kann ein Komma gesetzt werden, um die Gliederung deutlich zu machen bzw. um Missverständnisse auszuschließen. Dasselbe gilt für Partizip-, Adjektiv- und entsprechende Wortgruppen (siehe § 77(7) und § 78(3)).

§ 76 | Bei formelhaften Nebensätzen kann man das Komma weglassen.

Wie bereits gesagt(,) verhält sich die Sache anders. Ich komme(,) wenn nötig(,) bei dir noch vorbei.

§ 77 | Zusätze oder Nachträge grenzt man mit Komma ab; sind sie eingeschoben, so schließt man sie mit paarigem Komma ein.

Möglich sind in bestimmten Fällen auch Gedankenstrich (siehe § 84) oder Klammern (siehe § 86); mit diesen Zeichen kennzeichnet man stärker, dass man etwas als Zusatz oder Nachtrag verstanden wissen will.

Dies betrifft (1) Parenthesen, (2) Substantivgruppen als Nachträge (Appositionen), (3) Orts-, Wohnungs-, Zeit- und Literaturangaben ohne Präposition, (4) Erläuterungen, (5) angekündigte Wörter oder Wortgruppen, (6) Infinitivgruppen und (7) Partizip- oder Adjektivgruppen.

(1) Parenthesen:

Eines Tages, es war mitten im Sommer, hagelte es. Dieses Bild, es ist das letzte und bekannteste des Künstlers, wurde nach Amerika verkauft. Ihre Forderung, um das noch einmal zu sagen, halten wir für wenig angemessen.

Zum Gedankenstrich oder zu Klammern siehe § 84(1) bzw. § 86(1).

(2) Substantivgruppen als Nachträge (Appositionen), insbesondere auch Titel, Berufsbezeichnungen und dergleichen in Verbindung mit Eigennamen:

Mein Onkel, ein großer Tierfreund, und seine Katzen leben in einer alten Mühle. Wir gingen in die Hütte, einen kalten Raum mit kleinen Fenstern. Wir gingen in die Hütte, einen kalten Raum mit kleinen Fenstern, und zündeten ein Feuer an. Walter Gerber, Mannheim, und Anita Busch, Berlin, verlobten sich letzte Woche.

Mainz ist die Geburtsstadt Johannes Gutenbergs, des Erfinders der Buchdruckerkunst. Johannes Gutenberg, der Erfinder der Buchdruckerkunst, wurde in Mainz geboren. Professor Dr. med. Max Müller, Direktor der Kinderklinik, war unser Gesprächspartner. Franz Meier, der Angeklagte, verweigerte die Aussage. Gertrud Patzke, Hebamme des Dorfes, wurde 60 Jahre alt.

Zum Gedankenstrich oder zu Klammern siehe § 84(2) bzw. § 86(2).

E1: Folgt der Eigenname einem Titel, einer Berufsbezeichnung und dergleichen, so kann man nach § 78(4) das Komma weglassen:

Der Erfinder der Buchdruckerkunst(,) Johannes Gutenberg(,) wurde in Mainz geboren.

E2: Bestandteile von mehrteiligen Eigennamen und vorangestellte Titel ohne Artikel sind keine Zusätze oder Nachträge; entsprechend setzt man kein Komma:

Wilhelm der Eroberer unterwarf ganz England. Direktor Professor Dr. med. Max Müller führte uns durch die Klinik.

Frau Schmidt geb. Kühn hat dies mitgeteilt.

Nach der Grundregel (§ 77) auch mit Komma:

Frau Schmidt, geb. Kühn, hat dies mitgeteilt.

(3) Mehrteilige Orts-, Wohnungs-, Zeit- und Literaturangaben ohne Präposition (das schließende Komma kann hier auch weggelassen werden):

Orts-, Wohnungs- und Zeitangaben:

Gustav Meier, Wiesbaden, Wilhelmstr. 24, 1. Stock(,) hat diese Annonce aufgegeben. Gabi Schmid, Berlin, Landsberger Allee 209, 3. Stock(,) gewann eine Reise in den Harz. Aber: Gabi hat lange in Köln am Kirchplatz 4 gewohnt.

Die Tagung soll Mittwoch, (den) 14. November(,) beginnen. Die Tagung soll am Mittwoch, dem 14. November(,) beginnen. Die Tagung soll am Mittwoch, dem 14. November, (um) 9.00 Uhr(,) im Rosengarten beginnen.

Mehrteilige Hinweise auf Stellen aus Büchern, Zeitschriften und dergleichen:

Die Zeitschrift Spektrum, Jahrgang 29, Heft 2, S. 134(,) hat darüber berichtet. In der Zeitschrift Spektrum, Jahrgang 29, Heft 2, S. 134(,) findet sich ein entsprechendes Zitat.

Ausnahme: In mehrteiligen Hinweisen auf Gesetze, Verordnungen und dergleichen setzt man kein Komma:

§ 6 Abs. 2 Satz 3 der Verordnung

(4) Nachgestellte Erläuterungen, die häufig mit *also, besonders, das heißt (d. h.), das ist (d. i.), genauer, insbesondere, nämlich, und das, und zwar, vor allem, zum Beispiel (z. B.)* oder dergleichen eingeleitet werden:

Sie isst gern Obst, besonders Apfelsinen und Bananen. Obst, besonders Apfelsinen und Bananen, isst sie gern. Wir erwarten dich nächste Woche, und zwar am Dienstag. Nachmittags kommt Gewitterneigung auf, vor allem im Süden. Mit einem Scheck über 2000 €, in Worten: zweitausend Euro, hat er die Rechnung bezahlt. Sie bezahlte mit einem Scheck über 2000 €, in Worten: zweitausend Euro.

Auf der Ausstellung waren viele ausländische Firmen, insbesondere holländische [Maschinenhersteller/Firmen], vertreten. Wir erwarten dich nächste Woche, das heißt vielleicht auch übernächste [Woche], zu einem Gespräch. Als sie ihr Herz ausgeschüttet hatte, das heißt alles erzählt hatte, fühlte sie sich besser.

Wird – im Unterschied zu den letztgenannten Beispielen – die Erläuterung in die substantivische oder verbale Fügung einbezogen, so grenzt man sie mit einfachem Komma ab:

Auf der Ausstellung waren viele ausländische, insbesondere holländische Firmen vertreten. Wir erwarten dich nächste, das heißt vielleicht auch übernächste Woche zu einem Gespräch. Er wird sein Herz ausgeschüttet, das heißt alles erzählt haben.

Zum Gedankenstrich oder zu Klammern siehe § 84(3) bzw. § 86(3).

(5) Wörter oder Wortgruppen, die durch ein hinweisendes Wort oder eine hinweisende Wortgruppe angekündigt werden:

Sie, die Gärtnerin, weiß das ganz genau. Wir beide, du und ich, wissen es genau.

Daran, den Job länger zu behalten, dachte sie nicht. Sie dachte nicht daran, den Job länger zu behalten, und kündigte. Sein größter Wunsch ist es, eine Familie zu gründen. Dies, eine Familie zu gründen, ist sein größter Wunsch.

So, aus vollem Halse lachend, kam sie auf mich zu. So, mit dem Rucksack bepackt, standen wir vor dem Tor. So bepackt, den Rucksack auf dem Rücken, standen wir vor dem Tor.

Werden Wörter oder Wortgruppen durch ein hinweisendes Wort oder eine hinweisende Wortgruppe wieder aufgenommen, so grenzt man sie mit einfachem Komma ab:

Denn die Gärtnerin, die weiß das ganz genau. Und du und ich, wir beide wissen das genau. Wie im letzten Jahr, so hatten wir auch diesmal einen schönen Herbst.

... und den Job länger zu behalten, daran dachte sie nicht und kündigte. Eine Familie zu gründen, das ist sein größter Wunsch.

Aus vollem Halse lachend, so kam sie auf mich zu. Mit dem Rucksack bepackt, so standen wir vor dem Tor. Den Rucksack auf dem Rücken, so bepackt standen wir vor dem Tor.

Zum Gedankenstrich siehe § 84(4).

(6) nachgetragene Infinitivgruppen oder entsprechende Wortgruppen (siehe dazu auch § 78 (3)):

Er, ohne den Vertrag vorher gelesen zu haben, hatte ihn sofort unterschrieben. Er, ohne jede Kenntnis des Vertragsinhalts, hatte sofort unterschrieben. Er, statt ihm zu Hilfe zu kommen, sah tatenlos zu.

(7) nachgetragene Partizip- oder Adjektivgruppen oder entsprechende Wortgruppen auch am Ende des Ganzsatzes (siehe auch § 78(3)):

Sie, aus vollem Halse lachend, kam auf mich zu. Er, außer sich vor Freude, lief auf sie zu und umarmte sie. Sie, ganz in Decken verpackt, saß auf der Terrasse. Er kam auf mich zu, aus vollem Halse lachend. Er lief auf sie zu und umarmte sie, außer sich vor Freude. Sie saß auf der Terrasse, ganz in Decken verpackt. Die Klasse, zum Ausflug bereit, war auf dem Schulhof versammelt. Wir, den Rucksack auf dem Rücken, standen vor dem Tor. Die Klasse war auf dem Schulhof versammelt, zum Ausflug bereit. Wir standen vor dem Tor, den Rucksack auf dem Rücken.

Suchen Mitarbeiter, sprachkundig und schreibgewandt. Mehrere Mitarbeiter, sprachkundig und schreibgewandt, werden gesucht. Der November, kalt und nass, löste eine Grippe aus.

E3: In einer festen Verbindung mit einem nachgestellten Adjektiv setzt man kein Komma:

Hänschen klein, Forelle blau, Whisky pur

§ 78 | Oft liegt es im Ermessen des Schreibenden, ob er etwas mit Komma als Zusatz oder Nachtrag kennzeichnen will oder nicht.

Dies betrifft

(1) Gefüge mit Präpositionen, entsprechende Wortgruppen oder Wörter:

Die Fahrtkosten(,) einschließlich D-Zug-Zuschlag(,) betragen 25,00 Euro. Die Fahrtkosten betragen 25,00 Euro(,) einschließlich D-Zug-Zuschlag. Sie hatte(,) trotz aller guten Vorsätze(,) wieder zu rauchen angefangen. Sie hatte(,) bedauerlicherweise(,) wieder zu rauchen angefangen. Der Kranke hatte(,) entgegen ärztlichem Verbot(,) das Bett verlassen. Das war(,) nach allgemeinem Urteil(,) eine Fehlleistung. Er hatte sich(,) den ganzen Tag über(,) mit diesem Problem beschäftigt. Die ganze Familie(,) samt Kindern und Enkeln(,) besuchte die Großeltern.

(2) Gefüge mit *wie* (zu *wie* in Vergleichen siehe § 74 E3):

Ihre Ausgaben(,) wie Fahrt- und Übernachtungskosten(,) werden Ihnen ersetzt.

(3) Infinitiv-, Partizip- oder Adjektivgruppen oder entsprechende Wortgruppen (siehe aber § 75 sowie § 77(6) und (7)):

Er hatte(,) ohne jede Kenntnis des Vertragsinhalts(,) sofort unterschrieben. Er hatte sofort unterschrieben(,) ohne jede Kenntnis des Vertragsinhalts. Unfähig(,) einen Kompromiss zu schließen(,) beendete er die Verhandlung. Er beabsichtigte(,) nach seiner Ausbildung ein Studium aufzunehmen. Ich hoffe sehr(,) Ihnen mit dieser Auskunft geholfen zu haben(,) und verbleibe mit freundlichen Grüßen.

Sie kam(,) aus vollem Halse lachend(,) auf mich zu. Er lief(,) außer sich vor Freude(,) auf sie zu und umarmte sie. Sie saß(,) ganz in Decken verpackt(,) auf der Terrasse. Die Klasse war(,) zum Ausflug bereit(,) auf dem Schulhof versammelt. Wir standen(,) den Rucksack auf dem Rücken(,) vor dem Tor. Er sah(,) den Spazierstock in der Hand(,) tatenlos zu.

Diese Aufgabe zu lösen(,) sollte dir leichtfallen. Durch eine Tasse Kaffee gestärkt(,) werden wir die Arbeit fortsetzen. Darauf aufmerksam gemacht(,) haben wir den Fehler beseitigt.

(4) Eigennamen, die einem Titel, einer Berufsbezeichnung und dergleichen folgen (siehe auch § 77(2)):

Der Erfinder der Buchdruckerkunst(,) Johannes Gutenberg(,) wurde in Mainz geboren. Der Direktor der Kinderklinik(,) Professor Dr. med. Max Müller(,) war der Gesprächspartner. Der Angeklagte(,) Franz Meier(,) verweigerte die Aussage. Die Hebamme des Dorfes(,) Gertrud Patzke(,) wurde 60 Jahre alt.

§ 79	Anreden, Ausrufe oder Ausdrücke einer Stellungnahme, die besonders hervorgehoben werden sollen, grenzt man mit Komma ab; sind sie eingeschoben, so schließt man sie mit paarigem Komma ein.

Dies betrifft

(1) Anreden:

Kinder, hört doch mal zu. Hört doch mal zu, Kinder. Hört, Kinder, doch mal zu. Du, stell dir vor, was mir passiert ist! Kommst du mit ins Kino, Klaus-Dieter? Für heute sende ich dir, liebe Ruth, die herzlichsten Grüße.

Zur Möglichkeit der Wahl zwischen Komma oder Ausrufezeichen nach der Anrede etwa in Briefen siehe § 69 E3.

(2) Ausrufe:

Oh, wie kalt das ist! Au, das tut weh! He, was machen Sie da? Was, du bist umgezogen? Du bist umgezogen, was? So ist es, ach, nun einmal. So ist es nun einmal, ach ja. Ach ja, so ist es nun einmal.

Aber ohne Hervorhebung:

Oh wenn sie doch käme! Ach lass mich doch in Ruhe!

(3) Ausdrücke einer Stellungnahme wie etwa einer Bejahung, Verneinung, Bekräftigung oder Bitte:

Ja, daran ist nicht zu zweifeln. Nein, das sollten Sie nicht tun, nein! Tatsächlich, das ist es. Das ist es, tatsächlich. Leider, das hat er gesagt. Das hat er gesagt, leider. Sie hat uns angerufen, eine gute Idee. Er hat, eine Unverschämtheit, uns auch noch angerufen.

Bitte, komm doch morgen pünktlich. Komm doch, bitte, morgen pünktlich. Komm doch morgen pünktlich, bitte. Danke, ich habe schon gegessen. Ich habe schon gegessen, danke.

Aber ohne Hervorhebung:

Bitte komm doch morgen pünktlich!

Zum Ausrufezeichen siehe § 69.

Zur Möglichkeit der Wahl zwischen Komma, Gedankenstrich oder Doppelpunkt siehe § 82.

2.2 Semikolon

§ 80 | Mit dem Semikolon kann man gleichrangige (nebengeordnete) Teil-sätze oder Wortgruppen voneinander abgrenzen. Mit dem Semikolon drückt man einen höheren Grad der Abgrenzung aus als mit dem Komma und einen geringeren Grad der Abgrenzung als mit dem Punkt.

Zur Abgrenzung mit Punkt siehe § 67; zur Abgrenzung mit Komma siehe § 71.

Dies betrifft

(1) gleichrangige, vor allem auch längere Hauptsätze (mit Nebensatz):

Im Hausflur war es still; ich drückte erwartungsvoll auf die Klingel. Meine Freundin hatte den Zug versäumt; deshalb kam sie eine halbe Stunde zu spät. Steffen wünscht sich schon lange einen Hund; aber seine Eltern dulden keine Tiere in der Wohnung. Die Angelegenheit ist erledigt; darum wollen wir nicht länger streiten. Wir müssen uns überlegen, mit welchem Zug wir fahren wollen; wenn wir den früheren Zug nehmen, müssen wir uns beeilen.

Möglich sind hier auch das schwächer abgrenzende Komma oder der stärker abgrenzende Punkt:

Im Hausflur war es still, ich drückte erwartungsvoll auf die Klingel.
Im Hausflur war es still. Ich drückte erwartungsvoll auf die Klingel.

Zum hier ebenfalls möglichen Gedankenstrich siehe § 82.

(2) gleichrangige Wortgruppen gleicher Struktur in Aufzählungen:

Unser Proviant bestand aus gedörrtem Fleisch, Speck und Rauchschin-ken; Ei- und Milchpulver; Reis, Nudeln und Grieß.

Möglich ist hier auch das schwächer abgrenzende, nicht untergliedernde Komma:

Unser Proviant bestand aus gedörrtem Fleisch, Speck und Rauchschinken, Ei- und Milchpulver, Reis, Nudeln und Grieß.

2.3 Doppelpunkt

§ 81 | Mit dem Doppelpunkt kündigt man an, dass etwas Weiterführendes folgt.

Zur Schreibung des ersten Wortes nach Doppelpunkt siehe § 54(1) und (2).

Dies betrifft

(1) wörtlich wiedergegebene Äußerungen oder Textstellen, wenn der Begleitsatz oder ein Teil von ihm vorausgeht:

Er sagte: „Ich komme morgen." Er sagte zu ihr: „Komm bitte morgen!" Er fragte: „Kommst du morgen?" Sie sagte: „Brauchen Sie die Unterlagen?", und öffnete die Schublade. Die Zeitung schrieb, dass die Bahn erklären ließ: „Wir haben die feste Absicht, die Strecke stillzulegen."

Zu den Anführungszeichen siehe § 89.

(2) Aufzählungen, spezielle Angaben, Erklärungen oder dergleichen:

Er hat schon mehrere Länder besucht: Frankreich, Spanien, Rumänien, Polen. Die Namen der Monate sind folgende: Januar, Februar, März usw. Er hatte alles verloren: seine Frau, seine Kinder und sein ganzes Vermögen.

Wir stellen ein: *Maschinenschlosser*
                    Reinigungskräfte
                    Kraftfahrer

Nächste Arbeitsberatung: 30.09.2006
Familienstand: ledig
Latein: befriedigend
Robert Musil: Der Mann ohne Eigenschaften
Gebrauchsanweisung: Man nehme jede zweite Stunde eine Tablette.
Beachten Sie bitte folgenden Hinweis: Infolge der anhaltenden Trockenheit besteht Waldbrandgefahr.

(3) Zusammenfassungen des vorher Gesagten oder Schlussfolgerungen aus diesem:

Haus und Hof, Geld und Gut: alles ist verloren.

Wer immer nur an sich selbst denkt, wer nur danach trachtet, andere zu übervorteilen, wer sich nicht in die Gemeinschaft einfügen kann: der kann von uns keine Hilfe erwarten.

Möglich ist hier auch ein Gedankenstrich: *Haus und Hof, Geld und Gut – alles ist verloren.*

Zur Möglichkeit der Wahl zwischen Doppelpunkt, Gedankenstrich und Komma siehe § 82.

2.4 Gedankenstrich

§ 82

> Mit dem Gedankenstrich kündigt man an, dass etwas Weiterführendes folgt oder dass man das Folgende als etwas Unerwartetes verstanden wissen will.

Sie trat in das Zimmer und sah – ihren Mann. Im Hausflur war es still – ich drückte erwartungsvoll auf die Klingel. Zuletzt tat er etwas, woran niemand gedacht hatte – er beging Selbstmord. Plötzlich – ein vielstimmiger Schreckensruf!

Möglich sind hier teilweise auch Doppelpunkt oder Komma:

Plötzlich: ein vielstimmiger Schreckensruf!

Plötzlich, ein vielstimmiger Schreckensruf!

Zur Möglichkeit der Wahl zwischen Gedankenstrich und Doppelpunkt siehe § 81(3).

§ 83

> Zwischen zwei Ganzsätzen kann man zusätzlich zum Schlusszeichen einen Gedankenstrich setzen, um – ohne einen neuen Absatz zu beginnen – einen Wechsel deutlich zu machen.

Dies betrifft

(1) den Wechsel des Themas oder des Gedankens:

Wir sind nicht in der Lage, diesen Wunsch zu erfüllen. – Nunmehr ist der nächste Punkt der Tagesordnung zu besprechen.

(2) den Wechsel des Sprechers:

Komm bitte einmal her! – Ja, ich komme sofort.

§ 84

> Mit dem Gedankenstrich grenzt man Zusätze oder Nachträge ab; sind sie eingeschoben, so schließt man sie mit paarigem Gedankenstrich ein.

Möglich sind auch Komma (siehe § 77) oder Klammern (siehe § 86).

Dies betrifft

(1) Parenthesen:

Eines Tages – es war mitten im Sommer – hagelte es. Eines Tages – es war mitten im Sommer! – hagelte es. Eines Tages – war es mitten im Sommer? – hagelte es. Dieses Bild – es ist das letzte und bekannteste des Künstlers – wurde nach Amerika verkauft. Ihre Forderung – um das noch einmal zu sagen – halten wir für wenig angemessen.

Zum Komma oder zu Klammern siehe § 77(1) bzw. § 86(1).

(2) Substantivgruppen als Nachträge (Appositionen):

Mein Onkel – ein großer Tierfreund – und seine Katzen leben in einer alten Mühle. Wir gingen in die Hütte – einen kalten Raum mit kleinen Fenstern. Wir gingen in die Hütte – einen kalten Raum mit kleinen Fenstern – und zündeten ein Feuer an. Johannes Gutenberg – der Erfinder der Buchdruckerkunst – wurde in Mainz geboren.

Zum Komma oder zu Klammern siehe § 77(2) bzw. § 86(2).

(3) nachgestellte Erläuterungen, die häufig mit *also, besonders, das heißt (d. h.), das ist (d. i.), genauer, insbesondere, nämlich, und das, und zwar, vor allem, zum Beispiel (z. B.)* oder dergleichen eingeleitet werden:

Sie isst gern Obst – besonders Apfelsinen und Bananen. Obst – besonders Apfelsinen und Bananen – isst sie gern. Wir erwarten dich nächste Woche – und zwar am Dienstag. Mit einem Scheck über 2000 € – in Worten: zweitausend Euro – hat er die Rechnung bezahlt. Er bezahlte mit einem Scheck über 2000 € – in Worten: zweitausend Euro.

Auf der Ausstellung waren viele ausländische Maschinenhersteller – insbesondere holländische – vertreten. Auf der Ausstellung waren viele ausländische Maschinenhersteller – vor allem holländische Firmen – vertreten. Auf der Ausstellung waren viele ausländische – insbesondere holländische – Maschinenhersteller vertreten.

Zum Komma oder zu Klammern siehe § 77(4) bzw. § 86(3).

(4) Wörter oder Wortgruppen, die durch ein hinweisendes Wort oder eine hinweisende Wortgruppe angekündigt werden:

Sie – die Gärtnerin – weiß es ganz genau. Wir beide – du und ich – wissen das genau. Das – eine Familie zu gründen – ist sein größter Wunsch.

Werden Wörter oder Wortgruppen durch ein hinweisendes Wort oder eine hinweisende Wortgruppe wieder aufgenommen, so grenzt man sie mit einfachem Gedankenstrich ab.

Denn die Gärtnerin – die weiß das ganz genau. Und du und ich – wir beide wissen das genau. Eine Familie zu gründen – das ist sein größter Wunsch.

Zum Komma siehe § 77(5).

| § 85 | Ausrufe- oder Fragezeichen, die zum Zusatz oder Nachtrag im paarigen Gedankenstrich gehören, setzt man vor den abschließenden Gedankenstrich; ein Schlusspunkt wird weggelassen. |

Satzzeichen, die zum einschließenden Satz gehören und daher auch bei Weglassen des Zusatzes oder Nachtrags stehen müssten, dürfen nicht weggelassen werden.

Er behauptete – so eine Frechheit! –, dass er im Kino gewesen wäre. Sie hat das – erinnerst du dich nicht? – gestern gesagt.

Sie betonte – ich weiß es noch ganz genau –, dass sie für einen Erfolg nicht garantieren könne. Vgl.: Sie betonte, dass sie für einen Erfolg nicht garantieren könne.

2.5 Klammern

| § 86 | Mit Klammern schließt man Zusätze oder Nachträge ein. |

Möglich sind auch Komma (siehe § 77) oder Gedankenstrich (siehe § 84).

Dies betrifft

(1) Parenthesen:

Eines Tages (es war mitten im Sommer) hagelte es. Eines Tages (es war mitten im Sommer!) hagelte es. Eines Tages (war es mitten im Sommer?) hagelte es. Dieses Bild (es ist das letzte und bekannteste des Künstlers) wurde nach Amerika verkauft. Ihre Forderung (um das noch einmal zu sagen) halten wir für wenig angemessen.

Zum Komma oder zum Gedankenstrich siehe § 77(1) bzw. § 84(1).

(2) Substantivgruppen als Nachträge (Appositionen):

Mein Onkel (ein großer Tierfreund) und seine Katzen leben in einer alten Mühle. Wir gingen in die Hütte (einen kalten Raum mit kleinen Fenstern). Wir gingen in die Hütte (einen kalten Raum mit kleinen Fenstern) und zündeten ein Feuer an. Johannes Gutenberg (der Erfinder der Buchdruckerkunst) wurde in Mainz geboren.

Zum Komma oder zum Gedankenstrich siehe § 77(2) bzw. § 84(2).

(3) nachgestellte Erläuterungen, die häufig mit *also, besonders, das heißt (d. h.), das ist (d. i.), genauer, insbesondere, nämlich, und das, und zwar, vor allem, zum Beispiel (z. B.)* oder dergleichen eingeleitet werden:

Sie isst gern Obst (besonders Apfelsinen und Bananen). Obst (beson-ders Apfelsinen und Bananen) isst sie gern. Wir erwarten dich nächste Woche (und zwar am Dienstag). Mit einem Scheck über 2000 € (in Worten: zweitausend Euro) hat er die Rechnung bezahlt. Er bezahlte mit einem Scheck über 2000 € (in Worten: zweitausend Euro).

Auf der Ausstellung waren viele ausländische Maschinenhersteller (insbesondere holländische) vertreten. Auf der Ausstellung waren viele ausländische Maschinenhersteller (vor allem holländische Firmen) vertreten. Auf der Ausstellung waren viele ausländische (insbesondere holländische) Maschinenhersteller vertreten.

Zum Komma oder zum Gedankenstrich siehe § 77(4) bzw. § 84(3).

(4) Worterläuterungen, geografische, systematische, chronologische, biografische Zusätze und dergleichen:

Frankenthal (Pfalz)

Grille (Insekt) – Grille (Laune)

Als Hauptwerke Matthias Grünewalds gelten die Gemälde des Isen-heimer Altars (vollendet 1511 oder 1515).

§ 87	Mit Klammern kann man neben einzelnen Ganzsätzen insbesondere auch größere Textteile einschließen und auf diese Weise als selbständige Texteinheit kennzeichnen.

Sie betonte, dass sie für den Erfolg garantieren könne. (Ich weiß es noch ganz genau, da ich mir das notiert hatte. Und ich habe ihr diese Notiz auch gezeigt.) Aber heute will sie nichts mehr davon wissen.

§ 88	Ausrufe- oder Fragezeichen, die zum Zusatz oder Nachtrag in Klammern gehören, setzt man vor die abschließende Klammer.

Ist der Zusatz oder Nachtrag in einen anderen Satz einbezogen, so lässt man seinen Schlusspunkt weg; wird er als Ganzsatz oder als selbständige Texteinheit verstanden, so setzt man den Schlusspunkt.

Satzzeichen, die zum einschließenden Satz gehören und daher auch bei Weglassen des Zusatzes oder Nachtrags stehen müssten, dürfen nicht weggelassen werden.

Das geliehene Buch (du hast es schon drei Wochen!) hast du mir noch nicht zurückgegeben. Er hat das (erinnerst du dich nicht?) gestern ge-sagt.

Damit wäre dieses Thema vorerst erledigt (weitere Angaben siehe Seite 145).

Damit wäre dieses Thema vorerst erledigt. (Weitere Angaben siehe Seite 145.)

Er sagte (dabei senkte er seine Stimme), dass das nicht alle wissen müssten.

„Der Staat bin ich" (Ludwig der Vierzehnte).

3 Anführung von Äußerungen oder Textstellen bzw. Hervorhebung von Wörtern oder Textstellen: Anführungszeichen

§ 89 | Mit Anführungszeichen schließt man etwas wörtlich Wiedergegebenes ein.

Dies betrifft

(1) wörtlich wiedergegebene Äußerungen (direkte Rede):

„Es ist unbegreiflich, wie ich das hatte vergessen können", sagte sie. „Immer muss ich arbeiten!", seufzte sie. „Dass ich immer arbeiten muss!", seufzte sie. Er fragte: „Kommst du morgen?" „Kommst du morgen?", fragte er. Er fragte: „Kommst du morgen?", und verabschiedete sich. „Du siehst", sagte die Mutter, „recht gut aus." „Wir haben die feste Absicht, die Strecke stillzulegen", erklärte der Vertreter der Bahn, „aber die Entscheidung der Regierung steht noch aus."

Dies gilt auch für Beispiele wie:

„Das war also Paris!", dachte Frank. „Deine Vermutung könnte schon zutreffen", lächelte sie.

(2) wörtlich wiedergegebene Textstellen (Zitate):

Über das Ausscheidungsspiel berichtete ein Journalist: „Das Stadion glich einem Hexenkessel. Das Publikum stürmte auf das Spielfeld und bedrohte den Schiedsrichter."

Zum Doppelpunkt siehe § 81(1).

§ 90 | Satzzeichen, die zum wörtlich Wiedergegebenen gehören, setzt man vor das abschließende Anführungszeichen; Satzzeichen, die zum Begleitsatz gehören, setzt man nach dem abschließenden Anführungszeichen.

Im Einzelnen gilt:

§ 91	Sowohl der angeführte Satz als auch der Begleitsatz behalten ihr Ausrufe- oder Fragezeichen.

„Du kommst jetzt!", rief sie. „Kommst du morgen?", fragte er. Du solltest ihm sagen: „Ich kann das auf keinen Fall akzeptieren"! Hast du gesagt: „Ich kann das auf keinen Fall akzeptieren"? Sag ihm: „Ich habe keine Zeit!"! Fragtest du: „Wann beginnt der Film?"?

§ 92	Beim angeführten Satz lässt man den Schlusspunkt weg, wenn er am Anfang oder im Innern des Ganzsatzes steht. Beim Begleitsatz lässt man den Schlusspunkt weg, wenn der angeführte Satz oder ein Teil von ihm am Ende des Ganzsatzes steht.

„Ich komme morgen", versicherte sie. Sie sagte: „Ich komme gleich wieder", und holte die Unterlagen.
Die Bahn erklärte: „Wir haben die feste Absicht, die Strecke stillzulegen." Sie versicherte: „Ich komme morgen!" Er rief: „Du kommst jetzt!" Er fragte: „Kommst du?" „Komm bitte", sagte er, „morgen pünktlich."

§ 93	Folgt nach dem angeführten Satz der Begleitsatz oder ein Teil von ihm, so setzt man nach dem abschließenden Anführungszeichen ein Komma. Ist der Begleitsatz in den angeführten Satz eingeschoben, so schließt man ihn mit paarigem Komma ein.

„Ich komme gleich wieder", versicherte sie. „Komm bald wieder!", rief sie. „Wann kommst du wieder?", rief sie. Sie sagte: „Ich komme gleich wieder", und holte die Unterlagen. Sie fragte: „Brauchen Sie die Unterlagen?", und öffnete die Schublade.
„Ich werde", versicherte sie, „bald wiederkommen." „Kommst du wirklich", fragte sie, „erst morgen Abend?"

§ 94	Mit Anführungszeichen kann man Wörter oder Teile innerhalb eines Textes hervorheben und in bestimmten Fällen deutlich machen, dass man zu ihrer Verwendung Stellung nimmt, sich auf sie bezieht.

Dies betrifft

(1) Überschriften, Werktitel (etwa von Büchern und Theaterstücken), Namen von Zeitungen und dergleichen:

Sie las den Artikel „Staatliche Schulen testen Einheitskleidung" im „Spiegel". Sie liest Heinrich Bölls Roman „Wo warst du, Adam?". *Kennst du den Roman „Wo warst du, Adam?"? Wir lesen gerade den „Kaukasischen Kreidekreis" von Brecht.*

Zur Groß- und Kleinschreibung siehe § 53 E2.

(2) Sprichwörter, Äußerungen und dergleichen, zu denen man kommentierend Stellung nehmen will:

Das Sprichwort „Eile mit Weile" hört man oft. „Aller Anfang ist schwer" ist nicht immer ein hilfreicher Spruch.

Sein kritisches „Der Wein schmeckt nach Essig" ärgerte den Kellner. *Ihr bittendes „Kommst du morgen?" stimmte mich um. Seine ständige Entschuldigung „Ich habe keine Zeit!" ist wenig glaubhaft. Mich nervt sein dauerndes „Ich kann nicht mehr!".*

Textteile dieser Art werden nicht mit Komma abgegrenzt. Im Übrigen gilt § 90 bis § 92.

(3) Wörter oder Wortgruppen, über die man eine Aussage machen will:

Das Wort „fälisch" ist gebildet in Anlehnung an West„falen". Der Begriff „Existenzialismus" wird heute vielfältig verwendet. Alle seine Freunde nannten ihn „Dickerchen". Die Präposition „ohne" verlangt den Akkusativ.

(4) Wörter oder Wortgruppen, die man anders als sonst – etwa ironisch oder übertragen – verstanden wissen will:

Und du willst ein „treuer Freund" sein? Für diesen „Liebesdienst" bedanke ich mich. Er bekam wieder einmal seine „Grippe". Sie sprang diesmal „nur" 6,60 Meter.

§ 95 | Steht in einem Text mit Anführungszeichen etwas ebenfalls Angeführtes, so kennzeichnet man dies durch die so genannten halben Anführungszeichen.

Die Zeitung schrieb: „Die Bahn hat bereits im Frühjahr erklärt: ‚Wir haben die feste Absicht, die Strecke stillzulegen', und sie hat das auf Anfrage gestern noch einmal bestätigt." „Das war ein Satz aus Bölls ‚Wo warst du, Adam?', den viele nicht kennen", sagte er.

4 Markierung von Auslassungen

4.1 Apostroph

Mit dem Apostroph zeigt man an, dass man in einem Wort einen Buchstaben oder mehrere ausgelassen hat.

Zu unterscheiden sind:

a) Gruppen, bei denen man den Apostroph setzen muss (siehe § 96),

b) Gruppen, bei denen der Gebrauch des Apostrophs dem Schreibenden freigestellt ist (siehe § 97).

§ 96 | Man setzt den Apostroph in drei Gruppen von Fällen.

Dies betrifft

(1) Eigennamen, deren Grundform (Nominativform) auf einen s-Laut (geschrieben: *-s, -ss, -ß, -tz, -z, -x, -ce*) endet, bekommen im Genitiv den Apostroph, wenn sie nicht einen Artikel, ein Possessivpronomen oder dergleichen bei sich haben:

Aristoteles' Schriften, Carlos' Schwester, Ines' gute Ideen, Felix' Vorschlag, Heinz' Geburtstag, Alice' neue Wohnung

E1: Aber ohne Apostroph: *die Schriften des Aristoteles, die Schwester des Carlos, der Geburtstag unseres kleinen Heinz*

E2: Der Apostroph steht auch, wenn *-s, -z, -x* usw. in der Grundform stumm sind: *Cannes' Filmfestspiele, Boulez' bedeutender Beitrag, Giraudoux' Werke*

(2) Wörter mit Auslassungen, die ohne Kennzeichnung schwer lesbar oder missverständlich sind:

In wen'gen Augenblicken … 's ist schade um ihn. Das Wasser rauscht', das Wasser schwoll.

(3) Wörter mit Auslassungen im Wortinneren wie:

D'dorf (= Düsseldorf), M'gladbach (= Mönchengladbach), Ku'damm (= Kurfürstendamm)

§ 97 | Man kann den Apostroph setzen, wenn Wörter gesprochener Sprache mit Auslassungen bei schriftlicher Wiedergabe undurchsichtig sind.

der Käpt'n, mit'm Fahrrad

Bitte, nehmen S' (= Sie) doch Platz! Das war 'n (= ein) Bombenerfolg!

E: Von dem Apostroph als Auslassungszeichen zu unterscheiden ist der gelegentliche Gebrauch dieses Zeichens zur Verdeutlichung der Grundform eines Personennamens vor der Genitivendung -*s* oder vor dem Adjektivsuffix -*sch:*
Carlo's Taverne, Einstein'sche Relativitätstheorie

Zur Schreibung der adjektivischen Ableitungen von Personennamen auf -*sch* siehe auch § 49 und § 62.

4.2. Ergänzungsstrich

§ 98

> Mit dem Ergänzungsstrich zeigt man an, dass in Zusammensetzungen oder Ableitungen einer Aufzählung ein gleicher Bestandteil ausgelassen wurde, der sinngemäß zu ergänzen ist.

Zum Bindestrich wie in *A-Dur* siehe § 40ff.

Dies betrifft

(1) den letzten Bestandteil:

Haupt- und Nebeneingang (= Haupteingang und Nebeneingang); Eisenbahn-, Straßen-, Luft- und Schiffsverkehr; vitamin- und eiweißhaltig, saft- und kraftlos, ein- und ausladen

Natur- und synthetische Gewebe, Standard- und individuelle Lösungen; fertig- und zuwege bringen; (in umgekehrter Abfolge:) *synthetische und Naturgewebe, individuelle und Standardlösungen; zuwege und fertigbringen*

(2) den ersten Bestandteil:

Verkehrslenkung und -überwachung (= Verkehrslenkung und Verkehrsüberwachung); Schulbücher, -hefte, -mappen und -utensilien; heranführen oder -schleppen, bergauf und -ab

Mozart-Symphonien und -Sonaten (= Mozart-Symphonien und Mozart-Sonaten)

(3) den letzten und den ersten Bestandteil:

Textilgroß- und -einzelhandel (= Textilgroßhandel und Textileinzelhandel), Eisenbahnunter- und -überführungen
Werkzeugmaschinen-Import- und -Exportgeschäfte

4.3 Auslassungspunkte

§ 99

> Mit drei Punkten (Auslassungspunkten) zeigt man an, dass in einem Wort, Satz oder Text Teile ausgelassen worden sind.

Du bist ein E...! Scher dich zum ...!

„... ihm nicht weitersagen", hörte er ihn gerade noch sagen. Der Horcher an der Wand ...

Vollständiger Text:

In einem Buch heißt es: „Die zahlreichen Übungen sind konkret auf das abgestellt, was vorher behandelt worden ist. Sie liefern in der Regel Material, mit dem selbst gearbeitet und an dem geprüft werden kann, ob das, was vorher dargestellt wurde, verstanden worden ist oder nicht. Die im Anhang zusammengestellten Lösungen machen eine unmittelbare Kontrolle der eigenen Lösungen möglich."

Mit Auslassung:

In einem Buch heißt es: „Die ... Übungen ... liefern ... Material, mit dem selbst gearbeitet ... werden kann ... Die ... Lösungen machen eine ... Kontrolle ... möglich."

---

§ 100 | Stehen die Auslassungspunkte am Ende eines Ganzsatzes, so setzt man keinen Satzschlusspunkt.

Ich habe die Nase voll und ...
Diese Szene stammt doch aus dem Film „Die Wüste lebt" ...
Mit „Es war einmal ..." beginnen viele Märchen.
Viele Märchen beginnen mit den Worten: „Es war einmal ..."
Aber: *Verflixt! Ich habe die Nase voll und ...!*

5 Kennzeichnung der Wörter bestimmter Gruppen

5.1 Punkt

---

§ 101 | Mit dem Punkt kennzeichnet man bestimmte Abkürzungen (abgekürzte Wörter).

Dies betrifft Fälle wie:

Tel. (= Telefon), Ztr. (= Zentner), v. (= von), Bd. (= Band), Bde. (= Bände), Ms. (= Manuskript), Jg. (= Jahrgang), Jh. (= Jahrhundert), Jh.s (= des Jahrhunderts), f. (= folgende Seite), ff. (= folgende Seiten); lfd. Nr. (= laufende Nummer), z. B. (= zum Beispiel), u. A. w. g. (= um Antwort wird gebeten); Weißenburg i. Bay. (= Weißenburg in Bayern), Bad Homburg v. d. H. (= Bad Homburg vor der Höhe); Reg.-Rat (= Regierungsrat), Masch.-Schr. (= Maschinenschreiben); Abt.-Leiter (= Abteilungsleiter), Rechnungs-Nr. (= Rechnungsnummer); Tsd. (= Tausend), Mio. (= Million(en)), Mrd. (= Milliarde(n))

Dr. med., stud. med., stud. phil., a. D., h. c.

§ 102	Bestimmte Abkürzungen, Kurzwörter und dergleichen stehen üblicherweise ohne Punkt.

Dies betrifft

(1) Abkürzungen, die national oder international festgelegt sind, wie etwa Abkürzungen

(1.1) für Maße in Naturwissenschaft und Technik nach dem internationalen Einheitensystem:

m (= Meter), g (= Gramm), km/h (= Kilometer pro Stunde), s (= Sekunde), A (= Ampere), Hz (= Hertz)

(1.2) für Himmelsrichtungen:

NO (= Nordost), SSW (= Südsüdwest)

(1.3) für bestimmte Währungsbezeichnungen:

EUR (= Euro)

(2) so genannte Initialwörter und Kürzel:

BGB (= Bürgerliches Gesetzbuch), TÜV (= Technischer Überwachungsverein), Na (= Natrium; so alle chemischen Grundstoffe); *des Pkw(s), die EKG(s), Kfz-Papiere, FKKler, U-Bahn*

E1: Ohne Punkt stehen teilweise auch fachsprachliche Abkürzungen wie:
RücklVO (= Rücklagenverordnung), LArbA (= Landesarbeitsamt)

E2: In einigen Fällen gibt es Doppelformen.
Co./Co (ko) (= Companie), M. d. B./MdB (= Mitglied des Bundestages), G.m.b.H./GmbH (= Gesellschaft mit beschränkter Haftung); WW/Wirk. Wort (= Wirkendes Wort; Titel einer Zeitschrift), AA/Ausw. Amt (= Auswärtiges Amt)

§ 103	Am Ende eines Ganzsatzes setzt man nach Abkürzungen nur *einen* Punkt.

Sein Vater ist Regierungsrat a. D.
Aber: *Ist sein Vater Regierungsrat a. D.?*

§ 104	Mit dem Punkt kennzeichnet man Zahlen, die in Ziffern geschrieben sind, als Ordinalzahlen.

104

der 2. Weltkrieg, der II. Weltkrieg; Sonntag, den 20. November; Friedrich II., König von Preußen; die Regierung Friedrich Wilhelms III. (des Dritten)

§ 105 | Am Ende eines Ganzsatzes setzt man nach Ordinalzahlen, die in Ziffern geschrieben sind, nur *einen* Punkt.

Der König von Preußen hieß Friedrich II.
Aber: Wann regierte Friedrich II.?

5.2 Schrägstrich

§ 106 | Mit dem Schrägstrich kennzeichnet man, dass Wörter (Namen, Abkürzungen), Zahlen oder dergleichen zusammengehören.

Dies betrifft

(1) die Angaben mehrerer (alternativer) Möglichkeiten im Sinne einer Verbindung mit *und, oder, bzw., bis* oder dergleichen:
die Schüler/Schülerinnen der Realschule, das Semikolon/der Strichpunkt als stilistisches Zeichen, Männer/Frauen/Kinder; Abfahrt vom Dienstort/Wohnort, die Rundfunkgebühren für Januar/Februar/März, Montag/Dienstag, Wien/Heidelberg 1996, September/Oktober-Heft (auch September-Oktober-Heft; siehe § 44)
die Koalition CDU/FDP, die SPÖ/ÖVP-Koalition
das Wintersemester 2005/06, am 9./10. Dezember 2005

(2) die Gliederung von Adressen, Telefonnummern, Aktenzeichen, Rechnungsnummern, Diktatzeichen und dergleichen:
Linzer Straße 67/I/5-6, 0621/1581-0, Az III/345/5, Re-Nr 732/24, me/la

(3) die Angabe des Verhältnisses von Zahlen oder Größen im Sinne einer Verbindung mit *je/pro:*
im Durchschnitt 80 km/h, 1000 Einwohner/km^2

F Worttrennung am Zeilenende

Die Worttrennung am Zeilenende dient dazu, den vorhandenen Platz bei einem geschriebenen Text optimal zu nutzen. Getrennt werden können nur mehrsilbige Wörter.

§ 107 | Mehrsilbige Wörter kann man am Ende einer Zeile trennen. Dabei stimmen die Grenzen der Silben, in die man die geschriebenen Wörter bei langsamem Vorlesen zerlegen kann, gewöhnlich mit den Trennstellen überein.

Beispiele:

Bau-er, Ei-er, steu-ern, na-iv, Mu-se-um, in-di-vi-du-ell; eu-ro-pä-i-sche, Ru-i-ne, na-ti-o-nal, Fa-mi-li-en; Haus-tür, Be-fund, ehr-lich

E1: Einzelne Vokalbuchstaben am Wortanfang oder -ende werden nicht abgetrennt, auch nicht bei Komposita, zum Beispiel: *Abend, Kleie, Ju-li-abend, Bio-müll*

E2: Irreführende Trennungen bzw. Trennungen, die beim Lesen die Sinnerfassung stören, sollten vermieden werden, zum Beispiel:

An-alphabet (nicht: *Anal-phabet*),

Sprech-erziehung (nicht: *Sprecher-ziehung*),

Ur-instinkt (nicht: *Urin-stinkt*)

1 Trennung zusammengesetzter und präfigierter Wörter

§ 108 | Zusammensetzungen und Wörter mit Präfix trennt man zwischen den einzelnen Bestandteilen.

Beispiele:

Heim-weg, Schul-hof, Week-end; Ent-wurf, Er-trag, Ver-lust, voll-enden, Dia-gramm, Re-print, syn-chron, Pro-gramm, At-traktion, kom-plett, In-stanz

2 Trennung mehrsilbiger einfacher und suffigierter Wörter

Bei der Trennung mehrsilbiger einfacher und suffigierter Wörter treten folgende Fälle auf:

– es steht kein Konsonantenbuchstabe an der Silbengrenze: *Bauer, Eier, Pleuel* (siehe § 109)

– es stehen ein oder mehrere Konsonantenbuchstaben an der Silbengrenze: *Liebe, Heimat, eigen; atmen, Berge, knusprig* (siehe § 110 bis § 112)

§ 109	Zwischen Vokalbuchstaben, die zu verschiedenen Silben gehören, kann getrennt werden.

Beispiele:

Bau-er, Ei-er, europä-ische, Famili-en, Foli-en, freu-en, individu-ell, Knäu-el, klei-ig, Lai-en, Mani-en, Muse-um, na-iv, nati-onal, re-ell, Ru-ine, Spi-on, steu-ern

§ 110	Steht in einfachen oder suffigierten Wörtern zwischen Vokalbuchstaben ein einzelner Konsonantenbuchstabe, so kommt er bei der Trennung auf die neue Zeile. Stehen mehrere Konsonantenbuchstaben dazwischen, so kommt nur der letzte auf die neue Zeile.

Beispiele:

Au-ge, Bre-zel, He-xe, bei-ßen, Rei-he;

Trai-ning, trau-rig, nei-disch, Hei-mat;

El-tern, Gar-be, Hop-fen, ros-ten, Wüs-te, leug-nen, sin-gen, sin-ken, sit-zen, Städ-te; Bag-ger, Wel-le, Kom-ma, ren-nen, Pap-pe, müs-sen, beis-sen (wenn *ss* statt *ß*, vgl. § 25 E2 und E3), *Drit-tel;*

zän-kisch, Ach-tel, Rech-ner, ber-gig, wid-rig, eif-rig, Ar-mut, freund-lich, sechs-te;

imp-fen, Karp-fen, dunk-le;

knusp-rig, Kanz-ler

§ 111	Stehen Buchstabenverbindungen wie *ch, sch; ph, rh, sh* oder *th* für *einen* Konsonanten, so trennt man sie nicht. Dasselbe gilt für *ck*.

Beispiele:

la-chen, wa-schen, Deut-sche; Sa-phir, Myr-rhe, Fa-shion, Zi-ther; bli-cken, Zu-cker

§ 112	In Fremdwörtern können die Verbindungen aus Buchstaben für einen Konsonanten + *l, n* oder *r* entweder entsprechend § 110 getrennt werden, oder sie kommen ungetrennt auf die neue Zeile.

Beispiele

nob-le/no-ble, Zyk-lus/Zy-klus, Mag-net/Ma-gnet, Feb-ruar/Fe-bruar, Hyd-rant/Hy-drant, Arth-ritis/Ar-thritis

3 Besondere Fälle

§ 113	Wörter, die sprachhistorisch oder von der Herkunftssprache her gesehen Zusammensetzungen oder Präfigierungen sind, aber nicht mehr als solche empfunden oder erkannt werden, kann man entweder nach § 108 oder nach § 109 bis § 112 trennen.

Beispiele:

hin-auf/hi-nauf, her-an/he-ran, dar-um/da-rum, war-um/wa-rum;

Chrys-antheme/Chry-santheme, Hekt-ar/Hek-tar, Heliko-pter/Helikopter, inter-essant/inte-ressant, Lin-oleum/Li-noleum, Päd-agogik/Pädagogik

Teil II
Wörterverzeichnis

Zeichenerklärung

§ Mit dem Paragrafenzeichen (und Absatz bzw. *E*, z. B *§ 37(1)* oder *§ 34 E*) wird auf den Regelteil verwiesen. *E* verweist dabei auf eine Erläuterung.

◡ Der Bogen gibt in Verbindung mit drei nachgestellten Punkten an, dass noch weitere Wörter an Stelle des genannten angeschlossen werden können, z. B. **ab◡beißen** ...

... Drei Punkte unmittelbar vor einem Wort ersetzen das Stichwort, z. B. **High◡light,** ...tech, ...way. Drei nachgestellte Punkte zeigen an, dass weitere Bildungen möglich sind.

[ ] In eckigen Klammern stehen Ergänzungen zum Stichwort, z. B. **Furcht** [einflößen], **Fox**[trott].

( ) In runden Klammern stehen vor allem Identifikationsangaben, z. B. **Gang** *(Bande)*, **Gang** *(zu* gehen*)*, und andere erläuternde Angaben.

/ Der Schrägstrich steht, wenn bei einer Ergänzung zwei Formen oder Wörter möglich sind, z. B. das/alles Menschenmögliche [tun ...].

E Ein *E* verweist innerhalb einer Paragrafenangabe auf eine Erläuterung im Regelteil (*§ 34 E*).

Pl. *Pl. (Plural)* steht vor orthografisch relevanten Pluralangaben, z. B. **Aas** *Pl. (für Tierleiche)* Aase, *(als Schimpfwort)* Äser.

vgl. Mit *vgl. (vergleiche)* werden Querverweise gegeben.

® Mit ® sind eingetragene Warenzeichen gekennzeichnet, z. B. **Perlon** ®.

Folgende gleich oder ähnlich gelagerte Fälle werden stellvertretend unter einem Stichwort abgehandelt:

Farben	vgl. **blau**
Sprachen	vgl. **deutsch**
Tageszeiten	vgl. **Abend**
Wochentage	vgl. **Dienstag**
Zahlen	vgl. **acht**

Bei Verben werden nur die sich orthografisch verändernden Stammformen aufgeführt.

Der Fettdruck der streng alphabetisch geordneten Stichwörter dient nur als Lesehilfe und bringt keine Wertung gegenüber den zugeordneten orthografischen und lexikalischen Varianten zum Ausdruck.

Schreibungen, die den Regeln nicht widersprechen, sind immer möglich, auch wenn sie im Wörterverzeichnis nicht explizit aufgeführt werden, z. B. Schreibungen mit Bindestrich nach § 45 und Ähnliches.

a/A

a∪moralisch …
A∪symmetrie …
Aal, *aber* Älchen *§ 9 E2*
Aar *(Adler), aber* Ar
Aas *Pl. (für Tierleiche)* Aase, *(als Schimpfwort)* Äser *§ 9 E2*
ab
ab∪beißen … *§ 34(1.1);* …artig … *§ 36(1.2)*
Ab∪wasser …
Abbé
Abbruch [tun *§ 55(4)*]
Abc, Abece
abclich *§ 41 E*
Abc-Schütze *§ 40(2)*
ABC-Waffen *§ 40(2)*
Abend; eines Abends *§ 55(4)*; am Abend; heute Abend *§ 55(6)* (*vgl.* Dienstagabend)
Abend-Make-up *§ 44(1), 55(2)*
abends *§ 56(3)*; dienstags abends, dienstagabends *§ 56(3)*
Abenteuer
aber; sein ständiges Aber *§ 57(5)*
aber∪hundert, …tausend, Aber∪hundert, …tausend *§ 58 E5*
aber∪hunderte, …tausende, Aber∪hunderte, …tausende *§ 58 E5*
Aber∪glaube, …witz …
abfinden fand ab, abgefunden
abgefeimt
abgemergelt
abhandenkommen *§ 34(1.3)*
Abitur
Abiturient
Ablativ
ablehnen
abnorm
abnormal

Abnormität
Abonnement
Abonnent
Abort
Abrakadabra
Abruf; auf Abruf *§ 55(4)*
abrupt
Abscheu
abschotten
abschreckend
abschüssig
abseits∪sitzen, …stehen … *§ 34(1.2)*
absent
Absenz
Absinth
absolut
Absolution
Absolvent
absorbieren
Absorption
abspenstig [machen *§ 34(2.3)*]
Abstand [nehmen … *§ 55(4)*]
abstatten
abstinent
Abstinenz
Abstract
abstrahieren
abstrakt
abstrus
absurd
Abszess
Abszisse
Abt
abträglich
abtrünnig
abwägen
abwärts∪gehen *(nach unten gehen; schlechter werden)*, …fahren … *§ 34(1.2)*
abwesend
Abwesenheit

abwiegeln

A-cappella-Chor *§ 44(1), § 55(1)*

Accessoire

Acetat, Azetat

ach; mit Ach und Krach *§ 57(5)*

Achat

Achilles∪ferse …

Achlaut *§ 37(1.5)*, Ach-Laut
  § 45(1)

Achse

Achsel

acht; die ersten acht, um acht
  § 58(6); die Zahl Acht, die Acht
  § 57(4)

Acht *(Aufmerksamkeit)* [geben,
  achtgeben; haben, achthaben
  § 34 E6 (*aber nur* allergrößte
  Acht geben, sehr achtgeben)];
  sich in Acht nehmen, außer Acht
  lassen, außer aller Acht lassen
  § 55(4)

acht∪seitig, …prozentig, …jährig,
  …mal (*bei besonderer Betonung*
  auch acht Mal) …, 8-seitig,
  …-prozentig, …-jährig, …-mal
  (*bei besonderer Betonung auch*
  8 Mal) … *§ 40(3)*, 8%ig *§ 41 E*

Acht∪tonner, …zylinder, der, die
  …jährige …, 8-Tonner, …-Zy-
  linder, der, die …-Jährige …
  § 40(3)

achte; der, die, das Achte *§ 57(1)*;
  (*in Eigennamen*) Heinrich der
  Achte *§ 60(1)*; (*in festen Verbin-*
  dungen) das achte Weltwunder
  § 63

achtel; das/ein achtel Kilogramm,
  … Liter … *§ 56(6.1)*; das/ein
  Achtelkilogramm, …liter …
  § 56 E4

Achtel; ein Achtel Kuchen, in drei
  Achtel aller Fälle *§ 56 E5*

achten

Achter

Achter∪pack …

achtern

achtfach *§ 36(1.2)*, 8fach *§ 41 E*,
  8-fach *§ 40(3);* das Achtfache, das
  8fache, das 8-Fache, um das
  Achtfache [größer] *§ 57(1)*

achtgeben, Acht geben *§ 34 E6*
  (*aber nur* allergrößte Acht geben,
  sehr achtgeben)

achthaben, Acht haben *§ 34 E6*

achtzig; achtzig [Jahre alt] werden, im Jahre achtzig, mit acht-
  zig [Jahren], mit achtzig [Stun-
  denkilometern] fahren, auf acht-
  zig bringen, Mitte der achtzig,
  der Mensch über achtzig, in die
  achtzig kommen *§ 58(6)*; die
  Zahl Achtzig, die Achtzig
  § 57(4)

Achtziger *§ 57(1)*

Achtzigerjahre *§ 37(1.2)*, achtziger Jahre *§ 42 E*, 80er-Jahre, 80er
  Jahre *§ 42*

ächzen

Acker

Acryl

Action *(spannende Handlung),*
  aber Aktion

ad∪justieren, …nominal …

Adagio

Adaptation, Adaption

Adapter

Adaption, Adaptation

adäquat

Addition

ade; Ade sagen *§ 57(5)*, ade sagen

Adel

Ader

Ad-hoc-∪Bildung, …Entscheidung
  § 44(1), § 55(1)

adieu; Adieu sagen *§ 57(5)*, adieu
  sagen

Adjektiv

Adjunkt

Adjutant

Adler

Administration

Admiral

Adonis

Adoption
Adresse
adrett
A-Dur *§ 40(1), § 55(1), aber*
a-Moll
A-Dur-Tonleiter *§ 44(1), § 55(2)*
Advantage
Advent
Adverb
Advokat
aero‿statisch …
Aero‿dynamik …
Aerobic
Affäre
Affe
Affekt
Affinität
Affix
affizieren
Affront
afroamerikanisch *§ 36(1.2)*
Afrolook *§ 37 E3*
After
Aftershave;
Aftershavelotion *§ 37 E3,*
Aftershave-Lotion *§ 45(2)*
Agave
Agenda
Agent
Agglomeration
Aggregat
Aggression
Ägide
agieren
agil
Agitation
agnoszieren
Agonie
Agraffe
Agrarier
Agreement *(zwischenstaatliche formlose Übereinkunft), aber*
Agrément
Agrément *(Zustimmung zu einer Ernennung), aber* Agreement
Agri‿kultur … *§ 37(1.5)*
agro‿technisch … *§ 36(1.2)*

Agro‿biologie … *§ 37(1.5)*
ah; ein [vielstimmiges] Ah *§ 57(5)*
Ahasver *Pl.* -s *oder* -e, Ahasverus *Pl.* Ahasverusse
Ahle
Ahn, Ahne
ahnden
Ahne, Ahn
ahnen
ähnlich; Ähnliches, etwas Ähnliches, und Ähnliches (*abgekürzt*: u. Ä.) *§ 57(1)*
ahoi
Ahorn
Ähre
Aids
Air‿bag, …bus, …conditioner …
§ 37 E3
Aitel
Ajatollah
Akademie
Akazie
Akelei
Akklamation
Akkord
Akkordeon
akkreditieren
Akkubehälter *§ 40 E*
Akkumulator
akkurat
Akkusativ
Akne
akquirieren
Akribie
Akrobatik
Akt *(Handlung usw.)*
Akt, Akte *(Unterlage)*
Aktie
Aktion, *aber* Action
aktiv
Aktualität
aktuell
Akupunktur
Akustik
akut
Akzent
Akzeptanz

Akzidens *(Zufälliges) Pl.*
  ...denzien *oder* ...dentia, *aber*
  Akzidenz
akzidentell, akzidentiell (*zu*
  Akzidens)
Akzidenz *(Druckwesen) Pl.* -en,
  aber Akzidens
Alabaster
Aland *(Fisch)*
Alant *(Pflanze)*
Alarm [schlagen *§ 55(4)*]
Alaun
Alb *(Elfe; gespenstisches Wesen),*
  aber Alp
Alb∪traum ..., Alp∪traum ...
Albatros, *Pl.* Albatrosse
albern
Albino
Album
Alchemie
Älchen (*zu* Aal) *§ 9 E2*
Ale
alert
Alge
Algebra
alias
Alibi
Alimente
alkalisch
Alkohol
Alkoven
all
all∪jährlich ... *§ 36(1.2)*
all∪seits, ...zeit *§ 39(1)*
Allah
alldieweil *§ 39(1)*
alle [beide] *§ 58(4)*
alle∪samt, ...weil, ...zeit ...
  § 39(1)
Allee
Allegorie
Allegro
allein [erziehen, gehen, sitzen ...
  § 34(2.3); erziehend, alleinerzie-
  hend ... *§ 36(2.1);* gültig, allein-
  gültig ... *§ 36(2.2)*]
allenfalls *§ 39(1)*

allenthalben
aller∪dings, ...hand, ...orten,
  ...orts, ...seits ... *§ 39(1)*; ...beste,
  der, die, das Allerbeste, es ist das
  Allerbeste[, was/wenn/dass ...]
  § 57(1); am allerbesten *§ 58(2)*;
  ...letzte, der, die, das Allerletzte
  § 57(1)
Allergie
allerlei *§ 58(4)*
alles *§ 58(4)*; mein Ein und Alles
  § 57(3)
allfällig
allgemein [bildend, allgemeinbil-
  dend ... *§ 36(2.1);* gültig, allge-
  meingültig; verständlich, allge-
  meinverständlich ... *§ 36(2.2)*];
  im Allgemeinen *§ 57(1)*
Allianz
Alligator
allmählich
Allotria
Alltag
Allüren
allzu *§ 39(1)* [bald ...]
Alm
Almrausch, Almenrausch
Alma Mater *§ 55(3)*
Almanach
Almenrausch, Almrausch
Almosen
Aloe
Alp, Alpe *(Bergweide), aber* Alb
Alp∪traum ..., Alb∪traum ...
Alpaka
Alpe, Alp *(Bergweide), aber* Alb
Alpha∪strahlen ...
Alphabet
alpin
Alraun, Alraune
als; als ob; das Als-ob *§ 43,*
  § 57 E4; Als-ob-Philosophie
  § 44(1)
also
alt; der, die, das Alte, [ganz] der
  Alte sein, beim Alten bleiben,
  am Alten hängen, es beim Alten

[bleiben] lassen § 57(1); Alte
und Junge, [für] Alt und Jung
§ 57(1), § 58 E2
Alt
alt∪bekannt, ...bewährt ...
§ 36(1.5)
Altan
Altar
Alter
alternieren
alters § 56(3); seit alters, von
alters her
altersschwach § 36 E2
Aluminium
Amalgam
Amarelle
Amaryllis
Amateur
Amazone
Amber, Ambra
Ambiente
Ambition
ambivalent
Ambivalenz
Amboss
Ambra, Amber
ambulant
Ambulanz
Ameise
amen; das Amen § 57(5), Ja und
Amen sagen § 57(5), ja und
amen sagen
Amethyst
Ammann
Amme
Ammer
Ammoniak
Ammonshorn
Amnestie
Amöbe
Amok
a-Moll § 40(1), § 55(1), *aber*
A-Dur
a-Moll-Tonleiter § 44(1), § 55(2)
Amor
amorph
Amortisation

amourös
Ampel
Ampere
Ampfer
Amphibie
Amphitheater
Amphora, Amphore
Ampulle
Amputation
Amsel
Amt
Amulett
amüsant
Amüsement
an; an [Eides ...] statt, *aber* anstatt
an∪brennen ... § 34(1.1)
an∪organisch ...
Anachronismus
anal
analog
Analyse
analytisch
Ananas
Anarchie
Anatomie
anbei
anberaumen
Anbetracht; in Anbetracht § 55(4)
anbiedern
Anbot
Anchovis, Anschovis
Andacht
Andante
ander∪seits ...
andere; der, die, das andere, alles
andere, [etwas] anderes, die einen und die anderen § 58(5),
substantivisch auch der, die, das
Andere, alles Andere, [etwas]
Anderes, die Einen und die Anderen § 58 E4
and[e]ren∪falls, andern∪falls
39(1)
and[e]ren∪orts, ander∪orts
§ 39(1)
and[e]rer∪seits, ander∪seits
§ 39(1)

ändern
anders [denkend, andersdenkend; geartet, andersgeartet ... § 36(2.1)]
anders‿wo ...
anderthalb
aneinander [denken, vorbeigehen ... § 34 E1]
aneinander‿geraten, ...grenzen ... § 34(1.2)
Anekdote
Anemone
anfachen
Anfang [Januar, nächsten Jahres ...]
anfangen fing an
anfangs § 56(3)
Angel
angenehm; Angenehmes § 57(1)
Anger
Angesicht; im Angesicht § 55(4)
angesichts [von; dessen/deren ...] § 56(3)
Angestellte § 57 E1
Angina
anglikanisch
Anglistik
Angloamerikaner § 37(1.5)
Angora‿kaninchen ...
Angriff; in Angriff nehmen § 55(4)
angst [und bange] sein ... § 35, § 56(1)
Angst [haben § 55(4)]; jemandem Angst [und Bange] machen § 55(4)
angsterfüllt § 36(1.1)
anhand [von; dessen/deren ...] § 39(3)
anheim‿fallen, ...stellen ... § 34(1.3)
anheischig [machen § 34(2.3)]
animalisch
Animation
Animosität
Anis

Anker
anlehnungsbedürftig § 36(1.1)
anmaßen
Anmut
anmuten
Annalen
annektieren
Annexion
anno
Annonce
annullieren
Anode
anomal
anonym
Anorak
anormal
Anrainer
anraten; das Anraten, auf Anraten § 57(2)
anrüchig
ans
ansässig
anschlagen schlug an
Anschovis, Anchovis
Anstalt
Anstalten
Anstand
anstandshalber § 39(1)
anstatt [dass/zu § 39(2); des/der § 39(3)], *aber* an [Eides] statt (*vgl.* an)
anstehen stand an
anstelle, an Stelle § 39 E3(3)
anstiften
ansträngen (*zu* Strang)
anstrengen *(bemühen)*
Anteil [nehmen § 55(4)]
Antenne
Anthologie
Anthrazit
anti‿septisch ...
Anti‿these ...
Antibabypille § 37(1.5)
Antibiotikum
antichambrieren
antik
Antilope

Antimon
Antipathie
Antipode
Antiquariat
Antiquität
Antlitz
Antwort
Anwalt
anwesend
Anwesenheit
anwidern
anzetteln
Äonen
Aorta
apart
Apartheid *(Rassentrennung)*
Apartheit *(zu* apart)
Apartment *(kleine Wohnung),*
  aber Appartement
Apathie
aper
Aperitif
Apfel
Apfelsine
Aphorismus
Aphrodisiakum
Aphthe
apodiktisch
Apokalypse
apokalyptisch
Apokryphen
Apoll, Apollo
Apologie
Apostel
apostolisch
Apostroph
Apotheke
Apotheose
Apparat
Apparatschik
Appartement *(Zimmerflucht im*
  Hotel), aber Apartment
Appell
Appendix *Pl.* -e *oder* ...dices
Appetit
applaudieren
Applaus

Applikation
applizieren
apportieren
Appretur
Aprikose
April
apropos
Apsis
Aquädukt
Aquamarin
Aquaplaning
Aquarell
Aquarium
Äquator
Aquavit
Äquilibrist
äquivalent
Äquivalenz
Ar, Are *(Flächenmaß), aber* Aar
Ära
Arabeske
arabisch, Arabisch
  (vgl. deutsch, Deutsch)
Aralie
Aranzini
Arbeit
Archaikum
Archäologie
Arche
Archipel
Architektur
Archiv
Are, Ar *(Flächenmaß), aber* Aar
Areal
Arena
arg; das Arge, im Argen liegen,
  Arges [befürchten], das Ärgste
  [befürchten] *§ 57(1)*
Argument
Argusaugen
Argwohn
Arie
Aristokratie
Arithmetik
Arkade
arm; der, die Arme, Arm und
  Reich; Arme und Reiche *§ 57(1)*

Arm

arm∪stark ... *§ 36(1.1)*

Armatur

Armee

Armut

Armvoll, Arm voll; zwei Armvoll,
Arm voll Reisig

Arnika

Aroma

Aronsstab, Aronstab

Arpeggio

Arrak

Arrangement

Arrest

Arrestant

arretieren

arriviert

arrogant

Arroganz

Arsch

Arsen

Arsenal

Art

Artdirector *§ 37 E3*

Artefakt

Arterie

artesisch

artifiziell

artig

Artikel

Artikulation

Artillerie

Artischocke

Artistik

Artothek

Arznei

Arzt

Arzt-Patient-Verhältnis
§ 44(1), § 55(2)

Asbest

Asche

Äsche *(Fisch), aber* Esche

Aschenbrödel

Aschenputtel

Aschermittwoch

aschgrau *usw. (vgl.* blau *usw.*);
Aschgraues; bis ins Aschgraue
[reden] *§ 57(1)*

Ascorbinsäure, Askorbinsäure

äsen

Askese

Asketik

Askorbinsäure, Ascorbinsäure

Äskulap∪stab ...

Aspekt

Asphalt

Aspik

Aspirant

Aspiration

Aspirin ®

Ass

assanieren

Assel

Assessor

Assimilation

Assistent

Assistenz

Assoziation

Ast

Aster

Ästhetik

Asthma

ästimieren

astral

Astral∪leib ...

astro∪physikalisch ...

Astro∪nautik ...

Astrologie

Astronomie

Asyl

Asylant

Atavismus

Atelier

Atem; außer Atem [sein ...]
§ 55(4)

atemberaubend *§ 36(1.1)*

Äthan, Ethan

Atheismus

Äther *(Himmel)*

Äther *(chem. Verbindung)*, Ether

ätherisch

Athlet

Äthyl, Ethyl
Atlas
atmen
Atmosphäre
Atoll
Atom
Attacke
Attentat
Attest
Attitüde
Attraktion
Attrappe
Attribut
ätzen
Au, Aue
Aubergine
auch
Audienz
Aue, Au
Auer∪hahn ...
auf; auf dass *§ 39 E2(2.2)*; auf und
   ab; das Auf und Ab *§ 57(5)*
auf∪bauen ... *§ 34(1.1)*; auf- und
   abspringen ... *§ 98(1)*
aufbäumen
aufeinander [achten, hören ...
   § 34 E1]
aufeinander∪stapeln, ...treffen ...
   § 34(1.2)
Aufenthalt
aufgekratzt
aufgrund, auf Grund [dessen,
   von] *§ 39 E3(3)*
aufhören
auflehnen
aufrecht *(gerade)* [gehen, sitzen
   ... *§ 34(2.3)*; das Aufrechtge-
   hen *§ 37(2)*]
aufrechterhalten *§ 34(2.2)*
aufrichtig
Aufruhr
aufs
aufsässig
Aufsehen [erregend, aufsehenerre-
   gend *§ 36(2.1)*, *aber nur großes*
   Aufsehen erregend, äußerst auf-

sehenerregend, [noch] aufsehen-
   erregender *§ 36 E3*]
aufseiten, auf Seiten *§ 39 E3(3)*
Aufsicht [führen *§ 55(4)*; führend,
   aufsichtführend *§ 36(2.1)*]
Aufwand
aufwändig, aufwendig
aufwärts [bewegen [sich] ...
   § 34 E1]
aufwärts∪fahren, ...streben ...
   § 34(1.2)
aufwenden wandte *oder* wendete
   auf, aufgewandt *oder* aufgewendet
aufwendig, aufwändig
aufwiegeln
Auge
August
Auktion
Aula
au pair; Au-pair-Mädchen ...
   § 44(1)
Aura
Aurikel
Aurum
aus; das Aus, im Aus *§ 57(5)*
aus∪fallen ... *§ 34(1.1)*; aus- und
   eingehen ... *§ 98(1)*
ausbedingen bedang aus,
   ausbedungen
Ausbund
auseinander [ableiten ... *§ 34 E1*]
auseinander∪gehen, ...setzen ...
   § 34(1.2)
ausfindig [machen *§ 34 E1*]
ausgefeimt
ausgemergelt
ausgepicht
ausgiebig
ausixen
Auskunft
ausmerzen
ausrasten
ausrenken
ausrotten
Aussatz

ausschlaggebend;
  Ausschlaggebendes, das
  Ausschlaggebende *§ 57(1)*
Ausschuss
außen
außer; außer Atem sein, außer
  Landes sein; außer [aller] Acht
  lassen *§ 55(4)*; außer dass
  § 39 E2(2.2)
außer∪gewöhnlich ...
äußere; das Äußere *§ 57(1)*
äußern
äußerst; aufs äußerste, Äußerste
  (äußerst) § 58 E1; [es] aufs Äußerste [ankommen lassen], aufs
  Äußerste gefasst sein, bis zum
  Äußersten [gehen ...], das Äußerste [befürchten ...] *§ 57(1)*
außerstand, außer Stand [setzen
  ...] *§ 39 E3(1)*; außerstande, außer Stande [sein ...] *§ 39 E3(1)*
außertourlich
aussöhnen
ausstatten
Auster
Austro∪marxismus ... *§ 37(1.5)*
auswärtig
auswärts
auswärts∪gehen, ...drehen [sich]
  ... *§ 34(1.2)*
ausweiden
auswendig [lernen ... *§ 34(2.3)*]
autark
authentisch
Autismus

Auto [fahren *§ 55(4)*; das
  Autofahren *§ 37(2)*]
auto∪didaktisch ...
Auto∪hypnose ...
autochthon
Autodafé
Autodrom
autogen; das autogene Training
  § 63
Autogramm
Automat
Automobil
autonom
Autopsie
Autor
Autoreverse
Autorität
Avancen
Avantgarde
Ave
Ave-Maria
Aventurin
Avenue
Aversion
Avis, Aviso
Avocado
axial
Axiom
Axt
Azalee
Azetat, Acetat
Azur

b/B

Baby
Bacchant
Bach
Backbord
backbords
Backe
backen backte *oder* buk, gebacken
Background *§ 37 E3*
Bad
baden [gehen *§ 34(4)*]
Badminton
Bagage
Bagatelle
Bagger
Baguette
bähen
Bahn [fahren *§ 55(4)*]
bahnbrechend *§ 36(1.1)*
Bahre
Bai *(Meeresbucht), aber* Bei, Bey
Baiser
Baisse
Bajazzo
Bajonett
Bake
Bakelit ®
Bakschisch
Bakterie
Balalaika
Balance
balbieren, barbieren
bald
Baldachin
Bälde; in Bälde *§ 55(4)*
Baldrian
Balg
Balken
Balkon
Ball
Ballade
Ballast

ballen
Ballen
Ballerina
Ballett; Balletttänzer
Ballistik
Ballon
Balsam
Balustrade
Balz
Bambus
banal
Banane
Banause
Band *(zu* binden)
Band *(Musikgruppe)*; Bandleader
 § 37 E3
Bandage
Bande
Bandel, Bändel
Bändel, Bandel
Banderole
bändigen
Bandit
bang, bange
bange; [angst und] bange sein …
 § 35, § 56(1)
Bange; jemandem [Angst und]
 Bange machen *§ 55(4)*
Banjo
Bank
Bänkel‿lied …
Banker, Bänkler
Bankett *(Festmahl)*
Bankett, Bankette *(unbefestigter*
 Straßenrand)
Bankier
Bänkler, Banker
bankrott [werden; sein *§ 35*]; ein
 bankrottes Geschäft
Bankrott [machen *§ 55(4)*]
bankrottgehen *§ 34(2.2)*

Bann
Banner
Bantam‿gewicht …
Baptist
bar; in bar, gegen bar [bezahlen]
§ 58(3.1)
Bar
Bär
Baracke
Barbar
Barbe
Barbecue
barbieren, balbieren
Barchent
Barde
Barett
barfuß [gehen, laufen …
§ 34(2.3)]
Bariton
Barium
Barkarole
Barkasse
Barke
Bärlapp
barmherzig
barock; das, der Barock
Barometer
Baron
Barren
Barriere
Barrikade
barsch
Barsch
Bart
Bartwisch
Baryt
Basalt
Basar, Bazar
Base
Basilika
Basilikum
Basis
Basketball
bass [erstaunt]
Bass; Bassstimme
Bassena
Bassin

Bast
Bastard
Bastei
basteln
Bastille
Bastion
Bataillon
Batik
Batist
Batterie
Batzen
Bau
Bauch
bauchreden § 33(1)
Bauer
Baum
Bausch
bausparen § 33(1)
Bauxit
Bazar, Basar
Bazillus
Beat; Beatgeneration § 37 E3
Beatle
Beatnik
Beautyfarm
Bébé
beben
Becher
becircen, bezirzen
Becken
beckmessern
Becquerel
bedächtig
Bedarf
bedeuten
bedeutend; das Bedeutende,
[nichts] Bedeutendes, um ein
Bedeutendes größer § 57(1)
bedingen
bedürfen bedarf, bedurfte
Beefsteak
Beelzebub
Beere
Beet
befehlen befiehlt, befahl, befohlen
Beffchen
befinden befand, befunden

beflissen
befugt
befürworten
begabt
begeben begibt, begab
begehren
begeistern
Begier, Begierde
Begine
beginnen begann, begonnen
begleiten
begnügen
Begonie
begreifen begriff
Begriff
behäbig
behagen
Behälter
behände
behaupten
behelligen
Behörde
Behuf
behufs *§ 56(3)*
bei
Bei, Bey *(türkischer Titel), aber*
  Bai
bei‿leibe, ...nahe, ...sammen,
  ...zeiten *§ 39(1)*
bei‿stehen ... *§ 34(1.1)*
Beichte
beide; die beiden *(die zwei)*
  § 58(4)
beieinander [aushalten ...
  § 34 E1; sein *§ 35]*
beieinander‿bleiben, ...stehen ...
  § 34(1.2)
Beifall
beige *usw. (vgl.* blau *usw.)*
Beige *(Stapel)*
Beil
beileibe [nicht] *§ 39(1), aber* nicht
  gut bei Leibe sein *§ 55(4) (vgl.*
  Leib)
Beileid
Bein
beinah[e] *§ 39(1)*

Beinwell
beisammen [sein *§ 35]*
beisammen‿stehen ... *§ 34(1.2)*
beiseite‿legen, ...treten ...
  § 34(1.2)
Beispiel
beißen biss
Beitel
Beiz
Beize
beizeiten *§ 39(1)*
bejahen
bekannt [geben, bekanntgeben;
  machen, bekanntmachen *(vor-*
  stellen; zur Kenntnis bringen);
  werden, bekanntwerden *§ 34 E5;*
  sein *§ 35;* das Bekanntmachen
  § 37(2)]
bekannterweise *§ 39(1), aber* in
  bekannter Weise *§ 39 E2(1)*
Bekassine
beklommen
bekommen bekam
bekömmlich
belämmert
Belang; von Belang sein *§ 55(4)*
Belcanto, Belkanto
beleidigen
beleumdet, beleumundet
belfern
Belieben; nach Belieben *§ 55(4)*
beliebig; jeder Beliebige *§ 57(1)*
Belkanto, Belcanto
bellen
Belletristik
Bellevue
Belt
Belvedere
Benefiz‿konzert ...
benehmen benimmt, benahm,
  benommen
benommen
Benzin
bequem
Berberitze
beredsam
beredt

126

Bereich
bereit [machen, bereitmachen;
  erklären, bereiterklären § 34 E5;
  sein § 35]
bereit∪halten, ...stehen, ...stellen
  ... § 34(2.2)
Berg; zu Berge stehen § 55(4)
berg∪ab, ...auf, ...abwärts,
  ...aufwärts § 39(1) [fahren ...],
  aber den Berg aufwärts
  § 39 E2(1)
bergen birgt, barg, geborgen
bergsteigen § 33(1)
Berg-und-Tal-Bahn § 44(1),
  § 55(2)
Bericht
Bernhardiner
Bernstein
Berserker
bersten birst, barst, geborsten
berüchtigt
Beruf
Beryll
beschäftigen
Bescheid [geben ... § 55(4)]
bescheiden [sein § 35]
bescheiden beschied
bescheren
Beschlag
beschlagen [sein § 35]
beschlagen beschlug
beschränken
Beschwerde [führen ... § 55(4)]
beschweren
beschwichtigen
Besen
besessen
besitzen besaß, besessen
besondere [Umstände ...]; das Besondere, im Besonderen, Beson-
  deres § 57(1)
besonders
Besorgnis [erregend, besorgniserregend § 36(2.1), *aber nur*
  große Besorgnis erregend, äußerst besorgniserregend, [noch]
  besorgniserregender § 36 E3]

besser (*zu* gut) [gehen, besser-
  gehen § 34 E5]; das Bessere,
  Bessre; Besseres, Bessres; eines
  Besseren, Bessren belehren; sich
  eines Besseren, Bessren besin-
  nen; eine Wendung zum Besseren, Bessren § 57(1)
besser∪stellen (*sozial verbessern*)
  § 34(2.2), ...gestellt § 36(1.3)
best∪gehasst ... § 36(1.2)
bestallen
bestätigen
bestatten
beste (*zu* gut); das Beste [sein];
  der, die, das [erste] Beste, zum
  Besten [geben, haben, halten,
  kehren, stehen, wenden], Bestes,
  sein Bestes tun, aufs Beste [an-
  gewiesen sein] § 57(1); am besten
  [sein, machen] § 58(2); auf das/
  aufs beste, Beste (*sehr gut*)
  § 58 E1
bestechen besticht, bestach,
  bestochen
Besteck
bestehen bestand [bestehen
  bleiben, lassen ... § 34(4)]
bestellen
Bestie
bestimmen
bestirnt
Bestseller § 37 E3
besuchen
Beta∪blocker, ...strahlen ...,
  β-Blocker, β-Strahlen ...
  § 40(1), § 55(1)
beten; Bettuch, *aber* Betttuch
beteuern
Beton
betonen
betören
Betracht; in Betracht [kommen,
  ziehen] § 55(4)
betrachten
beträchtlich; Beträchtliches, um
  ein Beträchtliches [größer ...]
  § 57(1)

betragen betrug *(ausmachen)*

betragen betrug *(benehmen)*

Betreff; des Betreffs

betreffs *§ 56(3)*

betreten betrat

betreuen

betrunken [machen *§ 34(2.3)*, sein
§ 35]

Bett; Betttuch, *aber* Bettuch
(*zu* beten)

betteln

betulich

Beugel

beugen

Beule

Beuschel

Beute

Beutel

beuteln

bevor

bevorstehen *§ 34(1.3)*

bewähren

bewältigen

Bewandtnis

bewegen bewegte *(Lage ändern)*

bewegen bewog *(veranlassen)*

bewenden

bewerkstelligen

bewusst *(absichtlich)* [machen ...
§ 34(2.3)]

bewusst *(geistig klar)* [machen,
bewusstmachen; werden, be-
wusstwerden ... *§ 34 E5*]

bewusstlos [schlagen ... *§ 34(2.3)*;
sein *§ 35*]

Bey, Bei *(türkischer Titel), aber*
Bai

bezichtigen

Bezirk

bezirzen, becircen

Bezug [nehmen *§ 55(4)*]; im/in/mit
Bezug [auf] *§ 55(4)*

Bhagvan, Bhagwan

bi‿konkav ...

Biathlon

bibbern

Bibel

Biber

Bibliografie, Bibliographie

Bibliothek

Bickbeere

Bidet

bieder

biegen bog; auf Biegen und
Brechen *§ 57(2)*

Biene

Biennale

Bier

Biese *(Ziersaum), aber* Bise

Biest

bieten bot

Bifokal‿brille ...

Bigamie

Big Band, Bigband *§ 37 E4*

Big Business *§ 37 E4*

bigott

Bijou

Bijouterie

Bikini

Bilanz

bilateral

Bilch

Bild

bilden

Billard

Billett

Billiarde

billig

billigen

Billion *§ 55(5)*

Bilsenkraut

Bimsstein

bin

binar, binär, binarisch

binden band, gebunden

Bingelkraut

Bingo

binnen

Binokel

binomisch

Binse

bio‿genetisch ...

Bio‿chemie ...

Biografie, Biographie

Biologie
Biotop
Birett
Birke
Birne
bis
Bisam
Bischof
Bise *(Wind), aber* Biese
bisherig; das Bisherige, Bisheri-
  ges, beim Bisherigen [bleiben],
  im Bisherigen *§ 57(1)*
Biskotte
Biskuit
Bismut
Bison
Biss
bisschen; ein bisschen, dieses
  kleine bisschen *§ 56(5)*
Bisschen *(zu* Biss)
bist
Bistro
Bistum
bisweilen *§ 39(1)*
Bit
bitten bat, gebeten
bitter
bitter⌣böse, ...kalt ... *§ 36(1.5)*
Bitumen
bituminös
Biwak
bizarr
Bizeps
Blache, Blahe, Plache
Black Box, Blackbox *§ 37 F4*
Black-out, Blackout *§ 45 E2*
blaffen, bläffen
Blahe, Blache, Plache
blähen
Blamage
blanchieren
blank [polieren, blankpolieren;
  putzen, blankputzen ...
  § 34(2.1); liegen, blankliegen
  [Nerven] *§ 34 E5*]
blanko
blankziehen *§ 34(2.2)*

Blase
blasen blies
blasiert
Blasphemie
blass
Blässe *(Blassheit), aber* Blesse
Blässhuhn, Blesshuhn
Blatt
Blattern
blau [färben, blaufärben ...
  § 34(2.1); gestreift, blaugestreift
  ... *§ 36(2.1);* sein *§ 35*]; das
  Blau, das Blaue; ins Blaue [re-
  den, fahren], eine Fahrt ins Blaue
  § 57(1); in Blau *§ 57(1), § 58 E2;*
  blau in blau *§ 58(3.1); (in Eigen-*
  namen) der Blaue Nil *§ 60(2.4);*
  der Blaue Planet *(die Erde)*
  § 60(5); das Blaue Band des
  Ozeans *(ein Orden) § 60(3.4); (in*
  festen Verbindungen) die blaue
  Blume [der Romantik], sein
  blaues Wunder erleben *§ 63;* der
  blaue Brief *§ 63, nach § 63 E*
  auch der Blaue Brief
blauäugig *§ 36(1.2)*
bläuen
blaugrau *§ 36(1.4)*
bläulich [grün ...]
blaurot *§ 36(1.4)*
Blazer
Blech
blecken
Blei
bleiben blieb [bleiben lassen
  § 34(4); bleiben lassen, bleiben-
  lassen *(unterlassen) § 34 E7*]
bleich
Blende
blenden
blendend [weiß ...]
Blesse *(weißer Stirnfleck; Tier),*
  aber Blässe
Blesshuhn, Blässhuhn
Blessur
bleu
Blick

blind [verstehen, vertrauen …
  § 34(2.3)]
blind‿fliegen, …schreiben …
  § 34(2.2)
blinken
blinzeln
Blitz
Blizzard
Bloch
Block
Blockade
blöd, blöde
Blödian
blöken
blond [gelockt, blondgelockt
  § 36(2.1)]
bloß [legen, bloßlegen [Mauern]
  … *§ 34(2.1);* liegen, bloßliegen
  [Nerven] … *§ 34 E5;* liegen
  (unbedeckt), strampeln [sich] …
  § 34(2.3)]
bloß‿legen *(Vergangenheit)*,
  …stellen … *§ 34(2.2)*
Blouson
Blow-up, Blowup *§ 45 E2*
blubbern
Bluejeans *§ 37 E3*
Blues
Bluff
blühen
Blume
blümerant
Bluse
Blust
Blut [bildend, blutbildend; sau-
  gend, blutsaugend … *§ 36(2.1)*]
blut‿triefend … *§ 36(1.1)*, aber
  von Blut triefend *§ 36 E1*
Blüte
blutrünstig
Bö, Böe
Boa
Boatpeople *§ 37 E3*
Bob
Bobby
Boccia
Bock [springen *§ 55(4)*]

Bock‿bier …
bockbeinig *§ 36(1.2)*
bocken
Bocks‿horn …
Bodden
Bodega
Boden
Body
Body‿building, …check, …guard,
  …suit … *§ 37 E3*
Böe, Bö
Bofist, Bovist
Bogen
Boheme
Bohemien
Bohle *(Brett), aber* Bowle
Bohne
bohnern
bohren
Boiler
Boje
Bolero
Böller
Bollette
Bollwerk
Bolzen
Bombardement
Bombast
Bombe
Bommel
Bon
Bonbon
Bonboniere, Bonbonniere
bongen
Bonmot
Bonus
Bonze
Boogie-Woogie *§ 43*
Boom
Boot [fahren *§ 55(4)*], *aber*
  Bötchen *§ 9 E2*
Bor
Borax
Bord
Bordcase *§ 37 E3*
Börde
bordeaux‿farben … *§ 36(1.2)*

Bordell
bördeln
Bordüre
Boreas
Borg
borgen
Borke
Born
borniert
Borretsch
Börse
Borste
Borte
bös, böse; im Bösen [wie im
 Guten]; jenseits von Gut und
 Böse *§ 58 E2*
Böschung
böse, bös; im Bösen [wie im
 Guten]; jenseits von Gut und
 Böse *§ 58 E2*
Boss
bosseln
Botanik
Bötchen (*zu* Boot) *§ 9 E2*
Bote
Bötlein (*zu* Boot) *§ 9 E2*
botmäßig
Bottich
Bottleparty *§ 37 E3*
Bouclé, Buklee
Boudoir
Bouillabaisse
Bouillon
Boule
Boulevard
Bouquet, Bukett
bourgeois
Bouteille
Boutique, Butike
Bovist, Bofist
Bowle *(Getränk), aber* Bohle
Bowling
Box
Boxcalf, Boxkalf
boxen
Boxkalf, Boxcalf
Boy

Boykott
brabbeln
brach [liegen *§ 34(2.3);* liegend,
 brachliegend *§ 36(2.1)*]
Brachialgewalt
Brachse, Brachsen
brackig
Braindrain
Brainstorming
Branche
Brand
brand‿aktuell, ...neu *§ 36(1.5)*
Brand‿sohle ...
branden
brand‿marken ... *§ 33(1)*
Brandy
Brannt‿wein ...
Brasse
braten briet
Bratsche
Brauch
brauchen
Braue
brauen
braun *usw.* (*vgl.* blau *usw.*)
Braunelle *(Vogel)*
Braunelle, Brunelle *(Pflanze)*
Braus; in Saus und Braus [leben]
 § 55(4)
brausen
Braut
Bräutigam
brav
bravo; Bravo rufen *§ 57(5),* bravo
 rufen
Bravour, Bravur
break
Breakdance *§ 37 E3*
brechen bricht, brach, gebrochen;
 auf Biegen und Brechen *§ 57(2)*
Bredouille
Brei
breit [machen, breitmachen; schlagen, breitschlagen ... *§ 34(2.1);*
 gefächert, breitgefächert ...
 § 36(2.1)]

breit‿machen [sich], ...schlagen
 (jmdn. breitschlagen, sich zu etwas
 breitschlagen lassen) *(überreden)*
 § 34(2.2)
Bremse
Brenn‿nessel ...
brennen brannte *oder* brennte,
 gebrannt
brenzlich
Bresche
Brett
Bretzel *(schweiz.)*, Brezel
Brevier
Brezel, Bretzel *(schweiz.)*
Bridge
Brief
Bries
Brieschen, Bröschen
Brigade
Brigadier
Brigg
Brikett
brillant
Brillanz
Brille
bringen brachte
brisant
Brisanz
Brise
Broccoli, Brokkoli
Brocken
brodeln
Brodem
Broiler
Brokat
Brokkoli, Broccoli
Brombeere
Bronchie
Bronchitis *Pl.* ...tiden
Bronze
Brosche
Bröschen, Brieschen
Broschüre
Brösel
Brot
Bruch
bruch‿landen, ...rechnen *§ 33(1)*

Brücke
Bruder
Brühe
Brühl
brüllen
brummen
Brunch
Brunelle, Braunelle
brünett
Brunnen
Brunst
brüsk
Brust [schwimmen (ich
 schwimme Brust), brust-
 schwimmen *§ 33 E*]
Brut
brutal
brütend [heiß]
brutto
brutzeln
Bub, Bube
Buch
Buche
Buchs[baum]
Buchse
Büchse
Buchstabe
Bucht
Buchtel
Buckel
bücken
Bücking, Bückling *(Fisch)*
Bückling *(Verbeugung)*
Buddel, Buttel
buddeln
Buddhismus
Bude
Budget
Büfett, Buffet *(österr., schweiz.)*
Büfettier
Büffel
Buffet *(österr., schweiz.)*, Büfett
Bug
Bügel
bügeln
Buggy
bugsieren

buhen
buhlen
Buhne
Bühne
Bukett, Bouquet
Buklee, Bouclé
Bulette
Bullauge
Bulldog ®
Bulldogge
Bulldozer
Bulle
bullern
Bulletin
Bumerang
bummeln
Buna ®
Bund
Bungalow
Bunker
Bunsenbrenner
bunt [färben, buntfärben …
  § 34(2.1); gestreift, buntgestreift
  … § 36(2.1)]; [bekannt sein wie
  ein] bunter Hund § 63
Bürde
Burg
Bürge
Bürger
Burgunder
burlesk

Burnus
Büro
Bursch, Bursche
Bürste
Bürzel
Bus, *Pl.* Busse
Busch
Busen
Business
Bussard
Buße
Busserl
Büste
Butan
Butike, Boutique
Butler
Butt
Butte, Bütte
Buttel, Buddel
Büttel
Bütten
Butter
butterweich § 36(1.1)
Button
Butzenscheibe
bye-bye
Bypass; Bypassoperation § 37(1.1)
Byte

c/C

Cabaret, *aber* Kabarett
Cabrio[let], Kabrio[lett]
Caesium, Cäsium, Zäsium
Café, *aber* Kaffee
Cafeteria
Calcit, Kalzit
Calcium, Kalzium
Callboy
Callgirl
Calvinismus, Kalvinismus
Calypso
Camembert
Camp
Campagne, Kampagne
Campanile *(österr. auch)*,
  Kampanile
Camping
Canaille, Kanaille
Canasta
Cancan
Cañon
Canossagang, Kanossagang
Cape
Cappuccino
Capriccio
Car‿port ...
Caravan
Caravaning
Carbid, Karbid
Carbonat, Karbonat
Cargo, Kargo
Caritas, Karitas, *aber* karitativ
Cartoon
Casanova
cash
Cashewnuss *§ 37(1.1)*
Cashflow *§ 37 E3*
Casino *(österr. auch)*, Kasino
Cäsium, Caesium, Zäsium
catchen
Cayennepfeffer

CD-‿Player, ...Spieler ... *§ 40(2)*
Cedille
Cello
Cellophan ®, *sonst* Zellophan
Celluloid, Zelluloid
Cellulose, Zellulose
Celsius
Cembalo
Cent
Center
Centrecourt *§ 37 E3*, Centre-
  Court *§ 45 E1*
Cerberus, Zerberus
Cervelat, Servela *(schweiz. auch)*,
  Servelatwurst, Zervelatwurst
Cevapcici, Čevapčići
Cha-Cha-Cha *§ 43*
Chaconne
Chaise[longue]
Chalet
Chalzedon
Chamäleon
Champagner
Champignon
Champion
Chan, Khan
Chance
changieren
Chanson
Chansonette, Chansonnette
Chansonier, Chansonnier
Chansonnette, Chansonette
Chansonnier, Chansonier
Chaos
chaotisch
Charakter
Charge
Charisma
Charleston
charmant, scharmant
Charme, Scharm

Charta
Charter‿flug ... § 37(1.1)
chartern
Charts
Chassis
Chateau, Château
Chauffeur
Chaussee
Chauvinismus
Check, Scheck, Cheque (schweiz.)
Check‿liste ... § 37(1.1)
checken
cheerio
Cheerleader § 37 E3
Cheeseburger § 37 E3
Chef
Chemie
Chemo‿therapie ...
Cheque (schweiz.), Check, Scheck
Cherub, Kerub
Chester[käse § 37 E1]
Chewinggum § 37 E3
Chianti
chic (nur unflektiert), schick
Chicorée, Schikoree
Chiffon
Chiffre
Chimäre, Schimäre
Chinchilla
chinesisch, Chinesisch
   (vgl. deutsch, Deutsch)
Chinin
Chip
Chippendale
Chirurg
Chitin
Chlor
Chlorid (chemische Verbindung),
   aber Chlorit
Chlorit (Mineral; ein Salz), aber
   Chlorid
Chloroform
Chlorophyll
Choke, Choker
Cholera
cholerisch
Cholesterin

Chor
Choreografie, Choreographie
Chose, Schose
Chow-Chow § 43
Christ
Chrom
Chromosom
Chronik
chronisch
chronologisch
Chrysantheme
Chutney
ciao, tschau
Cidre, Zider
Cineast
Cinemascope
circa, zirka
Circus, Zirkus
Citrat, Zitrat
City
Clan, Klan
Claqueur
clean
Clearing; Clearingverkehr
   § 37(1.1)
clever
Cleverness
Clinch
Clip, Klipp, Klips, Videoclip
Clique
Clivia, Klivie
Clou
Clown
Club, Klub
Cluster
Coach
Coca-Cola ®
Cockpit
Cocktail; Cocktailparty § 37 E3
Coda, Koda
Code, Kode
Codein, Kodein
Codex Pl. ...dices, Kodex Pl.
   ...dizes
codieren, kodieren
Cœur
Coffein, Koffein

Cognac ®, *sonst* Kognak
Coitus, Koitus
Cola
Collage
College *(Schule), aber* Kollege
Collie
Collier, Kollier
Color‿film ...
Colt
Combo
Come-back, Comeback *§ 45 E2*
Comic; Comicstrip *§ 37 E3*
Coming-out, Comingout *§ 45 E2*
Common Sense, Commonsense
  § 37 E4
Commonwealth
Compact Disc, Compact Disk
  § 37 E4
Compiler
Composer
Computer
Concierge
Conférencier, *aber* Konferenz
Confiserie, Konfiserie
Container
contra, kontra
cool
Copyright *§ 37 E3, aber* Kopie
Cord, Kord
Cordon bleu *§ 55(3)*
Corned Beef, Cornedbeef
  § 37 E4; Corned-Beef-Büchse
  § 44(1), Cornedbeefbüchse
  § 37(1.1), Cornedbeef-Büchse
  § 45(2)
Corner
Cornflakes *§ 37 E3*
Corps, Korps
Cortison, Kortison

Cotton
Couch
Couleur
Count-down, Countdown *§ 45 E2*
Country‿music, ...song ...
  § 37 E3
Coup
Coupé, Kupee
Couplet
Coupon, Kupon
Courage
Cousin
Cousine, Kusine
Cover
Cowboy *§ 37 E3*
Coyote, Kojote
Crack
Cracker
Crash
Crawl, Kraul
crawlen *(auf eine besondere Art*
  schwimmen), kraulen
Cream, *aber* Creme
Credo, Kredo
creme
Creme, Krem, Kreme, *aber* Cream
Crêpe, Krepp *(Gewebe,*
  Eierkuchen)
Crescendo
Crevette, Krevette
Crew
Croupier
Crux, Krux
Csardas, Csárdás
Cup
Curry
Cursor
Cut
cutten, cuttern

d/D

da [sein § 35]; das Dasein § 37(2)
da [gewesen, dagewesen
 § 36(2.1)]
da‿bleiben … § 34(1.2)
dabei [sitzen *(bei der genannten
 Tätigkeit sitzen)* … § 34 E1,
 aber dabei‿sitzen; sein § 35]
dabei‿sitzen … § 34(1.2), *aber*
 dabei sitzen
Dach
Dachs
Dackel
Dadaismus
Daddy
dafür [halten *(für jemanden, für
 etwas halten)* § 34 E1, *aber*
 dafür‿halten; sein § 35]
dafür‿halten *(meinen)* …
 § 34(1.2), *aber* dafür halten
dagegen [sein § 35]
dagegen‿halten … § 34(1.2)
daheim [ausruhen … § 34 E1,
 aber daheim‿bleiben]
daheim‿bleiben, …sitzen …
 § 34(1.2), *aber* daheim ausruhen
daher [kommen *(aus dem be-
 zeichneten Grund, aus einer bestimmten Richtung kommen)* …
 § 34 E1, *aber* daher‿kommen]
daher‿kommen … § 34(1.2),
 aber daher kommen
dahin [gehen *(an den genannten
 Ort gehen)* … § 34 E1, *aber*
 dahin‿gehen; sein § 35]
dahin‿gehen *(vergehen)*…
 § 34(1.2), *aber* dahin gehen
dahinter [kommen *(hinter der
 genannten Sache, Person kommen)*, stehen … § 34 E1, *aber*
 dahinter‿kommen]

dahinter‿kommen *(entdecken)*,
 …stehen *(einverstanden sein)* …
 § 34(1.2), *aber* dahinter kommen
Dahlie
Dam‿hirsch …
Damast
Dame
damit
dämlich
Damm
dämmern
Dämon
Dampf
danach; das Danach § 57(5)
Dancing
Dandy
daneben [stehen *(neben dem be-
 zeichneten Ort stehen)* …
 § 34 E1, *aber* daneben‿stehen]
daneben‿benehmen, …gehen,
 …greifen, …schießen, …stehen
 *(sich nicht hineinversetzen kön-
 nen)* … § 34(1.2), *aber* daneben
 stehen
dänisch, Dänisch
 (vgl. deutsch, Deutsch)
dank [ihrer Fürsorge] § 56(4)
Dank [sagen (ich sage Dank),
 danksagen § 33 E]; Gott sei
 Dank
danksagen (ich danksage), Dank
 sagen § 33 E
dann
dar‿bieten … § 34(1.3)
d[a]ran [glauben *(an die bezeich-
 nete Sache glauben)* … § 34 E1,
 § 34 E2, *aber* d[a]ran‿gehen]
d[a]ran‿gehen, setzen …
 § 34(1.2), § 34 E2, *aber* d[a]ran
 glauben

d[a]**rauf** [eingehen, folgen …
  § 34 E1, § 34 E2, aber
  d[a]rauf∪legen]
d[a]**rauf**∪hauen, …setzen …
  § 34(1.2), § 34 E2, aber d[a]rauf
  eingehen
d[a]**raus** [trinken … *§ 34 E1,*
  § 34 E2, aber draus∪bringen]
darben
d[a]**rein** [schicken … *§ 34 E1,*
  § 34 E2, aber d[a]rein∪setzen]
d[a]**rein**∪setzen … *§ 34(1.2),*
  § 34 E2, aber d[a]rein schicken
d[a]**rin** [wohnen … *§ 34 E1,*
  § 34 E2, aber d[a]rin∪sitzen]
d[a]**rin**∪sitzen … *§ 34(1.2),*
  § 34 E2, aber d[a]rin wohnen
Darlehen, Darlehn
Darling
Darm
da[r]**nieder**∪liegen … *§ 34(1.2)*
Darts
d[a]**rüber** [reden … *§ 34 E1,*
  § 34 E2, aber d[a]rüber∪fahren];
  darüber hinaus *§ 39 E2(2.1)*
d[a]**rüber**∪fahren … *§ 34(1.2),*
  § 34 E2, aber d[a]rüber reden
d[a]**rum** [bitten … *§ 34 E1,*
  § 34 E2, aber d[a]rum∪binden]
d[a]**rum**∪binden … *§ 34(1.2),*
  § 34 E2, aber d[a]rum bitten
d[a]**runter** [leiden … *§ 34 E1,*
  § 34 E2, aber d[a]runter∪stellen]
d[a]**runter**∪stellen … *§ 34(1.2),*
  § 34 E2, aber d[a]runter leiden
das *(Artikel, Pronomen) § 58(4),*
  aber dass
dasjenige *§ 58(4)*
dass *(Konjunktion) § 2, § 4 E2,*
  aber das; Dasssatz *§ 37(1.5),*
  dass-Satz *§ 45(1), § 55(1)*
Dassel∪beule …
dasselbe *§ 58(4)*
Date
Dativ-e *§ 40(1)*
Datscha, Datsche

Dattel
Datum
Daube
Dauer
dauern
Daumen
Daune
Daus
davon [kommen … *§ 34 E1, aber*
  davon∪kommen]
davon∪kommen … *§ 34(1.2),*
  aber davon kommen
davor [stellen … *§ 34 E1, aber*
  davor∪stellen]
davor∪stellen … *§ 34(1.2), aber*
  davor stellen
dawider [sein *§ 35*]
dawider∪reden *§ 34(1.2)*
dazu [schweigen … *§ 34 E1, aber*
  dazu∪gehören]
dazu∪gehören … *§ 34(1.2), aber*
  dazu schweigen
dazwischen [essen … *§ 34 E1,*
  aber dazwischen∪rufen]
dazwischen∪rufen … *§ 34(1.2),*
  aber dazwischen essen
de∪**chiffrieren** …
De∪konzentration …
Deadline
Deal
Debakel
Debatte
debil
Debüt
Debütant
Dechant
Deck
Decke
decken
Decoder
De-facto-Anerkennung *§ 44(1),*
  § 55(1)
Defätismus
defekt
defensiv
Defilee

138

Definition
Defizit
Defloration
Defroster
deftig
Degen
Degeneration
dehnen, *aber* denen
Dehnungs-h *§ 40(1)*
Deich
Deichsel
dein *(Personalpronomen)*
(*siehe* du)
dein *(Possessivpronomen) § 58(1),*
§ 66, in Briefen auch Dein
§ 66E; Mein und Dein [nicht]
unterscheiden, ein Streit über
Mein und Dein *§ 57(3);* die
Deinen, deinen (die Deinigen,
deinigen), das Deine, deine (das
Deinige, deinige) *§ 58 E3*
deiner *(Personalpronomen)*
(*siehe* du)
deinerseits *§ 39(1)*
deines∪gleichen, ...teils *§ 39(1)*
deinet∪halben, ...wegen, ...willen
§ 39(1)
Deismus
Dejeuner
Deka∪gramm ...
Dekade
dekadent
Dekadenz
Dekan
Deklamation
Deklaration
deklassieren
Deklination
Deko∪stoff ...
Dekolleté, Dekolletee
Dekor
Dekret
Delegation
delektieren
Delfin, Delphin [schwimmen (ich
schwimme Delfin/Delphin), del-
finschwimmen, delphinschwim-
men *§ 33E*]
delikat
Delikt
Delinquent
Delirium
deliziös
Delle
delogieren
Delphin, Delfin [schwimmen (ich
schwimme Delphin/Delfin), del-
phinschwimmen, delfinschwim-
men *§ 33E*]
delphisch
Delta
dem
dem∪gegenüber ...
Demagogie
Demarkation
Dementi
Demission
Demokratie
demonstrieren
Demoskopie
Demut
den
denen, *aber* dehnen
denken dachte
denkfaul *§ 36(1.1)*
denn
dennoch *§ 4(8)*
Dentist
Denunziant
Deo∪roller ...
Deodorant, Desodorant
Departement
Dependance *(Zweigstelle), aber*
Dependenz
Dependenz *(Abhängigkeit), aber*
Dependance
Depesche
Deponie
Deportation
Depositen
Depot
Depression
deprimieren

Deputat
der
der‿art, ...artig, ...einst, ...gestalt,
  ...gleichen, ...maßen, ...weil[en],
  ...zeit *§ 39(1)*
Derartiges; etwas Derartiges
  § 57(1)
derb
Derby
dergleichen *§ 58(4)*
derjenige *§ 58(4)*
dermaßen *§ 39(1)*
Dermatologie
derselbe *§ 58(4)*
derweil[en] *§ 39(1)*
Derwisch
des, *aber* dessen
des‿aktivieren ...
Des‿interesse ...
Desaster
desertieren
desgleichen *§ 58(4)*
deshalb
Design
designieren
desillusionieren
Deskription
Desktoppublishing *§ 37 E3,*
  Desktop-Publishing *§ 45 E1*
Desodorant, Deodorant
desolat
despektierlich
Desperado
desperat
Despot
dessen [ungeachtet], *aber* des
dessent‿wegen ... *§ 39(1)*
Dessert
Dessin
Dessous
destillieren
desto [mehr ...], *aber* nichts-
  destoweniger *§ 39(1)*
Destruktion
deswegen *§ 39(1)*
Detail
detailliert

Detektiv
Detektor
Determination
Detonation
detto
deuten
Deuterium
deutlich [machen ... *§ 34(2.3)*]
deutsch, Deutsch; deutsch sprechen
  (in deutscher Sprache sprechen),
  deutsch unterrichten *(in deutscher
  Sprache unterrichten) § 57 E2*; das
  Deutsch, ein gut verständliches
  Deutsch, das Deutsche, im Deut-
  schen *§ 57(1)*; in Deutsch, auf
  [gut] Deutsch *§ 57(1), § 58 E2*;
  Deutsch sprechen *(die deutsche
  Sprache sprechen)*, Deutsch unter-
  richten *(das Fach Deutsch unter-
  richten) § 57 E2*; der Deutsch-
  Französische Krieg *§ 60(6)*
Devise
Devon
devot
Devotionalien
Dezember
dezent
Dezernent
Dezi‿gramm ...
Dezibel
dezidiert
Dezimal‿system ...
Dezime
dezimieren
DGB-eigen *§ 40(2), § 55(2)*
di‿chromatisch ...
Di‿jambus ...
Dia
Dia‿system ...
Diabetes
diabolisch
Diadem
Diagnose
diagonal
Diagramm
Diakon
Dialekt

Dialektik
Dialog
Dialyse
Diamant
diametral
Diapositiv
Diarrhö
Diaskop
Diaspora
Diät [halten, leben … § 55(4)]
Diäten
dich *(Personalpronomen)*
  (siehe du)
dicht [schließen … § 34(2.3), aber
  dicht⌣halten; behaart,
  dichtbehaart … § 36(2.1)]
dicht⌣halten *(schweigen)* …
  § 34(2.2), aber dicht schließen
dichten
dick [auftragen … § 34(2.3)];
  durch dick und dünn § 58(3.1)
Didaktik
die § 58(4)
Dieb
diejenige § 58(4)
Diele
dienen
Dienst
dienst⌣beflissen … § 36(1.1)
Dienstag; am Dienstag, eines
  Dienstags § 55(4)
Dienstagabend; am
  Dienstagabend; an diesem, jedem
  Dienstagabend; diesen, jeden
  Dienstagabend; eines Dienstagabends § 37(1.1), § 55(4)
dienstagabends, dienstags abends
  § 56(3)
dienstags; dienstags abends,
  dienstagabends
dies, diese, dieser, dieses § 58(4)
Diesel
dieselbe § 58(4)
diesig
diesmal § 39(1), aber dies eine
  Mal § 39 E2(1)

diesseits [liegen …]; das Diesseits,
  im Diesseits § 57(5)
Dietrich
Diffamie
differential, differenzial
differentiell, differenziell
Differenz
differenzial, differential
differenziell, differentiell
diffizil
diffus
digital
Diktafon, Diktaphon
Diktat
Diktatur
Dilemma
Dilettant
Dill, Dille
Dimension
Diminutiv
Dimmer
Diner *(Festmahl), aber* Dinner
Ding *(Gegenstand)*
Ding, Thing *(germanische
  Volksversammlung)*
dingfest [machen § 34(2.3)]
Dingo
dinieren
Diningroom § 37 E3
Dinkel
Dinner *(Hauptmahlzeit), aber*
  Diner
Dinosaurier, Dinosaurus
dionysisch
Dioptrie
Diorama
Dioxid, Dioxyd
Dioxin
Dioxyd, Dioxid
Diözese
Diphtherie
Diphthong
Diplom
Diplomand
Diplomatie
dir *(Personalpronomen)*
  (siehe du)

direkt
Direktion
Direktor
Direktrice
Dirigent
Dirigismus
dirimieren
Dirndl
Dirne
dis‿kontinuierlich …
Dis‿proportion …
Discjockey, Diskjockey *§ 37 E3*
Disco, Disko
Discount
Diskant
Diskette
Diskjockey, Discjockey *§ 37 E3*
Disko, Disco
Diskordanz
Diskothek
diskreditieren
Diskrepanz
diskret
diskriminieren
Diskurs
Diskus
Diskussion
disparat
Dispatcher
Dispens
dispers
Display
Disponent
Disposition
Disput
Disputant
Dissens
Dissident
dissonant
Dissonanz
Distanz
Distel
distinguiert
distinkt
Distrikt
Disziplin
dito

Diva
divergent
Divergenz
divers
Divertimento
Dividend
Dividende
Division
Diwan
Dixie[land]
Döbel
Dobermann
doch
Docht
Dock
Docke *(Garnstrang), aber* Dogge
Doge
Dogge *(Hund), aber* Docke
Dogma
Dohle *(Vogel), aber* Dole
Do-it-yourself-Bewegung *§ 44(1),*
§ 55(1)
doktern
Doktor
Doktorand
Doktrin
Dokument
Dolby
Dolch
Dolde
Dole *(Abzugsgraben), aber* Dohle
Dollar
Dolmetsch, Dolmetscher
Dolomit
Dom
Domäne
domestizieren
dominant
Dominanz
Domino
Domizil
Dompfaff
Dompteur
Don Juan
Donner
Donnerstag *usw.*
  (vgl. Dienstag *usw.)*

Donnerstagabend *usw.*
  (*vgl.* Dienstagabend *usw.*)
donnerstags *usw.*
  (*vgl.* dienstags *usw.*)
doof
Doping
Doppel
doppelt [so viel; wirken …
  § 34(2.3); wirkend, doppeltwir-
  kend … *§ 36(2.1)*]
Dorado, Eldorado
Dorf
Dorn
dorren
Dorsch
dort [wohnen … *§ 34 E1, aber*
  dort∪bleiben; sein *§ 35*]
dort∪bleiben … *§ 34(1.2), aber*
  dort wohnen
dort∪her …
dortzulande *§ 39(1)*, dort zu
  Lande *§ 39 E2(2.1)* (*zu zu*
  Lande)
Dose
dösen
Dosis
Dossier
dotieren
Dotter
doubeln
Double
Doublé, Dublee
Douglasie
down [sein *§ 35*]
Doyen
Dozent
Drache, Drachen
Dragee, Dragée
Dragoner
Draht
Drainage, Dränage
Draisine
drakonisch
drall
Drall
Dralon ®
Drama

dran [sein *§ 35*]; drum und dran
dran *vgl.* d[a]ran
dran∪… *vgl.* d[a]ran∪…
Dränage, Drainage
Drang
Drapé, Drapee
Draperie
drapieren
drastisch
dräuen
drauf *vgl.* d[a]rauf; drauf und dran
drauf∪… *vgl.* d[a]rauf∪…
drauflos∪gehen, …reden …
  § 34 E2
draus *vgl.* d[a]raus
draus∪bringen … *§ 34 E2, aber*
  d[a]raus trinken
draußen
drechseln
Dreck
drehen
drei *usw.* (*vgl.* acht *usw.*); drei
  viertel acht *§ 56(6.2)*, drei Viertel
  des Umsatzes *§ 56 E5*
drei∪eckig …
dreifach (*vgl.* achtfach) *§ 36(1.2)*,
  3fach *§ 41 E*, 3-fach *§ 40(3)*
drein *vgl.* d[a]rein
drein∪… *vgl.* d[a]rein∪…
dreißig *usw.* (*vgl.* achtzig *usw.*)
dreist
Dreiviertelliterflasche *§ 37(1.1)*
Dreiviertelstunde (*vgl.* viertel,
  Viertel)
dreizehn *usw.* (*vgl.* acht *usw.*)
Dreizimmerwohnung, 3-Zimmer-
  Wohnung *§ 44(1)*, *§ 55(2)*
dreschen drischt, drosch
Dress
Dressing
Dressman
Dressur
dribbeln *(beim Fußball), aber*
  trippeln
Drift, Trift *(Strömung, Treibgut)*
Drilch, Drillich

Drill
Drillich, Drilch
Drilling
drin [sein § 35]
drin *vgl.* d[a]rin
drin∪... *vgl.* d[a]rin∪...
dringen drang, gedrungen
Drink, *aber* trinken
drinnen
dritte; der, die, das Dritte § 57(1);
   (in Eigennamen) Ludwig der
   Dritte § 60(1); die Dritte Welt
   § 60(5); das Dritte Reich
   § 60(2.1), § 60(5); *(in festen
   Verbindungen)* der dritte Stand
   § 63
drittel *usw.* (*vgl.* achtel *usw.*)
Drittel § 4(8)
drittletzte (*vgl.* letzte)
Drive
droben
Droge
Drogerie
drohen
Drohne
dröhnen
drollig
Dromedar
Drop-out, Dropout § 45 E2
Drops
Droschke
dröseln
Drossel
drosseln
drüben; hüben und drüben
drüber *vgl.* d[a]rüber; drunter und
   drüber
drüber∪... *vgl.* d[a]rüber∪...
Druck
drucken
drücken
drucksen
Drude
Drugstore
drum *vgl.* d[a]rum; drum und dran
drum∪... *vgl.* d[a]rum∪...
Drummer

Drums
drunten
drunter *vgl.* d[a]runter; drunter
   und drüber
drunter∪... *vgl.* d[a]runter∪...
Drusch (*zu* dreschen)
Druse
Drüse
dry
Dschungel
Dschunke
du *(Personalpronomen)*; deiner/
   dein, dir, dich § 66, *in Briefen
   auch* Du, Deiner/Dein, Dir, Dich
   § 66 E; das Du anbieten, auf Du
   und Du § 57(3)
dual
Dübel
dubios, dubiös
Dublee, Doublé
ducken
Duckmäuser
dudeln
Duell
Duellant
Duett
Dufflecoat
Duft
Dukaten
Duktus
dulden
Dumdumgeschoss,
   Dumdumgeschoß *(österr. auch)*
dumm
dummdreist § 36(1.4)
Dummerian, Dummerjan,
   Dummian, Dummrian
Dummy
dümpeln
dumpf
Dumping
Düne
Dung
düngen (*zu* Dung)
dunkel [färben, dunkelfärben ...
   § 34(2.1); gefärbt, dunkelgefärbt

... *§ 36(2.1)*]; das Dunkel, im
Dunkeln tappen *§ 57(1)*
dunkel‿blau ... *§ 36(1.5)*
Dünkel
dünken (*zu* Dünkel)
dünn [besiedelt, dünnbesiedelt ...
§ 36(2.1)]; durch dick und dünn
§ 58(3.1)
Dunst
Dünung
Duo
Duodez‿fürst ...
düpieren
Duplikat
duplizieren
Dur (A-Dur *usw.*,
aber a-Moll *usw.*)
durabel
durch
durch‿atmen ... *§ 34(1.1)*
durchbrechen durchbricht,
durchbrochen *§ 33(3)*
durcheinander; das
Durcheinander *§ 57(5)*
durcheinander‿bringen, ...reden
... *§ 34(1.2)*
Durchlaucht
durchtrieben

durchweg, durchwegs
dürfen darf, durfte
dürftig
Duro‿plast ...
dürr
Durst
durstlöschend *§ 36(1.1)*
Dusche
Düse
duster, düster
Dutt
Duty-free-Shop *§ 44(1)*
Dutzend *§ 55(5)*; Dutzende,
dutzende *§ 58 E5*
dutzendmal (*sehr oft*) *§ 39(1)*
duzen
Dynamik
dynamisch
Dynamit
Dynamo
Dynastie
dys‿peptisch ...
Dys‿funktion ...
Dystonie
Dystrophie

e/E

Eau de Cologne
Ebbe
eben
eben‿da …
ebenbürtig
Ebenholz
ebenso [gut …] *§ 39(1)*
Eber
Eberesche
ebnen
echauffieren
Echo
Echse
echt [golden, echtgolden …
§ 36(2.2)]
Eck, Ecke
Ecker
Eclair
Economy‿class, …klasse *§ 37 E3*
edel
Edelmut
Edikt
Edition
Efeu
Effeff; aus dem Effeff
Effekt
Effet
effizient
Effizienz
egal
Egel
Egerling
Egge
Ego
Egoismus
eh, ehe; eher, ehest; am ehesten
§ 58(2)
Ehe
ehebrechen *§ 33(1)*, *aber* die Ehe
brechen
ehern

ehr‿geizig … *§ 36(1.2)*
Ehre; ihm zu Ehren *§ 55(4)*
ehren‿amtlich …
ehrenhalber *§ 39(1)*, *aber* der
Ehre halber *§ 39 E2(1)*
ehrlich [gesagt …]
Ei
Eibe
Eibisch
Eiche
eichen
Eid; an Eides statt
Eidechse
eidesstattlich, *aber* an Eides statt
Eifer
eigen; jemandem eigen sein; zu
eigen machen, zu eigen geben
§ 58(3.1); das Eigene, etwas
Eigenes *§ 57(1)*
Eigen; das Eigen, mein Eigen, des
Volkes Eigen; etwas sein Eigen
nennen *§ 55(4)*
eigen‿mächtig …
Eigenbrötelei
eigentlich
eignen
Eiland
Eile
eilends
eilfertig
Eimer
ein *(Indefinitpronomen);* so etwas
ärgert einen, wenn einer eine
Reise tut … *§ 58(4)*
ein *(Kardinalzahl) usw. (vgl.* acht
usw.); mein Ein und Alles
§ 57(3)
ein *(unbestimmtes Zahladjektiv);*
die einen und die anderen
§ 58(5), substantivisch auch die
Einen und die Anderen *§ 58 E4*

ein⌣atmen ... *§ 34(1.1)*; ein- und
ausatmen *§ 98(1)*

Ein⌣topf ...

einander

Einback

einbläuen

Einbrenn, Einbrenne

Einer *(Sportboot)*

einerseits *§ 39(1)*

einesteils *§ 39(1)*

einfach *§ 36(1.2)*; es ist das Einfachste[, was/wenn/dass ...]
§ 57(1); etwas auf das/aufs einfachste, Einfachste lösen *§ 58 E1*

Einfalt

Eingang

eingangs *§ 56(3)*

Eingeweide

Einhalt [gebieten *§ 55(4)*]

einheimsen

einhellig

einher⌣gehen ... *§ 34(1.3)*

einig [werden *§ 34(2.3); sein § 35*]

einige; einiges *§ 58(4)*

einigermaßen *§ 39(1)*

einiggehen *§ 34(2.2)*

einmal *§ 39(1)*

Einmaleins

einmütig

einrasten

einrenken

eins [sein *§ 35*]

einsam

einschränken

einseitig

Einser

einst

Eintracht

einwärts [bewegen [sich] ...
§ 34 E1]

einwärts⌣biegen, ...gehen ...
§ 34(1.2)

einzeilig, 1-zeilig *§ 40(3)*

einzeln [stehen ... *§ 34(2.3)*]; der,
die, das Einzelne, als Einzelner,

jeder Einzelne, bis ins Einzelne,
im Einzelnen *§ 57(1)*

einzig; der, die, das Einzige, als
Einziges *§ 57(1)*

einzig⌣artig ... *§ 36(1.2)*

Eis

Eisbein

Eisen [verarbeiten ... *§ 55(4)*; verarbeitend, eisenverarbeitend ...
§ 36(2.1)]

eisern; *(in Eigennamen)* die Eiserne Krone *(lombardische Kö-
nigskrone)*, das Eiserne Kreuz
(ein Orden) § 60(3.4); das Eiserne Tor *(Durchbruch der Do-
nau) § 60(2.3)*; der Eiserne Vorhang *(zwischen Ost und West in
der Zeit nach dem Zweiten Weltkrieg) § 60(6)*; *(in festen Verbindungen)* die eiserne Ration, der
eiserne Vorhang *(im Theater)*,
ein eiserner Wille *§ 63;* die eiserne Lunge *§ 64 E*

eiskalt *§ 36(1.1)*

eislaufen *§ 34(3), § 56(2)*

eitel

Eiter

Ejakulation

Ekel

Eklat

eklatant

Ekstase

ekstatisch

Ekzem

Elaborat

Elan

Elast, Elastik

elastisch

Elch

Eldorado, Dorado

Electronic Banking *§ 37 E4*

Elefant

elegant

Eleganz

Elegie

elektrisch

elektro⌣magnetisch ...

Elektro‿herd …
Elektrode
Elektrolyse
Elektrolyt
Elektron
Elektronik
Element
Elen
elend; mir ist elend
Elend; im Elend sein *§ 55(4)*
Eleve
elf *usw. (vgl.* acht *usw.)*
Elf *(z. B. Fußballmannschaft)*
 § 57(4)
Elf, Elfe *(Märchengeist)*
Elfenbein
elftel *usw. (vgl.* achtel *usw.)*
eliminieren
Elite
Elixier
Ellbogen, Ellenbogen
Elle
Ellenbogen, Ellbogen
Ellipse
elliptisch
eloquent
Eloquenz
Eloxal ®
eloxieren
Elritze
Elster
Eltern
elysäisch, elysisch
E-Mail *§ 40(1), § 55(1), § 55(2)*
Email, Emaille
Emanzipation
Embargo
Emblem
Embolie
Embryo
Emigrant
eminent
Eminenz
Emir
Emotion
empfangen empfing

empfehlen empfiehlt, empfahl,
 empfohlen
empfinden empfand, empfunden
Emphase
emphatisch
Empire *(Kunststil)*
Empire *(früheres brit. Weltreich)*
Empirie
empor
empor‿ragen … *§ 34(1.2)*
Empore
empören
emsig
Emu
emulgieren
Emulsion
Ende; das Ende, Ende Januar,
 Ende nächsten Jahres; zu Ende
 § 55(4); ein Mann Ende achtzig
 § 58(6)
Endivie
endlich
Energie
eng [verbinden … *§ 34(2.3);* an-
 liegend, enganliegend …
 § 36(2.1); verwandt, engver-
 wandt … *§ 36(2.2)*]
Engagement
Engel
Engerling
englisch, Englisch
 (vgl. deutsch, Deutsch)
Enkel
Enklave
enorm
Ensemble
entäußern
entbehren
entdecken
Ente
enteisen enteist *(von Eis befreien),*
 aber enteisenen
enteisenen enteisent *(Eisen entzie-*
 hen), aber enteisen
Entente
entern
Entertainer

entfachen

entfernt; nicht im Entferntesten
 § 57(1)

Entfroster

entgegen

entgegen‿kommen … § 34(1.1)

entgegnen

Entgelt

entgelten entgilt, entgalt, entgolten

enthalten enthielt

Enthusiasmus

entlang

entlang‿gehen … § 34(1.1)

entlehnen

entloben

entraten entriet

Entree

entrichten

entrümpeln

entrüsten

entscheiden entschied

entschließen entschloss

Entschluss

entsetzen

entstehen entstand

entweder; entweder … oder; das
 Entweder-oder § 43, § 57 E4

entwerfen entwirft, entwarf,
 entworfen

entwickeln

entwischen

entwöhnen

Entwurf

entzücken

entzwei [sein § 35]

entzwei‿brechen, gehen …
 § 34(1.3)

Environment

Enzian

Enzyklika

Enzyklopädie

Enzym

Epidemie

Epigone

Epigramm

Epik

Epilepsie

epileptisch

Epilog

Episode

Epistel

Epitaph

Epizentrum

Epoche

Epos

Eprouvette

Equalizer

Equipe

er (Personalpronomen); seiner/
 sein, ihm, ihn § 58(4); ein Er
 § 57(3)

erbarmen

Erbe

erbosen

Erbse

Erdapfel

Erde

ereignen

Erektion

Eremit

erfahren erfuhr

Erfolg

ergattern

ergeben [sein § 35]

ergeben ergibt, ergab

ergiebig

ergo

ergötzen

erhaben

erhalten erhielt

erheblich

erholen

erigieren

Erika

erinnern

Erker

erklecklich; um ein Erkleckliches
 [größer] § 57(1)

erlangen

erlauben

erlaucht

erläutern

Erle

erledigen

ermitteln

ernst [meinen, nehmen …
§ 34(2.3); gemeint, ernstgemeint
… § 36(2.1); sein § 35]

Ernst [machen § 55(4)]; es ist mir
[völliger] Ernst damit; aus dem
Spiel wurde Ernst

Ernte

erobern

erogen

erörtern

Eros

Erosion

Erotik

Erpel

erpicht

erquicken

erschrecken erschrickt, erschrak,
erschrocken; erschreckt, er-
schreckte, erschreckt

erschüttern

erst

erst‿**beste** …

erstatten

erste; der, die, das erste Beste; der,
die, das Erste, fürs Erste, als
Erstes, am Ersten [des Monats],
die Ersten [werden die Letzten]
sein § 57(1); (in Eigennamen)
Erstes Deutsches Fernsehen
§ 60(4.1); (in festen Verbindungen) die erste Geige spielen § 63;
der Erste Bürgermeister §64(1);
der Erste Mai § 64(2); die erste,
Erste Hilfe § 64 E

erstehen erstand

Erste-Hilfe-Lehrgang § 44(1),
§ 55(1), § 55(2)

erstere; der, die, das Erstere,
Ersteres § 57(1)

erstmals § 39(1), *aber* das erste
Mal § 39 E2(1)

ertappen

Ertrag

Eruption

erwägen erwog

erwähnen

erwerben erwirbt, erwarb,
erworben

erwidern

erwischen

erz‿**konservativ** … § 36(1.5)

Erz‿**bischof**, …feind …

erzählen

es *(Personalpronomen)*; seiner/
sein, ihm, es § 58(4); 's § 96(2);
ein Es § 57(3)

Esche *(Baum), aber* Äsche

Esel

Eskalation

Eskapade

Eskimo

Eskorte

Esoterik

Espe

Esperanto

Esplanade

Espresso

Esprit

Essay

essen isst, aß, gegessen

essentiell, essenziell

Essenz

essenziell, essentiell

Essig

Establishment

Ester

Estrade

Estragon

Estrich

Etablissement

Etage

Etappe

Etat

etepetete

Eternit ®

Ethan, Äthan

Ether, Äther

Ethik

Ethnografie, Ethnographie

Ethos

Ethyl, Äthyl

Etikett, Etikette *(Waren-,
Preisschild)*

Etikette *(feine Sitte)*
etliche, etliches *§ 58(4)*
Etüde
Etui
etwa
etwas *§ 58(4)*; ein gewisses Etwas
  § 57(3)
etwelche, etwelches *§ 58(4)*
Etymologie
euch *(Personalpronomen)*
  (siehe ihr)
Eucharistie
euer *(Personalpronomen)*
  (siehe ihr)
euer *(Possessivpronomen) § 58(1),*
  § 66, in Briefen auch Euer
  § 66 E; die Euren, euren (die Eurigen, eurigen), das Eure, eure
  (das Eurige, eurige) *§ 58 E3*
euerseits *§ 39(1)*
euersgleichen *§ 39(1)*
euert∪halben, ...wegen, ...willen
  § 39(1)
Eukalyptus
Eule
Eulenspiegelei
Eunuch
Euphemismus
Euphorie
euresgleichen *§ 39(1)*
euret∪halben, ...wegen, ...willen
  § 39(1)
Eurhythmie, Eurythmie
Euro
Eurocheque
Eurythmie, Eurhythmie
Euter
Euthanasie
evakuieren
Evaluation
evangelisch
Evangelium
Eventual∪fall ...
eventuell
Evergreen
evident
Evidenz

Evolution
ewig
ex
Ex∪kaiser ...
exakt
exaltiert
Examen
Examinand
Exegese
Exekution
Exekutive
Exempel
Exequien
exerzieren
Exerzitien
Exhaustor
Exhibitionismus
exhumieren
Exil
existent
Existential∪philosophie ...,
  Existenzial∪...
Existentialismus,
  Existenzialismus
existentiell, existenziell
Existenz
Existenzial∪philosophie ...,
  Existential∪...
Existenzialismus,
  Existentialismus
existenziell, existentiell
Exitus
Exklave
exklusiv
Exkrement
Exkurs
Exlibris
exmatrikulieren
Exodus
exorbitant
Exorzismus
Exotik
Expander
Expansion
Expedient
Expedition
Experiment

Experte
Explikation
explizieren
explodieren
Explosion
Exponat
Exponent
Export
Exposé, Exposee
Exposition
express
expressiv
exquisit
extensiv
extern
extra
extra‿fein, ...hart ... *§ 36(1.5)*

Extra‿profit ...
extrahieren
Extraktion
extravagant
Extravaganz
extravertiert, extrovertiert
extrem
extrovertiert, extravertiert
exzellent
Exzellenz
Exzentrik
exzeptionell
Exzerption
Exzess
Eyeliner *§ 37 E3*

f/F

Fabel
Fabrik
fabrizieren
fabulieren
Facette, Fassette
Fach
fächeln
Fächer
fachsimpeln § 33(1)
Fackel
Fact, aber Fakt, Faktum
fad, fade
Faden
fadenscheinig
Fading
Fagott
fähig
fahl
fahl∪gelb … § 36(1.5)
fahnden
Fahne
fahren fuhr [fahren lassen, lernen
   § 34(4); fahren lassen, fahrenlas-
   sen [alle Hoffnung] § 34 E7];
   [Auto, Bahn, Rad …] fahren
fahrig
Fahrrad [fahren § 55(4)]
Fährte
Faible
fair
Fairness
Fair Play, Fairplay § 37 E4
fäkal
Fakir
Fakt, Faktum, aber Fact
Faktor
Faktotum
Faktum, Fakt, aber Fact
Faktura
Fakultät
falb

Falbel
Falke
Fall
Falle
fallen fiel
fallen [lassen [auch: Maske]
   § 34(4)]
Fall-out, Fallout § 45 E2
Fallreep
falls § 56(3)
falsch [schreiben, spielen …
   § 34(2.3)]
falsch∪liegen, …spielen …
   § 34(2.2)
Falsch; [es ist] kein Falsch [an
   ihm], ohne Falsch § 55(4)
Falsett
Falsifikat
falten
Falter
Falz
Fama
Familie
famos
Fan
Fanal
fanatisch
Fanfare
fangen fing
Fango
Fantasie (Musikstück nur so),
   Phantasie
fantastisch, phantastisch
Farad (Maßeinheit)
Farbe
Farce
Farm
Farn
Färse (junge Kuh), aber Ferse
Fasan
Fasche

faschieren
Fasching
Faschismus
faseln
Faser
Fashion
Fasnacht, Fastnacht
Fass
Fassade
fassen
Fassette, Facette
Fasson
fast
fasten
Fast Food, Fastfood *§ 37 E4*
Fastnacht, Fasnacht
Faszination
fatal
Fata-Morgana-ähnlich *§ 44(1),*
 § 55(2)
fauchen, pfauchen
faul *(faul sein), aber* foul
faulen *(verderben), aber* foulen
faulenzen
Faun
Fauna
Faust
Fauteuil
Fauxpas
Favorit
Fax
Faxe
Fayence
Fazit
Feature
Feber
Februar
fechten ficht, focht
Feder
Fee *(Märchengestalt), aber* Feh
Feed-back, Feedback *§ 45 E2*
Feeling
Fegefeuer
fegen
Feh *(Eichhörnchen), aber* Fee
Fehde
fehl

Fehl; ohne Fehl [und Tadel]
 § 55(4)
fehl⌣gehen, ...schlagen *§ 34 E4*
fehlen
Feier
Feiertag
feiertags *§ 56(3)*
feig, feige
Feige
feil
feilbieten *§ 34 E4*
Feile
feilschen
fein [machen, feinmachen [sich]
 § 34 E5]
fein [mahlen, feinmahlen ...
 § 34(2.1); gemahlen, feinge-
 mahlen ... *§ 36(2.1)]*
feind; jemandem feind bleiben,
 sein, werden *§ 56(1)*
Feind; jemandes Feind bleiben,
 sein, werden *§ 55(4)*
feinfühlig *§ 36(1.2)*
feist
feixen
Felbel
Felchen
Feld
feldaus
feldein
Feldwebel
Felge
Fell
Fellache
Fels, Felsen
Feme
feminin
Feminismus
Fench, Fennich
Fenchel
Fennich, Fench
Fenster
Fenz
Ferial⌣arbeit ...
Ferien
Ferkel
Ferment

fern‿bleiben, ...halten, ...liegen,
...sehen ... *§ 34(2.2);* das/euer
Fernbleiben *§ 57(2)*
Ferne; aus der Ferne *§ 55(4)*
fernsehmüde *§ 36(1.1)*
Ferse *(Teil des Fußes), aber* Färse
fertig [bekommen, fertigbekom-
men [eine Arbeit]; machen, fer-
tigmachen [etwas] ... *§ 34(2.1);*
sein *§ 35*]
fertig‿bekommen, ...bringen,
...machen [jmdn.] ... *§ 34(2.2)*
Fes, Fez
fesch
Fessel
fest [anbinden, anstellen, ver-
schrauben ... *§ 34(2.3);* ange-
stellt, festangestellt; gefügt, fest-
gefügt; umrissen, festumrissen;
verwurzelt, festverwurzelt ...
§ 36(2.1)]
fest‿kleben, ...schrauben, ...treten
... *§ 34(2.1);* ...fahren, ...halten,
...nageln, ...nehmen ... *§ 34(2.2)*
Fest
Festival
Fete
Fetisch
fett [drucken ... *§ 34(2.3);* ge-
druckt, fettgedruckt ... *§ 36(2.1)*]
Fetus, Fötus
Fetzen
feucht
feucht‿fröhlich, ...warm ...
§ 36(1.4)
feudal
Feuer [fangen, speien ... *§ 55(4);*
speiend, feuerspeiend *§ 36(2.1)*]
feuer‿fest ... *§ 36(1.1)*
Feuilleton
Fex
Fez, Fes
Fiaker
Fiasko
Fibel
Fiber *(Faser), aber* Fieber
Fiche

Fichte
fidel
Fidel *(volkstümliches Streich-*
instrument), aber Fiedel
Fidibus
Fieber *(krankheitsbedingt erhöhte*
Körpertemperatur), aber Fiber
Fiedel *(Geige), aber* Fidel
fiepen
fies
Fiesta
fifty-fifty
Fight
Figur
Fiktion
File
Filet
Filiale
Filigran
Filius
Film
Filou
Filter
Filz
Fimmel
final
Financier, Finanzier
finanziell
Finanzier, Financier
Findel‿kind ...
finden fand, gefunden
Finesse
Finger
finger‿breit ... *§ 36(1.1)*
Fingerbreit, Finger breit; keinen
Fingerbreit, Finger breit nachge-
ben *(beharrlich sein)*
fingieren
Finish
finit
Fink
Finne
finnisch, Finnisch
(*vgl.* deutsch, Deutsch)
finster; das Finstere, im Finstern
tappen *§ 57(1)*
Finte

Firlefanz
firm
Firma
Firmament
firmen
Firn
Firnis
First
Fisch
Fisimatenten
Fiskus
Fisole
Fistelstimme
fit
Fitness
Fittich
fix
fixen
fixieren
Fjord
flach [atmen ... *§ 34(2.3);*
 klopfen, flachklopfen ...
 § 34(2.1)]
flach∪fallen *(wegfallen)* ...
 § 34(2.2)
Flachs
Flachse, Flechse
flackern
Fladen
Flageolett
Flagge
Flair
Flakon
flambieren
Flamenco
Flamingo
flämisch, Flämisch
 (*vgl.* deutsch, Deutsch)
Flamme
Flanell
flanieren
Flanke
Flansch
Flasche
flattern
flau
Flaum

Flausch
Flausen
Flaute
Flechse, Flachse
Flechte
flechten flicht, flocht
Fleck, Flecken
fleddern
Fleder∪maus ...
Flegel
flehen
flehentlich
Fleisch [fressen ... *§ 55(4);*
 fressend, fleischfressend ...
 § 36(2.1)]
Fleiß
fleißig; das Fleißige Lieschen
 § 64(3)
flektieren
fletschen
flexibel
Flexion
flicken
Flieder
Fliege
fliegen flog
fliehen floh
Fliese
fließen floss
Flimmer
flink
Flinte
Flip
Flipper
flirren
Flirt
Flittchen
Flitter
flitzen
floaten
Flocke
Floh
Flom, Flomen
Flop
Flor
Flora
Florett

florieren
Floskel
Floß
Flosse
Flöte [spielen § 55(4)]
flöten *(Flöte spielen)*
flöten [gehen *(verloren gehen)*
§ 34(4)]
flott *(schnell)* [gehen, machen …
§ 34(2.3), aber* flottmachen]
Flotte
flottmachen § 34(2.2), aber* flott
machen
Flöz
Fluch
Flucht
Flug
flügge
flugs § 56(3)
Fluidum
Fluktuation
Flunder
flunkern
Flunsch
Fluor
Fluorid *(ein Salz), aber* Fluorit
Fluorit *(Mineral), aber* Fluorid
Flur
Fluse
Fluss; Flusssand
fluss‿ab, …auf, …abwärts,
…aufwärts § 39(1) [fahren …],
aber den Fluss aufwärts
§ 39 E2(1)
flüssig [lesen, schreiben …
§ 34(2.3); machen, flüssig-
machen *(verflüssigen)* …
§ 34(2.1)]
flüssigmachen [Geld] § 34(2.2)
flüstern
Flut
Fly-over, Flyover § 45 E2
Fock
föderal
Fogosch
Fohlen

Föhn *(Fallwind, Haartrockner)*,
aber Fön ®
Föhre
Fokus
Folge [leisten … § 55(4)]; infolge,
zufolge § 39(3)
folgen
folgend; das Folgende, Folgendes,
im Folgenden, in Folgendem
§ 57(1)
folgender‿maßen … § 39(1)
folgerichtig § 36(1.1)
folgern
Foliant
Folie
Folk *(Musik), aber* Volk
Folklore
Folter
foltern
Fon, Phon
Fön ®, *sonst* Föhn *(Haartrockner)*
Fond *(Rücksitz)*
Fonds *(Geldanlage, Geldmittel)*
Fondue
fono‿metrisch …, phono‿…
Fono‿technik …, Phono‿…
Fontäne
Football § 37 E3
foppen
forcieren
Förde
fordern
fördern
Forelle
Forke
Form; in Form [kommen,
sein … § 55(4)]
form‿schön … § 36(1.1)
Formel
Formular
forsch
forschen
Forst
Forsythie
fort [sein § 35]
Fort

fort‿bleiben, ...dauern ...
  § 34(1.2)
forte
Fortuna
Forum
fossil
Foto
foto‿elektrisch ..., photo‿...
Foto‿synthese ..., Photo‿...
fotogen, photogen
Fotografie, Photographie
fotografieren
Fotometrie, Photometrie
Fötus, Fetus
foul *(regelwidrig), aber* faul
foulen *(sich regelwidrig*
  verhalten), aber faulen
Fox[terrier]
Fox[trott]
Foyer
Fracht
Frack
Frage; in Frage, infrage [stellen
  ...] *§ 39 E3(1)*
Frage-und-Antwort-Spiel *§ 44(1)*
fragil
Fragment
Fraisen
Fraktion
Fraktur
frank
frankieren
franko‿kanadisch ...
Franko‿kanadier ...
Franse
Franz‿branntwein ...
französisch, Französisch
  (vgl. deutsch, Deutsch)
frappant
Frappé, Frappee
frappieren
Fräse
Fraß
Fratze
Frau
Freak

frech
Freesie
Fregatte
frei [halten [Rede], sprechen, stehen [Haus] ... *§ 34(2.3)*)]; im
  Freien *§ 57(1)*
frei [bekommen, freibekommen
  [Geiseln]; legen, freilegen [Wur-
  zeln]; machen, freimachen [Weg]
  ... *§ 34(2.1);* haben, freihaben;
  nehmen, freinehmen ... *§ 34 E5*]
frei‿halten [jmdn.], ...machen
  (Brief frankieren), ...sprechen
  (von der Anklage befreien),
  ...stehen *(jmds. Entscheidung*
  überlassen sein) ... *§ 34(2.2)*
Freier
Freimut
Freitag *usw. (vgl.* Dienstag *usw.)*
Freitagabend *usw.*
  (vgl. Dienstagabend *usw.)*
freitags *usw. (vgl.* dienstags *usw.)*
freizügig
fremd
frenetisch
frequentieren
Frequenz
Freske, Fresko
fressen frisst, fraß
Frettchen
fretten
Freude
freudestrahlend *§ 36(1.1)*
freuen
freund; jemandem freund bleiben,
  sein, werden *§ 56(1)*
Freund; jemandes Freund bleiben,
  sein, werden *§ 55(4)*
Frevel
freventlich
Friede, Frieden
frieren fror
Fries
Friesel
frigid, frigide
Frigidaire ®, *sonst auch* Frigidär

Frigidär, Frigidaire (® *nur* Frigidaire)

frigide, frigid

Frikadelle

Frikassee

frisch [backen, halten …
§ *34(2.3); gebacken,*
frischgebacken [Brot] *§ 36(2.1)*]

frischgebacken [Ehepaar]
§ 36(1.2)

Friseur, Frisör

Frist

Fritfliege

Frittate

fritten

frittieren

Frittüre

frivol

froh

frohlocken *§ 33(2)*

Fromage

fromm

Fron

frönen

Fronleichnam

Front

Frosch

Frost

Frotté, Frottee

frotzeln

Frucht

Fructose, Fruktose

frugal

früh [verstorben, frühverstorben …
§ 36(2.1)]; am Montag früh, von
früh auf, von früher her, von früh
bis spät *§ 58(3.1)*

frühreif *§ 36(1.5)*

Frühe; in der Frühe *§ 55(4)*

Frühling

frühmorgens

frühneuhochdeutsch

Frühstück

Fruktose, Fructose

Frustration

Fuchs

fuchsen

Fuchsie

fuchteln

Fuder

Fug

Fuge

fügen

Fugen-s *§ 40(1)*

fühlen

Fuhre

führen

füllen, *aber* voll

Füllen

Fulltimejob *§ 37 E3*, Fulltime-Job
§ 45(2)

fummeln

Functional Food *§ 37 E4*

Fund

Fundament

Fundus

fünf *usw.* (*vgl.* acht *usw.*)

Fünfkampf

fünftel *usw.* (*vgl.* achtel *usw.*)

fünfzig *usw.* (*vgl.* achtzig *usw.*)

fungieren

Fungizid

Funk

Funke, Funken

Funkie

Funktion

Funsel, Funzel

für; das Für und Wider *§ 57(5)*

fürbass

Furche

Furcht [einflößen … *§ 55(4)*; einflößend, furchteinflößend
§ 36(2.1), aber nur große Furcht
einflößend, äußerst furchteinflößend, [noch] furchteinflößender
§ 36 E3]

füreinander [einstehen …
§ 34 E1]

Furie

furios

fürliebnehmen *§ 34(1.3)*

Furnier

Furore

fürs

Fürst
Furt
Furunkel
Fusel
Fusion
Fuß [fassen *§ 55(4)*]; zu Fuß [ge-
hen] *§ 39 E2(2.1)*, zu Füßen [lie-
gen ... *§ 55(4)*]
fuß‿breit ... *§ 36(1.1)*

Fußbreit, Fuß breit; keinen Fußbreit, Fuß breit zurückweichen

Fußball-WM *§ 40(2)*

Fussel, Fuzel

Futter

Futteral

Fuzel, Fussel

g/G

Gabardine
Gabe
gäbe; gang und gäbe
Gabel
gackern
gaffen
Gag
Gage
gähnen
Gala
galaktisch
galant
Galaxis
Galeere
Galeone, Galione
Galerie
Galgen
Galione, Galeone
Galle
Gallert, Gallerte
Gallone
Galopp
galt
galvanisch
Gamasche
Gambe
Gamma⌣strahlen ..., γ-Strahlen
    ... § 40(1), § 55(1)
gammeln
Gams
Gämse
gang; gang und gäbe
Gang *(Bande)*
Gang *(zu* gehen); in Gang [setzen
    ...], im Gange [sein] § 55(4)
gängeln
Gangster
Gangway
Ganove
Gans
Ganter

ganz [groß ...]; ganz und gar; das
    Ganze, aufs Ganze [gehen ...],
    ums Ganze gehen, als Ganzes,
    im Ganzen, im großen Ganzen,
    im Großen und Ganzen § 57(1)
ganz⌣leinen ... § 36(1.5)
gar [kein, nicht, nichts, sehr, wohl
    § 39 E2(2.5)]
gar [kochen, garkochen ...
    § 34(2.1)]
Garage
Garantie
Garaus
Garbe
Garçonnière
Garde
Garderobe
Gardine
garen
gären gor *oder* gärte
Garn
Garnele
garnieren
Garnison
Garnitur
garstig
Garten
Gärtner
Gas
Gässchen
Gasse
Gast; zu Gast sein § 55(4)
Gastritis *Pl.* ...itiden
Gastronomie
Gatte
Gatter
Gattung
Gau
GAU
Gaube, Gaupe
Gaucho

Gaudi, Gaudium
gaukeln
Gaul
Gaumen
Gauner
Gaupe, Gaube
gautschen
Gavotte
Gaze
Gazelle
Gazette
Gebärde
gebären gebar, geboren
Gebäude
geben gibt, gab
Gebiet
gebieten gebot
Gebirge
Gebrechen
Gebühr
gebühren
Geburt
Geck
Gecko
Gedanke, Gedanken
Gedeih; auf Gedeih und Verderb
  § 55(4)
gedeihen gedieh
gediegen
gedrungen
gedunsen
Geest
Gefahr [laufen, bringen ...
  § 55(4); bringend, gefahrbrin-
  gend ... *§ 36(2.1), aber nur*
  große Gefahr bringend, äußerst
  gefahrbringend *§ 36 E3*]
gefährden
Gefährte
gefallen gefiel
gefangen [nehmen, setzen ...
  § 34(2.3); genommen, gefangen-
  genommen ... *§ 36(2.1)*]
Gefäß
Gefieder
Gefilde
gefinkelt

geflissentlich
Gefreite
gegeben; es ist das Gegebene[,
  wenn/dass ...] *§ 57(1)*
gegen
gegen∪lesen ... *§ 34(1.1)*
Gegend
gegeneinander [antreten, kämpfen
  ... *§ 34 E1*]
gegeneinander∪prallen ...
  § 34(1.2)
gegenüber [aufstellen ... *§ 34 E1*]
gegenüber∪stellen ... *§ 34(1.2)*
Gegner
Gehalt
geheim [bleiben, halten ...
  § 34(2.3)]; das Geheime, im
  Geheimen *§ 57(1)*
geheim∪sprachlich; ...tun
  (geheimnisvoll tun) § 34(2.2)
Geheiß
gehen ging, gegangen [gehen
  lassen [jmdn.] *§ 34(4);* gehen
  lassen, gehenlassen [sich]
  § 34 E7]
geheuer
Gehöft
gehorchen
gehören
gehörig
gehorsam
Geier
Geifer
Geige
geil
Geisel; eine Geisel nehmen, *aber*
  Geißel
Geiser, Geysir
Geisha
Geiß
Geißel *(Peitsche, Plage), aber*
  Geisel
Geist
Geiz
Gekröse
Gelage
Geländer

gelangen
Gelass
gelassen
Gelatine
gelb *usw.* (*vgl.* blau *usw.*); *(in Eigennamen)* der Gelbe Fluss *§ 60(2.4)*; *(in festen Verbindungen)* das gelbe Fieber *§ 63;* die gelbe, Gelbe Karte *§ 64 E*
gelbgrün *§ 36(1.4)*
Geld
Gelee
gelegen
gelegentlich
Geleise, Gleis
Gelenk
Gelichter
gelinde
gelingen gelang, gelungen
gellen
geloben
Gelse
gelten gilt, galt, gegolten [gelten lassen *§ 34(4)*]
Gelübde
gemach
Gemach
Gemahl
Gemälde
gemäß
gemein
gemein‿sprachlich, ...verständlich ... *§ 36(1.2)*
Gemeinde
Gemetzel
Gemme
Gemüse
Gemüt
Gen
genannt (*zu* nennen), *aber* genant
genant (*zu* genieren)*, aber* genannt
genau [nehmen ... *§ 34(2.3)*; genommen, genaugenommen; unterrichtet, genauunterrichtet ... *§ 36(2.1)*]; des Genaueren *§ 57(1)*; auf das/aufs genaueste, Genaueste *(ganz genau)* *§ 58 E1*

genauso [gut ...] *§ 39(1)*
Gendarm
Genealogie
genehm
genehmigen
General
General‿angriff ...
generalüberholen *§ 33(1)*
Generation
generell
generieren
generös
Genese
genesen genas
Genetik
genial
Genick
Genie
genieren
genießen genoss
genital
Genitiv
Genius
Genosse
Genre
Gentleman
gentlemanlike
genug
genügend
genuin
Genus *(Gattung)*
Genuss (*zu* genießen)
geo‿physikalisch ...
Geo‿botanik ...
Geografie, Geographie
Geologie
Geometrie
Gepard
gerade, grade *(aufrecht)* [halten, hinlegen, sitzen, stehen ... *§ 34(2.3);* biegen, geradebiegen; richten, geraderichten; stellen, geradestellen ... *§ 34(2.1)*]
gerade‿biegen *(klären)*, ...stehen *(für etwas aufkommen)* *§ 34(2.2);* ...wegs, ...zu *§ 39(1)*
geradeso [gut ...] *§ 39(1)*

Geranie
Gerant
Gerät
geraten geriet
Geratewohl; aufs Geratewohl
geraum
gerben
Gerbera
gerecht
Gericht
gering [achten, geringachten;
schätzen, geringschätzen ...
§ 34 E5]; das Geringste, es ent-
geht ihm nicht das Geringste, es
geht ihn nicht das Geringste an,
sich um ein Geringes verschät-
zen, kein Geringerer als, nicht im
Geringsten *§ 57(1)*
geringfügig
gerissen
Germ
germanisch
Germanistik
gern[e] [sehen ... *§ 34 E1;* gesehen, gerngesehen ... *§ 36(2.1)*]
gernhaben *§ 34(1.2)*
Geröll
Gerste
Gerte
Geruch
Gerücht
Gerüst
gesamt; das Gesamte, im Gesam-
ten *§ 57(1)*
Gesang
Gesäß
Geschäft
geschehen geschieht, geschah
gescheit
geschenkt [bekommen ...
§ 34(2.3)]
Geschichte
Geschick
geschickt
Geschirr; Geschirrreiniger
Geschlecht
geschlechtsreif *§ 36(1.1)*

Geschmack
Geschmeide
geschmeidig
Geschmeiß
Geschöpf
Geschoss, Geschoß *(österr. auch)*
Geschütz
Geschwader
geschweige
geschwind
Geschwister
Geschwür
Geselle
Gesellschaft
Gesetz
Gesicht
Gesinde
Gesindel
Gesinnung
Gespenst
Gespinst
Gestade
Gestalt
gestalten
Gestank
gestatten
Geste
gestehen gestand
gestern [Abend ... *§ 55(6)*]
Gestik
Gestirn
Gestöber
gestochen [scharf]
gestohlen [bleiben *§ 34(2.3)*]
Gestrüpp
Gestüt
gesund [bleiben ... *§ 34(2.3);*
machen, gesundmachen; pflegen,
gesundpflegen ... *§ 34(2.1)*; sein
§ 35]; für gesund [erklären ...]
§ 58(3.1)
gesund⌣beten, ...schreiben,
...schrumpfen, ...stoßen *§ 34(2.2)*
Getreide
getrennt [leben, schreiben ...
§ 34(2.3); lebend, getrenntle-

bend; geschrieben, getrenntge-
schrieben ... *§ 36(2.1)*]

Getto, Ghetto

gewahr [werden *§ 34(2.3)*]

Gewähr [leisten (sie leistet Gewähr), gewährleisten *§ 33 E*],
aber Gewehr

gewahren

gewähren

gewährleisten (sie gewährleistet),
Gewähr leisten *§ 33 E*

Gewahrsam

Gewalt

Gewand

gewandt

gewärtig

Gewehr *(Waffe), aber* Gewähr

Geweih

Gewerbe

Gewerkschaft

Gewicht

gewieft

gewiegt

gewillt

Gewinn [bringend, gewinnbrin-
gend *§ 36(2.1), aber nur* großen
Gewinn bringend, äußerst ge-
winnbringend, [noch] gewinn-
bringender *§ 36 E3*]

gewinnen gewann, gewonnen

gewiss

Gewissen

Gewitter

gewitzt

gewogen

gewöhnen

gewohnt

Geysir, Geiser

Ghetto, Getto

Ghostwriter *§ 37 E3*

Gicht

Giebel

Gier

gießen goss

Gift

Gig

Giga∪**meter** ...

Gigant

Gigolo

gilben

Gilde

Gilet

Gimpel

Gin

Ginkgo, Ginko

Ginseng

Ginster

Gipfel

Gips

Giraffe

Girl

Girlande

Girlitz

Giro

Gischt

Gitarre

Gitter

Glace *(Zuckerglasur, Eis), aber*
Glacé, Glacee

Glacé, Glacee *(Gewebe), aber*
Glace

glacieren *(mit Glace überziehen,
zum Gefrieren bringen), aber*
glasieren

Gladiator

Gladiole

Glamour

Glanz

glänzend [schwarz ...]

Glas

glasieren *(mit Glasur versehen),
aber* glacieren

Glasnost

Glasur

glatt [ablaufen ... *§ 34(2.3)*;
hobeln, glatthobeln ... *§ 34(2.1)*]

glatt∪**gehen**, ...machen *(bezahlen)*
... *§ 34(2.2);* ...züngig ...
§ 36(1.2)

Glatze

Glaube, Glauben

glazial

gleich *(in gleicher Weise, sofort)*
[groß, gut; lauten, kommen ...

165

§ 34(2.3); geartet, gleichgeartet;
lautend, gleichlautend …
§ 36(2.1), aber gleich‿gültig,
…kommen]; das Gleiche, Gleiches mit Gleichem vergelten, ein
Gleiches tun, auf das Gleiche hi-
nauskommen, ins Gleiche bringen *(in Ordnung bringen),*
Gleich und Gleich *§ 57(1)*

gleich‿gültig …; …kommen
(gleichen, entsprechen),
…machen, …setzen, …tun,
…ziehen … *§ 34(2.2)*

gleichen glich
gleicher‿maßen … *§ 39(1)*
Gleichmut
Gleis, Geleise
gleisnerisch
gleißen
gleiten glitt
Glencheck
Gletscher
Glied
gliedern
Gliedmaße
glimmen glomm *oder* glimmte
Glimmer
glimpflich
Glissando
glitschen
glitzern
global
Globetrotter
Globus
Glocke
Gloria
glorios
Glossar
glotzen
Gloxinie
Glück
Glucke
gluckern
glucksen
Glucose, Glukose
glühen
glühend [heiß …]

Glukose, Glucose
Glut
Glutamat
Glycerin, Glyzerin
Glysantin ®
Glyzerin, Glycerin
Gnade
Gneis
Gnom
Gnostik
Gnu
Go
Goal
Goali, Goalie
Gobelin
Go-go-Girl *§ 44(1), § 55(1),*
§ 55(3)
Goi *Pl.* Gojim
Go-in *§ 45 E2*
Golatsche, Kolatsche
Gold
golden *usw. (vgl.* blau *usw.); (in*
Eigennamen) das Goldene Kalb
§ 60(1); die Goldene Stadt
(Prag) § 60(5); (in festen Ver-
bindungen) den goldenen Mit-
telweg einschlagen, die goldene
Hochzeit *§ 63;* das goldene
Zeitalter *§ 63, nach § 63 E*
auch das Goldene Zeitalter;
der Goldene Sonntag *§ 64(2);*
der goldene, Goldene Schnitt
§ 64 E
Golden Goal *§ 37 E4*
Golem
Golf
Goliath
Göller
Gondel
Gondoliere
Gong
gönnen
Goodwill
Goodwill‿reise, …tour *§ 37(1.1)*
Gör, Göre
Gorgonzola
Gorilla

Gospelsong
Gosse
Gott; Gott sei Dank
Gotte
Götti
Götze
Gouda
Gourmand
Gourmet
goutieren
Gouverneur
Grab; zu Grabe tragen *§ 55(4)*
graben grub
Gracht
Grad *(Maß), aber* Grat
grade, gerade
graduell
Graecum
Graf
Graffito *Pl.* Graffiti
Grafie, Graphie
Grafik, Graphik
grafisch, graphisch
Grafit, Graphit
Grafologe, Graphologe
Gral
gram [sein *§ 35, § 56(1)*]
Gram
Gramm
Grammatik
Grammel
Grammofon, Grammophon
Gran, Grän
Granat
Granate
Grand
Grand ouvert
Grand Prix
Grandezza
grandios
Grandseigneur
Grand Slam *§ 37 E4*
Granit
Granne
grantig
Granulat
Grapefruit

Graphie, Grafie
Graphik, Grafik
graphisch, grafisch
Graphit, Grafit
Graphologe, Grafologe
Gras
grassieren
grässlich
Grat *(Bergkamm), aber* Grad
Gräte
Gratifikation
gratis
Grätsche
Gratulant
gratulieren
grau *usw. (vgl.* blau *usw.); (in
Eigennamen)* die Grauen Panther, die Grauen Schwestern
*(kath. Kongregation) § 60(4.2);
(in festen Verbindungen)* eine
graue Maus *§ 63;* eine graue
Eminenz *§ 63, nach § 63 E auch*
eine Graue Eminenz; der graue
Star *§ 64 E*
graublau *§ 36(1.4)*
Gräuel *(zu* Grauen)
grauen *(hell, fahl werden)*
grauen *(Angst empfinden)*
Grauen [erregend, grauenerregend
§ 36(2.1), aber nur großes Grau-
en erregend, äußerst grauenerregend, [noch] grauenerregender
§ 36 E3]
graulen
graulich *(zu* grau), gräulich
gräulich *(zu* grau), graulich
gräulich *(zu* Grauen)
Graupe
Graupel
Graus
grausam
grausen
Grauwacke
Grave
gravieren
gravierend
Gravitation

gravitätisch
Grazie
grazil
graziös
Greenhorn
greifen griff
Greis
Greißler
grell [beleuchten ... *§ 34(2.3);*
    beleuchtet, grellbeleuchtet ...
    § 36(2.1)]
Gremium
Grenadier
Grenze
grenzenlos; sich ins Grenzenlose
    steigern *§ 57(1)*
Griebe
griechisch, Griechisch
    (*vgl.* deutsch, Deutsch)
Griesgram
Grieß
Griff
Griffel
Grill
Grille
grillen, grillieren
Grimasse
Grimm
Grimmen
Grind
grinsen
Grippe
Grislibär, Grizzlybär
grob [mahlen, grobmahlen ...
    § 34(2.1)]; das Grobe, aus dem
    Groben arbeiten, das Gröbste,
    aus dem Gröbsten heraus sein
    § 57(1); am gröbsten *§ 58(2)*; auf
    das/aufs gröbste, Gröbste
    § 58 E1
Grog
groggy
grölen
Groll
Gros (*zwölf Dutzend*) *§ 55(5)*
Gros (*überwiegender Teil*)
Groschen

groß [anlegen *(großzügig gestalten)*, herauskommen, schreiben
(in großer Schrift schreiben) ...
§ 34(2.3), aber groß∪schreiben;
angelegt, großangelegt; geschrieben, großgeschrieben ...
§ 36(2.1)]; im großen Ganzen;
das Große, im Großen, im Großen und Ganzen, Groß und Klein
§ 57(1); *(in Eigennamen)* die
Große Strafkammer *§ 60(4.1);*
der Große Teich *(Atlantik)*
§ 60(5); (in festen Verbindungen)
das große Einmaleins *§ 63;* die
große, Große Kreisstadt *§ 64 E*
groß∪schreiben *(mit großem Anfangsbuchstaben schreiben; besonders schätzen)*, ...ziehen ...
§ 34(2.2), aber groß schreiben;
...spurig, ...artig ... *§ 36(1.2);* das
Großartige *§ 57(1)*
großenteils *§ 39(1)*
Grossist
grotesk
Grotte
Grube
grübeln
Grude
Gruft
Grummet, Grumt
grün *usw.* (*vgl.* blau *usw.*); *(in
Eigennamen)* das Grüne Ge-
wölbe *(in Dresden)* *§ 60(4.1);*
die Grüne Insel *(Irland)* *§ 60(5);*
der Grüne Veltliner *§ 64(3); (in
festen Verbindungen)* ein grüner
Junge, die grüne Hochzeit *§ 63;*
die grüne Grenze *§ 63, nach*
§ 63 E auch die Grüne Grenze;
die grüne Lunge *§ 63, nach*
§ 63 E auch die Grüne Lunge
grünblau *§ 36(1.4)*
Grund; im Grunde *§ 55(4);* auf
Grund, aufgrund *§ 39 E3(3);* zu
Grunde, zugrunde [gehen ...]
§ 39 E3(1)
grund∪falsch ... *§ 36(1.5)*

168

gründlich [säubern …]
Grünspan
grunzen
Gruppe
Grus *(Gestein), aber* Gruß
gruseln
Gruß *(zu* grüßen)*, aber* Grus
grüßen
Grütze
Guano
gucken, kucken
Guerilla
Gugelhupf
Gugge
Guillotine
Gulasch
Gulden
Gülle
Gully
gültig
Gummi
Gunst; zu Gunsten, zugunsten
§ 39 E3(3); zu [seinen …]
Gunsten § 55(4)
günstig
Guppy
Gurgel
Gurke
gurren

Gurt
Guru
Guss
Güster
gustieren
Gusto
gut *(vgl.* besser, beste) [gehen *(laufen), meinen, schreiben (lesbar, verständlich schreiben)* … § 34(2.3), aber gut⌣schreiben; gelaunt, gutgelaunt; unterrichtet, gutunterrichtet … § 36(1.2); sein § 35]; das Gute, alles Gute, des Guten zu viel tun, im Guten [wie im Bösen], zum Guten [lenken …] § 57(1); jenseits von Gut und Böse § 58 E2; jemandem Guten Tag sagen, jemandem guten Tag sagen
gut⌣haben *(zu fordern haben),* …heißen, …machen [Unrecht; Geld], …schreiben *(anrechnen)* … § 34(2.2); …mütig, …gesinnt § 36(1.2), *aber* gut schreiben
Gymnasium
Gymnastik
Gynäkologie
Gyros

h/H

Haar, *aber* Härchen, hären § 9 E2

haar∪breit ... § 36(1.1)

Haarbreit, Haar breit; nicht um ein Haarbreit, Haar breit

haben hat, hatte

Habicht

Habilitand

Habit

Habitus

Hachse, Haxe

Hacke *(Gerät)*

Hacke, Hacken *(Ferse)*

Hackepeter

Häcksel

hadern

Hades

Hafen

Hafer

Haferl, Häferl

Haff

Haft

haften [bleiben § 34(4); bleiben, haftenbleiben *(im Gedächtnis bleiben)* § 34 E7]

Hag

Hage∪buche ...

Hagebutte

Hagel

hager

Hagestolz

Häher

Hahn

Hahnrei

Hai

Hain

Hairstylist § 37 E3

häkeln

haken

Haken

halb; etwas Halbes, ein Halbes, eine[n] Halbe[n] trinken § 57(1); um halb acht § 56(6.2); der Zeiger steht auf halb § 58(3.1)

halb [totschlagen, vollmachen ... § 34(2.3); angezogen, halbangezogen; verdaut, halbverdaut ... § 36(2.1); automatisch, halbautomatisch; fertig, halbfertig; leer, halbleer; tot, halbtot ... § 36(2.2)]

halb∪amtlich, ...dunkel, ...lang, ...rund, ...trocken ... § 36(1.5), *aber* halb amtlich, halb persönlich ... § 36 E4

halbmast; [eine Flagge] halbmast [hissen]; [auf] halbmast [setzen] § 58(3.1)

halbwegs

Halde

Hälfte

Halfter

Hall

Halle

halleluja

Hallimasch

hallo

Halluzination

Halm

Halogen∪lampe ...

Hals

halt; ein lautes Halt rufen, laut Halt rufen § 57(5), laut halt rufen

Halt [finden ... § 55(4); machen, haltmachen § 34 E6]

halten hielt

haltmachen, Halt machen § 34 E6

Halunke

Hämatom

Häme

Hammel
Hammer
Hammondorgel
Hämorrhoiden, Hämorriden
hampeln
Hamster
Hand; zu Händen *§ 39 E2(2.3)*;
  zuhanden, anhand [von; dessen/
  deren …] *§ 39(3)*; das Hand-in-
  Hand-Arbeiten *§ 43*, *§ 57(2)*
hand‿breit, ...fest …
Handbreit, Hand breit; zwei
  Handbreit, Hand breit Tuch
Handvoll, Hand voll; zwei
  Handvoll, Hand voll Reis
Handel [treiben … *§ 55(4)*;
  treibend, handeltreibend …
  § 36(2.1)]
Händel
handhaben *§ 33(1)*
Handicap, Handikap
Hand-out, Handout *§ 45 E2*
hanebüchen
Hanf
Hang
Hangar
hangen hing, gehangen
hängen hängte [hängen bleiben,
  hängen lassen [*auch:* Ohren]
  § 34(4); hängen bleiben, hän-
  genbleiben *(im Gedächtnis blei-
  ben); hängen lassen, hängenlas-
  sen (im Stich lassen; sich gehen
  lassen) § 34 E7*]
hänseln
Hantel
hantieren
hantig
hapern
Happen
Happening
happy
Happy End, Happyend *§ 37 E4*
Harakiri
Harass
Härchen (*zu* Haar) *§ 9 E2*

Hardcover *§ 37 E3*,
  Hardcovereinband *§ 37(1.1)*,
  Hardcover-Einband *§ 45(2)*
Hardliner *§ 37 E3*
Hardrock, Hard Rock *§ 37 E4*
Hardware *§ 37 E3*
Harem
hären (*zu* Haar) *§ 9 E2*
Häresie
häretisch
Harfe
Harke
Härlein (*zu* Haar) *§ 9 E2*
Harlekin
härmen
harmlos
Harmonie
Harn
Harnisch
Harpune
harren
harsch
Harsch
hart [arbeiten … *§ 34(2.3)*;
  kochen, hartkochen … *§ 34(2.1)*;
  gekocht, hartgekocht …
  § 36(2.1)]
hart‿leibig … *§ 36(1.2)*
Harz
Hasard
Haschee
haschen
Häscher
Haschisch
Hase
Hasel
Haspel
Hass
hässlich
Hast
hätscheln
hatschen
Hattrick
Hatz
Haube
Haubitze
Hauch

hauch∪dünn … *§ 36(1.1)*
hauen haute *oder* hieb, gehauen
Hauer, Häuer (*zu* hauen), *aber* Heuer
Haufen
häufig
Haupt
Häuptel
Haus [halten (ich halte Haus), haushalten *§ 33 E*]; nach Hause, nachhause; zu Hause, zuhause; von zu Hause, von zuhause; von zu Hause aus, von zuhause aus *§ 39 E3(1)*; das Zuhause *§ 57(5)*
hausen
Hausen
haushalten (ich haushalte), Haus halten *§ 33 E*
Hausse
Haut
haut∪eng …
Hautevolee
Hautgout
Havarie
Haxe, Hachse
Hazienda
Headhunter
Headline
Hearing
Hebamme
Hebel
heben hob
hecheln
Hecht
Heck
Hecke
Hederich
Heer
Hefe
heften
heftig
Hegemonie
hegen
Hehl (kein[en] Hehl aus etwas machen), *aber* Hel
hehr (*erhaben, heilig*), *aber* her
Heide

Heidelbeere
Heidschnucke
heikel
heil
Heiland
Heilbutt
heilig [sein *§ 35*]; der, die Heilige *§ 57(1)*; *(in Eigennamen)* die Heiligen Drei Könige, der Heilige Geist *§ 60(1)*; das Heilige Grab *§ 60(3.2)*; das Heilige Land *(Palästina) § 60(5)*; *(in festen Verbindungen)* das heilige Abendmahl *§ 63*; der heilige Krieg [des Islam] *§ 63, nach § 63 E auch* der Heilige Krieg [des Islam]; der Heilige Vater *(Papst) § 64(1)*; die Heilige Nacht *(Weihnachten)*, der Heilige Abend *§ 64(2)*
heilig∪halten, …sprechen *§ 34(2.2)*
Heim
heim∪bringen, …fahren, …führen, …gehen, …leuchten, …reisen, …suchen, …zahlen … *§ 34 E4*
Heimat
heimlich [tun … *§ 34(2.3)*]
heimlich∪tun *(geheimnisvoll tun) § 34(2.2)*
Heimtücke
Heinzelmännchen
Heirat
heischen
heiser
heiß [begehren, laufen [Motor] … *§ 34(2.3)*; machen, heißmachen … *§ 34(2.1)*; begehrt, heißbegehrt … *§ 36(2.1)*]; *(in festen Verbindungen)* ein heißes Eisen *§ 63*
heiß∪blütig … *§ 36(1.2)*; …machen [jmdn.; Hölle]; …reden [Köpfe] *§ 34(2.2)*
heißen *(hissen)*
heißen hieß *(nennen, genannt werden, befehlen)*

heiter

heizen

Hektar, Hektare

Hektik

Hekto‿liter ...

Hel *(Unterwelt), aber* Hehl

Held

helfen hilft, half, geholfen

Helikopter

helio‿tropisch ...

Helio‿gravüre ...

Helium

hell [strahlen ... *§ 34(2.3);*
  strahlend, hellstrahlend ...
  § 36(2.1)]

hell‿blau, ...licht, ...wach
  § 36(1.5)

Hellebarde

Heller

hellsehen *§ 34(2.2)*

Helm

Hemd

Hemisphäre

Hemlocktanne

hemmen

Hengst

Henkel

Henker

Henna

Henne

Hepatitis *Pl.* ...tiden

her; hin und her; das Hin und Her
  § 57(5), aber hehr

her‿kommen ... *§ 34(1.2)*

herab

herab‿fallen ... *§ 34(1.2)*

Heraldik

heran

heran‿fahren ... *§ 34(1.2)*

herauf

herauf‿gehen ... *§ 34(1.2)*

heraus

heraus‿finden ... *§ 34(1.2)*

heraußen

herb

Herbarium

herbei

herbei‿eilen ... *§ 34(1.2)*

Herberge

Herbizid

Herbst

Herd

Herde

herein

herein‿holen ... *§ 34(1.2)*

Hering

herinnen

Herkules

Herlitze

Hermelin

hermetisch

hernach

hernieder

hernieder‿gehen ... *§ 34(1.2)*

heroben

Heroe

Heroin *(Rauschgift)*

Heroin, Heroine (*zu* Heros)

Herold

Heros

Herpes

Herr; einer Sache Herr werden
  § 55(4)

herrlich

Hertz *(Maßeinheit), aber* Herz

herüber

herüber‿winken ... *§ 34(1.2)*

herum

herum‿laufen ... *§ 34(1.2)*

herunten

herunter

herunter‿fallen ... *§ 34(1.2)*

hervor

hervor‿brechen ... *§ 34(1.2)*

Herz *(Organ)*; zu Herzen nehmen,
  von Herzen *§ 55(4), aber* Hertz

herz‿erfrischend, ...erquickend,
  ...allerliebst ... *§ 36(1.1)*

herzlich; auf das/aufs herzlichste,
  Herzlichste *(herzlichst) § 58 E1*

Herzog

herzu

herzu∪kommen … *§ 34(1.2)*

Hetäre

hetero∪sexuell …

Hetero∪sphäre …

heterogen

Hetze

Heu

heucheln

heuer

Heuer *(Lohn eines Seemanns usw.)*, aber Häuer

heulen

heurig

Heuschreck, Heuschrecke

heute *usw.* (*vgl.* gestern *usw.*)

heutzutage *§ 39(1)*

Hexa∪gramm …

Hexe

Hibiskus

hie∪bei …

Hieb

hier [wohnen *§ 34 E1; aber* hier∪bleiben; sein *§ 35*]; hier und jetzt; das Hier und Jetzt *§ 57(5)*

hier∪bleiben … *§ 34(1.2), aber* hier wohnen

hier∪an …

Hierarchie

Hieroglyphe

hierzu *§ 39(1)*

hierzulande *§ 39(1)*, hier zu Lande *§ 39 E2(2.1)* (*zu* zu Lande)

hiesig

hieven

Hi-Fi

Hifthorn

high

High Fidelity *§ 37 E4*

High Life, Highlife *§ 37 E4*

High Society *§ 37 E4*

High∪light, …tech, …way … *§ 37 E3*

Hijacker

Hilfe [suchen … *§ 55(4)*; suchend, hilfesuchend … *§ 36(2.1), aber nur* rasche Hilfe suchend *§ 36 E3*]; mit Hilfe, mithilfe *§ 39 E3(3)*; zu Hilfe [kommen] *§ 39 E2(2.1)*

Hillbillymusic *§ 37 E3*, Hillbillimusik *§ 37(1.1)*

Himbeere

Himmel

himmelwärts *§ 39(1)*

hin [und her]; das Hin und Her *§ 57(5)*

hin∪fallen …; hin- und hergehen … *§ 98(1)*

hinab

hinab∪gehen … *§ 34(1.2)*

hinan

hinan∪gehen … *§ 34(1.2)*

hinauf

hinauf∪ziehen … *§ 34(1.2)*

hinaus

hinaus∪schieben … *§ 34(1.2)*

hindern

Hinduismus

hindurch

hindurch∪zwängen … *§ 34(1.2)*

hinein

hinein∪bringen … *§ 34(1.2)*

hingegen

hinken

Hinkunft; in Hinkunft

hinnen; von hinnen

Hinsicht; in Hinsicht auf *§ 55(4)*

hintan

hintan∪stellen … *§ 34(1.3)*

hinten

hinten∪an, …über …

hintenüber∪fallen … *§ 34(1.2)*

hinter

hinter∪bringen (hinterbringt), …fragen *§ 33(3)*; …schlingen (schlingt hinter) … *§ 34(1.1)*; …listig *§ 36(1.2)*; …rücks *§ 39(1)*

hinterdrein

hinterdrein∪laufen … *§ 34(1.2)*

174

Holding[gesellschaft] *§ 37(1.1)*
Holdrio
holen
Holle
Hölle
Holler, Holder, Holunder
Hollywoodschaukel *§ 37(1.1)*
Holm
holo∪kristallin …
Holo∪gramm …
Holocaust
Holozän
holpern
Holster
Holunder, Holder, Holler; der
    Schwarze Holunder *§ 64(3)*
Holz
Homeland
Hometrainer *§ 37 E3*
Homo
homo∪sexuell …
Homo∪erotik …
homofon, homophon
homogen
Homöopathie
homophon, homofon
Homunkulus
Honig
Honneurs
Honorar
Honoratioren
Hooligan
Hopfen
hoppeln
hops∪gehen, …nehmen *§ 34(1.3)*
hopsen
horchen
Horde
hören
Horizont
Hormon
Horn
Hornisse
Horoskop
horrend
Horror
Horsd'œuvre

Horst
Hort
Hortensie
hosanna, hosianna; das Hosanna
Hose
hosianna, hosanna; das Hosianna
Hospital
Hospitant
Hospiz
Hostess
Hostie
Hot
Hot Dog, Hotdog *§ 37 E4*
Hotel
Hotelier
Hotellerie
Hot Pants, Hotpants *§ 37 E4*
Hotline *§ 37 E3*
Hub
Hube
hüben; hüben und drüben
hübsch
Huchen
huckepack [nehmen, tragen …
    § 34 E1]
hudeln
Huf
Hüfte
Hügel
Huhn
hui; der Hui, in einem Hui *§ 57(5)*
Hula-Hoop, Hula-Hopp
Huld
Hülle
Hülse
human
Humbug
Hummel
Hummer
Humor
humos
humpeln
Humpen
Humus
Hund
hundert *§ 58(6);* hunderte,
    Hunderte *§ 58 E5*

Hundert *§ 55(5);* hunderte,
Hunderte *§ 58 E5*

hundertfach (*vgl.* achtfach)
§ 36(2), 100fach *§ 41 E,* 100-
fach *§ 40(3)* [größer ...] ...; das
Hundertfache, um das Hundertfache [größer] *§ 57(1)*

hundertprozentig, 100-prozentig
§ 40(3), 100%ig *§ 41 E*

Hunderter; der Hunderterpack

Hundertmeterlauf *§ 37(1.1),*
Hundert-Meter-Lauf, 100-Meter-
Lauf, 100-m-Lauf *§ 44(1),*
§ 55(2)

hundertste; der, die, das Hundertste, vom Hundertsten ins
Tausendste kommen *§ 57(1)*

hundertstel [Sekunde *§ 56(6.1),*
Hundertstelsekunde *§ 56 E4,*
100stel-Sekunde *§ 42;* die/eine
hundertstel Sekunde *§ 56(6.1),*
Hundertstelsekunde *§ 56 E4*]

Hundertstelsekunde *§ 56 E4,*
hundertstel Sekunde *§ 56(6.1),*
100stel-Sekunde *§ 42;* die/eine
Hundertstelsekunde *§ 56 E4,*
hundertstel Sekunde *§ 56(6.1)*

Hüne

Hunger

hungers [sterben] *§ 56(3)*

Hupe

hüpfen

Hürde

Hure

hurra; Hurra schreien *§ 57(5),*
hurra schreien

Hurrikan

hurtig

Husar

huschen

Husky

hussen

Husten

Hut

hüten

Hutsche

Hütte

hutzelig, hutzlig

Hyäne

Hyazinthe

hybrid

Hybris

Hydrant

Hydrat

Hydraulik

hydro‿dynamisch ...

Hydro‿therapie ...

Hydrolyse

Hydroxyd

Hygiene

Hygroskop

Hymen

Hymne

hyper‿kritisch ... *§ 36(1.5)*

Hyper‿funktion ...

Hyperbel

Hypnose

hypnotisch

Hypochonder

Hypotenuse

Hypothek

Hysterie

H_2O-gesättigt *§ 40(2), § 55(2)*

i/I

iahen
iberoamerikanisch *§ 36(1.2)*
ich *(Personalpronomen);* meiner/
  mein, mir, mich *§ 58(4);* das Ich
  § 57(3)
Ich∪form, ...laut, ...sucht ...
  § 37(1.4)
Idee
ideell
Identität
Ideologie
Idiom
Idiot
Idol
Idyll, Idylle
I-förmig *(in der Form des Groß-*
  buchstabens I *) § 40(1), § 55(2)*
Igel
Ignorant
Ignoranz
Ihle
ihm *(Personalpronomen)*
  (siehe er*)*
ihm *(Personalpronomen)*
  (siehe es*)*
ihn *(Personalpronomen)*
  (siehe er*)*
ihnen *(Personalpronomen)*
  (siehe sie *Pl.)*
Ihnen *(Personalpronomen)*
  (siehe Sie*)*
ihr *(Personalpronomen)*
  (siehe sie *Sg.)*
ihr *(Personalpronomen)*
  (siehe sie *Pl.)*
ihr *(Personalpronomen);* euer,
  euch, euch *§ 66; in Briefen auch*
  Ihr, Euer, Euch, Euch *§ 66 E*
ihr *(Possessivpronomen) § 58(1);*
  die Ihren, die ihren (die Ihrigen,

die ihrigen), das Ihre, das ihre
(das Ihrige, das ihrige) *§ 58 E3*
Ihr *(Possessivpronomen, höfliche*
  Anrede); das Ihre, das Ihrige, die
  Ihren, die Ihrigen *§ 65*
ihrer *(Personalpronomen)*
  (siehe sie *Sg.)*
ihrer *(Personalpronomen)*
  (siehe sie *Pl.)*
Ihrer *(Personalpronomen)*
  (siehe Sie*)*
ihrerseits *§ 39(1) (vgl.* sie*)*
Ihrerseits *(höfliche Anrede) § 65*
  (vgl. Sie*)*
ihres∪gleichen, ...teils *§ 39(1)*
  (vgl. sie*)*
Ihresgleichen *(höfliche Anrede)*
  § 65 (vgl. Sie*)*
ihret∪halben, ...wegen, ...willen
  § 39(1) (vgl. sie*)*
Ihret∪halben, ...wegen, ...willen
  (höfliche Anrede) § 65 (vgl. Sie*)*
Ikebana
Ikone
il∪legal ...
Il∪liberalität ...
Ilex
Illumination
Illusion
Illustration
Iltis
im
im∪mobil ...
Im∪moralität ...
Image
Imagination
Imam
Imbiss
Imitation
Imker
immanent

178

Immanenz
immatrikulieren
Imme
immens
immer [wieder …]
immer∪dar, …hin, …fort, …zu
  § 39(1)
Immigrant
Immission
Immobilien
immun
Imperativ
Imperfekt
Imperium
impertinent
Impertinenz
Impetus
impfen
Implantation
Implikation
implizieren
implodieren
Implosion
imponieren
Import
imposant
imprägnieren
Impresario
Impression
Impressum
Imprimatur
Impromptu
Improvisation
Impuls
imstande, im Stande [sein]
  § 39 E3(1)
in [Anbetracht, Bezug § 55(4)]
in∪aktiv, …finit …
In∪effizienz …
indem § 39(2)
indessen § 39(1)
Index *Pl.* -e *oder* …dizes, …dices
indigniert
Indigo
Indikation
Indikativ
Individuum

Indiz
indizieren
indo∪europäisch …
Indo∪germanistik …
indoktrinieren
Induktion
induktiv
Industrie
induzieren
ineinander [übergehen, verlieben
  … § 34 E1]
ineinander∪fügen, …greifen …
  § 34(1.2)
infam
Infanterie
infantil
Infarkt
Infektion
Inferno
Infiltration
Infinitiv
infizieren
Inflation
Influenz
infolge § 39(3)
infolgedessen § 39(1)
Informand *(der zu Informierende)*
Informant *(der Informierende)*
Informatik
Information
informell
infra∪rot …
Infra∪struktur …
infrage, in Frage [stellen …]
  § 39 E3(1); das Infragestellen
  § 37(2)
Infusion
Ingenieur
Ingrediens *Pl.* …enzien,
  Ingredienz *Pl.* -en
Ingwer
Inhalation
Inhalt
inhärent
Inhärenz
Initiale
Initiative

initiieren
Injektion
injizieren
Injurie
Inkasso
inklusive
inkognito
inkriminieren
Inkubation
Inlay
Inlett
inmitten § 39(3)
inne [sein § 35]
inne‿haben, ...werden ...
  § 34(1.3)
innen
innere; das Innere, das Innerste,
  im Innern, im Innersten § 57(1);
  (in festen Verbindungen) die
  innere Medizin, die inneren
  Angelegenheiten § 63
innerorts
innert
innig
Innovation
Innung
Input
Inquisition
ins
Insasse
Insekt
Insel
Inserat
Insider
Insignien
inskribieren
Inskription
insolvent
Insolvenz
Inspektion
Inspiration
Inspizient
Installation
instand, in Stand [setzen ...]
  § 39 E3(1); gesetzt, instandge-
  setzt § 36(2.1)
inständig

instant
Instanz
Instinkt
Institution
instruieren
Instruktion
Instrument
insuffizient
Insuffizienz
Insulaner
Insulin
inszenieren
intakt [bleiben ... § 34(2.3)]
Intarsia, Intarsie
integer
integral
Integration
Intellekt
intelligent
Intelligenz
Intendant
Intendanz
intendieren
Intension (Anspannung; Eifer),
  aber Intention
Intensität
intensiv
Intention (Absicht), aber Intension
inter‿disziplinär ...
Inter‿sexualität ...
Intercity
interessant
Interessent
Interferenz
Interieur
Interim
Interjektion
Intermezzo
intern
international; der Internationale
  Frauentag § 64(2)
internieren
Internist
Interpolation
Interpretation
interpungieren, interpunktieren
Interpunktion

Interrail⌣ticket …
Interregio
Interregnum
interrogativ
Interruption
Intervall
Intervenient
intervenieren
Intervention
Interview
Inthronisation
intim
Intonation
intra⌣molekular …
Intrada, Intrade
Intrigant
Introduktion
Introitus
introvertiert
Intuition
intus
invalid, invalide
Invasion
Inventar
Investition
Investment
involvieren
inwendig
inwiefern § 39(2)
Inzest
Ion
Iota, Jota
i-Punkt § 40(1), § 55(1)

ir⌣real …
Ir⌣regularität …
irdisch
irgend⌣einmal, …wann, …wie,
   …wo, …wohin § 39(1); …ein,
   …etwas, …jemand, …was,
   …welcher, …wer § 39(4), *aber*
   irgend so ein, irgend so etwas
   § 39 E2(1)
Iris
Ironie
irr[e] [sein § 35]
irre⌣führen, …leiten, …werden
   § 34 E4; irregeführt [werden]
   § 36(1.3)
Irritation
Irrwisch
Ischias
Isegrim
Islam
iso⌣chromatisch …
Iso⌣glosse …
Isolation
Isotop
isotrop
ist (*zu* sein), *aber* isst
isst (*zu* essen), *aber* ist
italienisch, Italienisch
   (*vgl.* deutsch, Deutsch)
Italowestern
i-Tüpfelchen § 40(1), § 55(1)

j/J

ja; das Ja, ein Ja aussprechen, [mit] Ja stimmen, Ja sagen *§ 57(5)*, ja sagen
Jacht, Yacht
Jacke
Jackett
Jackpot
Jade
Jagd
jagen
Jaguar
jäh
Jähheit
Jahr
jahrelang *§ 36(1.1)*, *aber* mehrere Jahre lang
Jak, Yak
Jalousie
Jam
Jambe, Jambus
Jammer
Jamsession
Jamswurzel
Janker
Jänner
Januar
japanisch, Japanisch (*vgl.* deutsch, Deutsch)
Jargon
Jasmin
Jaspis
Jass
jäten
Jauche
jauchzen, juchzen
jaulen
Jause
jausen, jausnen
jawohl
Jazz
je

Jeans
jeder, jede, jedes; ein jeder, ein jedes, eine jede *§ 58(4)*
jedermann
jederzeit *§ 39(1)*, *aber* zu jeder Zeit *§ 39 E2(1)*
jedoch
Jeep
jemand *§ 58(4)*
jene, jener, jenes *§ 58(4)*
jenseits [liegen …]; das Jenseits, im Jenseits *§ 57(5)*
Jerez, Sherry
Jersey
Jet, *aber* jetten
Jetliner
Jeton
jetten, *aber* Jet
jetzig
jetzt; jetzt und hier; das Jetzt und Hier *§ 57(5)*
jeweils
Jiu-Jitsu
Job, *aber* jobben
jobben, *aber* Job
Jobsharing *§ 37 E3*
Joch
Jockei, Jockey
Jod
jodeln
Joga, Yoga
joggen
Jogging
Joghurt, Jogurt
johlen
Joint
Joint Venture *§ 37 E4*
Jo-Jo, Yo-Yo
Joker
Jolle
Jongleur

Joppe

Jota, Iota

Joule

Journalist

jovial

Joystick *§ 37 E3*

Jubel

Jubiläum

Juchten

juchzen, jauchzen

jucken

Judo

Jugend

Juice

Jukebox *§ 37 E3*

Julei, Juli

Jumbo

Jumper

jung [heiraten ... *§ 34(2.3)*;
  verheiratet, jungverheiratet ...
  § 36(2.1)]; die Jungen, Junge und
  Alte, unsere Jüngste *§ 57(1)*;
  [für] Jung und Alt *§ 57(1)*,
  § 58 E2; das Jüngste Gericht
  § 60(6)

Jungfer

Jungfern‿fahrt ...

jungverheiratet *(seit kurzer Zeit
  verheiratet) § 36(1.2)*

Juni

junior

Junker

Junkie

Junktim

Junta

Jupe

Jura

juridisch

Jurist

Juror

Jurte

Jury

Jus

justieren

justitiabel, justiziabel

Justitiar, Justiziar

Justiz

justiziabel, justitiabel

Justiziar, Justitiar

Jute

Juwel

Juwelier

Jux

k/K

Kabale
Kabarett, *aber* Cabaret
kabbeln
Kabel
Kabeljau
Kabine
Kabinett
Kabrio[lett], Cabrio[let]
Kachel
Kadaver
Kadenz
Kader
Kadett
Kadi
Käfer
Kaff
Kaffee; Kaffeeersatz, *aber* Café
Kaffer
Käfig
Kaftan
kahl [bleiben ... *§ 34(2.3)*; sein
    § 35]
kahl [fressen, kahlfressen; sche-
    ren, kahlscheren ... *§ 34(2.1)*]
Kahn
Kai, Quai
Kaiman
Kaiser
Kajak
Kajüte
Kakadu
Kakao
Kakerlak
Kaki, Khaki
Kaktee, Kaktus
Kalabreser
Kalamität
Kalaschnikow
Kalauer
Kalb
Kalebasse

Kaleidoskop
Kalender
Kalesche
Kali
Kaliber
Kalif
Kalk
Kalkül
Kalligrafie, Kalligraphie
Kalmar
Kalmus
Kalorie
kalt [bleiben, lächeln ... *§ 34(2.3)*]
kalt [stellen, kaltstellen [Getränke]
    ... *§ 34(2.1)*; gepresst, kaltge-
    presst ... *§ 36(2.1)*]; auf kalt und
    warm reagieren *§ 58(3.1)*; *(in Ei-*
    gennamen) der Kalte Krieg *(zwi-*
    schen Ost und West nach dem
    Zweiten Weltkrieg) § 60(6); (in
    festen Verbindungen) eine kalte
    Fährte, ein kalter Krieg, die kalte
    Miete *(Miete ohne Heizung) § 63;*
    kalte Ente *§ 63, nach § 63 E auch*
    Kalte Ente
kalt⌣schnäuzig ... *§ 36(1.2)*;
    ...lassen, ...machen *(umbringen)*,
    ...stellen *((politisch) ausschalten)*
    ... *§ 34(2.2)*
Kälte
Kalvarienberg
Kalvinismus, Calvinismus
Kalzit, Calcit
Kalzium, Calcium
Kamarilla
Kambrium
Kamee
Kamel
Kamelie
Kamera
Kamerad

Kamikaze
Kamille
Kamin
Kamm
Kammer
Kampagne, Campagne
Kampanile,
   (*österr. auch*) Campanile
Kampf
Kampfer
kampieren
Kanadier
Kanaille, Canaille
Kanal
Kanapee
Kanarienvogel
Kandare
Kandelaber
Kandidat
Kandis
Kanditen
Känguru
Kaninchen
Kanister
Kanker
Kanne
Kännel *(Dachrinne), aber* Kennel
Kannibale
Kanon
Kanone
Kanossagang, Canossagang
Kantate
Kante
Kanten
Kanter
Kantilene
Kantine
Kanton
Kantor
Kanu
Kanüle
Kanzel
kanzerogen
Kanzlei
Kanzone
Kaolin
Kap

Kapaun
Kapazität
Kapelle
Kaper
kapern
kapieren
Kapillare
Kapital
Kapitäl, Kapitell
Kapitän
Kapitel
Kapitell, Kapitäl
Kapitulant
Kaplan
Kapo
Kappe
kappen
Kaprice, Kaprize *(österr.)*
Kapriole
Kaprize *(österr.)*, Kaprice
kapriziös
Kapsel
Kaput
kaputt
kaputt [drücken, kaputtdrücken;
   machen, kaputtmachen …
   § 34(2.1)]
kaputt‿gehen, …lachen [sich],
   …machen [sich], …sparen …
   § 34(2.2)
Kapuze
Kapuziner‿affe …
Kar
Kar‿woche …
Karabiner
Karaffe
Karakul‿schaf …
Karambolage
Karamell
Karamelle
Karat
Karate
Karausche
Karavelle
Karawane
Karbid, Carbid
Karbol

Karbon
Karbonat, Carbonat
Kardamom
Kardan‿antrieb …
Kardätsche *(Pferdebürste),*
 aber Kartätsche
Karde
Kardinalzahl
Karenz
Karette
Karfiol
Karfunkel
karg
Kargo, Cargo
kariert
Karies
Karikatur
Karitas, Caritas
karitativ
karmesinrot
karminrot
Karneol
Karneval
Karnickel
Karniese, Karnische
Karo
Karosse
Karosserie
Karotin
Karotte
Karpfen
Karre, Karren
Karree
Karren, Karre
Karriere
Karst
Kartätsche *(Artilleriegeschoss),*
 aber Kardätsche
Kartause
Karte; Karten spielen *§ 55(4)*
Kartell
Kartoffel
Kartografie, Kartographie
Karton
Kartothek
Kartusche
Karussell

Karzer
Kasach, Kasak *(Teppich),*
 aber Kasack
Kasack *(Bluse), aber* Kasak
Kasak, Kasach *(Teppich),*
 aber Kasack
Kaschemme
kaschen
Käscher, Kescher
kaschieren
Kaschmir‿schal …
Käse
Kasel
Kasematte
Kaserne
Kasino, *(österr. auch)* Casino
Kaskade
Kasko
Kasper, Kasperl
Kassa
Kassandraruf
Kasse
Kasserolle
Kassette
Kassiber
Kassier, Kassierer
Kastagnette
Kastanie
Kaste
kasteien
Kastell
Kasten
Kastration
Kasuistik
Kasus
Katafalk
Katakombe
Katalog
Katalysator
katalytisch
Katamaran
Katapult
Katarakt
Katarr, Katarrh
Kataster
Katastral‿gemeinde …
Katastrophe

Kate, Katen

Katechismus

Kategorie

Katen, Kate

Kater

Katheder *(Rednerpult), aber* Katheter

Kathedrale

Kathete

Katheter *(medizin. Instrument), aber* Katheder

Kathode, Katode

katholisch

Katode, Kathode

Kattun

Katze

Kauderwelsch

kauen

kauern

Kauf; in Kauf nehmen § 55(4)

Kaulquappe

kaum

Kauri[muschel]

kausal

Kaution

Kautschuk

Kauz

Kavalier

Kavallerie

Kavatine

Kaverne

Kaviar

keck

keckern

Keeper

Keepsmiling § 37 E3

Kees

Kefe

Kefir

Kegel [schieben … § 55(4)]

Kehle

kehren

kehrtmachen § 34(1.3)

keifen

Keil

Keim

keiner, keine, keines § 58(4)

keines‿falls, …wegs § 39(1), *aber* in keinem Fall § 39 E2(1)

keinmal § 39(1)

Keks

Kelch

Kelim

Kelle

Keller

Kellner

Kelter

Kelvin

Kemenate

Kenn‿nummer …

Kennel *(Hundezwinger), aber* Kännel

kennen kannte [kennen lernen, kennenlernen § 34 E7]

kenntlich

Kentaur, Zentaur

kentern

keppeln

Keramik

Kerbe

Kerbel

Kerf

Kerker

Kerl

Kern

Kerner

Keroplastik, Zeroplastik

Kerosin

Kerub, Cherub

Kerze

Kescher, Käscher

kess

Kessel

Ketchup, Ketschup

Kette

Ketzer

keuchen

Keule

keusch

Keusche

Keyboard § 37 E3

Kfz-Schlosser § 40(2)

Khaki, Kaki

Khan, Chan

Khedive
Kibbuz
kichern
Kick
Kick-down, Kickdown *§ 45 E2*
Kick-off, Kickoff *§ 45 E2*
Kid
kidnappen
kiebig
Kiebitz
Kiefer
Kiel
kielholen
kieloben *§ 39(1)* [treiben …]
Kieme
Kien
Kies
Kiez
killen
Kilo
Kilo⌣meter …
Kilt
Kimme
Kimono
Kind; an Kindes statt
Kingsize *§ 37 E3*
Kinn
Kino
Kiosk
Kipfel, Kipferl
Kippe
Kirche
Kirchspiel
Kirmes
kirre
Kirsche
Kismet
Kissen
Kiste
Kitsch
Kitt
Kittel
Kitz, Kitze
Kitzel
Klabautermann
klacken
Klacks

Kladde
klaffen
kläffen
Klafter
Klage
Klamauk
klamm
Klamm
Klammer
Klampfe
Klan, Clan
Klang
Klapf
Klappe
klappen
Klapper
Klaps
klar [denken … *§ 34(2.3)*; wer-
den, klarwerden *§ 34 E5*]; im
Klaren [sein], ins Klare kommen
§ 57(1); ein Klarer *(Schnaps)*
§ 57(1)
klar⌣legen, …machen [sich
etwas], …stellen … *§ 34(2.2)*
Klarinette
klasse [finden; sein *§ 56(1)*]
Klasse
Klassement
Klassik
Klatsch
klauben
Klaue
Klause
Klausel
Klausur
Klavichord
Klavier [spielen *§ 55(4)*]
kleben [bleiben *§ 34(4)*; bleiben,
klebenbleiben *§ 34 E7*]
kleckern
Klecks
Klee
Kleid
Kleie
klein [beigeben, schreiben *(in
kleiner Schrift schreiben)* …
§ 34(2.3), *aber* klein⌣schreiben;

mahlen, kleinmahlen; schneiden, kleinschneiden ... *§ 34(2.1); ge*mustert, kleingemustert; geschnitten, kleingeschnitten ... *§ 36(2.1)*]; der, die, das Kleine, es ist mir ein Kleines, einen Kleinen sitzen haben, im Kleinen, sich um ein Kleines [irren ...], bis ins Kleinste, Große und Kleine, Groß und Klein *§ 57(1)*; von klein auf *§ 58(3.1); (in Eigennamen)* Pippin der Kleine *§ 60(1)*; Klein Roland, Klein Erna *§ 60(1); (in festen Verbindungen)* der kleine Mann *§ 63;* die kleine, Kleine Anfrage *§ 64 E*

klein∪reden, ...schreiben *(mit kleinem Anfangsbuchstaben schreiben; nicht wichtig nehmen)* ... *§ 34(2.2), aber* klein schreiben ...; ...mütig ... *§ 36(1.2)*

kleinlich [denken ... *§ 34(2.3)*]

Kleinod

Kleister

Klematis

Klementine

Klemme

Klempner

Kleptomanie

Klerus

Klette

klettern

Kletze

klicken

Klient

Kliff

Klima

Klimakterium

klimatisieren

Klimax

klimmen klomm *oder* klimmte

klimpern

Klinge

klingen klang, geklungen

Klinik

Klinke

Klinker

klipp; klipp und klar

Klipp, Klips, Clip, Videoclip

Klipp∪schule ...

Klippe

Klips, Klipp, Clip, Videoclip

klirren

Klischee

Klistier

Klitoris *Pl. - oder* ...rides

klittern

Klivie, Clivia

Klo

Kloake

Kloben

klonen

klopfen; ein starkes Klopfen *§ 57(2)*

klöppeln

Klops

Klosett

Kloß

Kloster

Klotz

Klub, Club

Kluft

klug [argumentieren ... *§ 34(2.3)*]

klug∪reden, ...scheißen *§ 34(2.2)*

klugerweise *§ 39(1)*

Klumpen

Klüngel

Klus

knabbern

Knabe

Knack, Knacks

Knäckebrot

Knacks, Knack

Knall

knapp

knapphalten [jmdn.] *§ 34(2.2)*

Knappe

knarren

knattern

Knäuel

Knauf

knäulen

knausern

knautschen

Knebel
Knecht
kneifen kniff
Kneipe
kneipen *(kneifen), aber* kneippen
kneippen *(zu* Kneippkur)*, aber*
  kneipen
Kneippkur
kneten
Knick
Knickerbocker
knickerig, knickrig
Knicks
Knie *Pl.* Knie *§ 19*
knie⌣lang ... *§ 36(1.1)*
knien *§ 19*
Kniff
knipsen
Knirps
knirschen
knistern
knittern
knobeln
Knoblauch
Knöchel
Knochen
Knock-out, Knockout *§ 45 E2*
Knödel
Knolle, Knollen
Knopf
Knorpel
knorrig, knorzig
Knospe
knoten
Knöterich
Know-how, Knowhow *§ 45 E2*
knüllen
knüpfen
Knüppel
knurren
knusp[e]rig [backen ... *§ 34(2.3)*]
knuspern
Knute
knutschen
k.o. [schlagen]; K.-o.-Schlag
  § 44(1), § 55(1)
ko⌣operativ ...

Ko⌣autor ...
Koala
Koalition
Kobalt
Kobel, Koben
Kobold
Kobolz (Kobolz schießen)
Kobra *(Schlange), aber* Kopra
kochen
kochend [heiß ...]
Köcher
Koda, Coda
Kode, Code
Kodein, Codein
Köder
Kodex *Pl.* ...dizes, Codex *Pl.*
  ...dices
kodieren, codieren
Kodifikation
kodifizieren
Kofel
Koffein, Coffein
Koffer
Kog, Koog
Kogel
Kogge *(Schiff), aber* Kokke
Kognak, *aber* Cognac ®
Kognition
kohärent
Kohärenz
Kohäsion
Kohl
Kohle
Kohlrabe, Kolkrabe
Kohlrabi
Kohorte
Koitus, Coitus
Koje
Kojote, Coyote
Kokain
Kokarde
koken
kokett
Kokke *(Bakterie), aber* Kogge
Kokon
Kokos
Kokotte

Koks
Kolatsche, Golatsche
Kolben
Kolchos, Kolchose
Kolibri
Kolik
Kolkrabe, Kohlrabe
kollabieren
Kollaboration
Kollaps
Kollege *(Mitarbeiter), aber*
  College
Kollegium
Kollektion
kollektiv
Koller
kollidieren
Kollier, Collier
Kollision
Kolloquium
Kolonie
Kolonnade
Kolonne
Kolophonium
Koloradokäfer
Koloratur
Kolorit
Koloss
Kolportage
Kolumne
Koma
Kombination
Kombine
Komet
Komfort
Komik
Komitee
Komma
Kommandant
Kommassierung
kommen kam [kommen lassen
  [jmdn.] ... *§ 34(4);* kommen las-
  sen, kommenlassen [Kupplung;
  Gegner] *§ 34 E7*]
Kommentar
Kommers *(student. Trinkabend),*
  aber Kommerz

Kommerz *(Wirtschaft, Handel u.*
  Verkehr), aber Kommers
Kommilitone
Kommiss
Kommissar, Kommissär
Kommission
kommod
Kommode
Kommune
Kommunikant
Kommunikation
Kommunikee, Kommuniqué
Kommunion
Kommuniqué, Kommunikee
Kommunismus
kommunizieren
Komödiant
Komödie
Kompagnon
kompakt
Kompanie
Komparation
Komparse
Kompass
kompatibel
Kompendium
Kompensation
kompetent
Kompetenz
Komplement *(Ergänzung), aber*
  Kompliment
Komplet *(Abendgebet)*
Komplet *(Kleidung)*
komplett
komplex
Komplice, Komplize
Komplikation
Kompliment *(höfliches Lob), aber*
  Komplement
Komplize, Komplice
komplizieren
Komplott
Komponente
Komposition
Kompost
Kompott
Kompresse

komprimieren
Kompromiss
kompromittieren
Komtess, Komtesse
kon∪notieren …
Kon∪rektor …
Kondensation
konditern
Kondition
Konditorei
Kondolenz
Kondom
Kondor
Kondukteur
Konfekt
Konfektion
Konferenz, *aber* Conférencier
konferieren
Konfession
Konfetti
Konfiguration
Konfirmand
Konfiserie, Confiserie
Konfiskation
konfiszieren
Konfitüre
Konflikt
konform [gehen, konformgehen
  § 34 E5; sein § 35]
Konfrontation
konfus
konfuzianisch
Konglomerat
Kongregation
Kongress
kongruent
Kongruenz
Konifere
König
königlich; [die] Königliche Hoheit
  § 64(1)
konisch
Konjugation
Konjunktion
Konjunktiv
Konjunktur
konkav

Konklave
konkordant
Konkordanz
Konkordat
konkret
Konkurrent
Konkurrenz
Konkurs
können kann, gekonnt
Konnotation
Konquistador
Konsekration
konsekutiv
Konsens
konsequent
Konsequenz
konservativ
Konserve
konservieren
konsistent
Konsistenz
Konsistorium
Konsole
konsolidieren
Konsonant
Konsonanz
Konsortium
Konspekt
Konspiration
konstant
Konstanz
konstatieren
Konstellation
konsterniert
Konstitution
konstruieren
Konstruktion
Konsulat
Konsultation
Konsum
Konsument
Kontakt
Kontamination
Kontemplation
Konter
Konter∪admiral …
Konterfei

kontern
Kontinent
Kontingent
Kontinuum
Konto
Kontor
kontra, contra
kontra‿signieren …
Kontra‿indikation …
Kontrahent
Kontrakt
Kontraktion
Kontrast
Kontribution
Kontrolle
kontrovers
Kontur
Konvent
Konvention
konvergent
Konvergenz
Konversation
Konverter
konvertieren
konvex
Konvikt
Konvoi
Konzentration
Konzeption
Konzern
Konzert
konzertant
Konzession
Konzil
Konzipient
konzipieren
konzis
Koog, Kog
Kooperator
Kopf
kopf‿rechnen § 33(1); …stehen
 § 34(3), § 56(2); …über § 39(1)
Kopie, aber Copyright
Koppe
Koppel
koppeln

Kopra (Mark der Kokosnuss),
 aber Kobra
Kopulation
kor‿repetieren …
Kor‿repetitor …
Koralle
Koran
Korb
Kord, Cord
Kordel
Kordon
Koreferat (österr.),
 Korreferat
koreferieren (österr.),
 korreferieren
kören
Koriander
Korinthe
Kork, Korken
Kormoran
Korn
Kornelkirsche
Kornett
Korona
Körper
Korporal
Korporation
Korps, Corps
korpulent
Korpulenz
Korpus
Korreferat,
 Koreferat (österr.)
korreferieren,
 koreferieren (österr.)
korrekt
Korrektur [lesen § 55(4)]
Korrelat
korrelativ
Korrespondent
Korrespondenz
Korridor
korrigieren
korrodieren
Korrosion
korrumpieren
Korruption

Korsar
Korselett
Korsett
Korso
Kortison, Cortison
Korund
Korvette
Koryphäe
Kosak
koscher
kosen
Kosmetik
kosmo‿politisch …
Kosmo‿biologie …
Kosmonaut
Kosmopolit
Kosmos
Kost
kosten
Kostüm
Kot
Kotau
Kotelett
Koteletten
Köter
Kothurn
Kotter
Krabbe
krabbeln
Krach [schlagen *§ 55(4)*]; mit Ach
  und Krach *§ 57(5)*
krachen
krächzen
Krad
kraft [seines Amtes] *§ 56(4)*
Kraft [raubend, kraftraubend …
  § 36(2.1)]; außer/in Kraft setzen
  § 55(4)
Kräfte [schonend, kräfteschonend
  … *§ 36(2.1)*]
kräftezehrend *§ 36(1.1)*
Kragen
Krähe
krähen
Krake
krakeelen
krakeln

Kral
Kralle
Kram
Krampe, Krampen
Krampf
krampfstillend *§ 36(1.1)*, *aber*
  den Krampf stillend *§ 36 E1*
Krampus
Kran
Kranich
krank [sein *§ 35*]
krank‿lachen, …schreiben …
  § 34(2.2)
Kranz
Krapfen
krapprot
krass
Krater
Krätze
kratzen
Kraul, Crawl
kraulen *(liebkosen)*
kraulen, crawlen *(auf eine
  besondere Art schwimmen)*
kraus
Kraut
Krawall
Krawatte
Kraxe
kraxeln
Kreation
kreativ
Kreatur
Krebs
kredenzen
Kredit
Kredo, Credo
Kreide
kreieren
Kreis
kreischen
kreisen *(sich im Kreis bewegen)*,
  aber kreißen
kreißen *(in Geburtswehen liegen)*,
  aber kreisen
Kreißsaal
Krem, Creme, Kreme

194

Krematorium
Kreme, Creme, Krem
Krempe
Krempel
Kremser
Kren
krepieren
Krepp, Crêpe *(Gewebe,*
   Eierkuchen)
Kresse
Krethi; Krethi und Plethi
kreuz; kreuz und quer
   (vgl. aber Kreuz)
Kreuz; über Kreuz, in die Kreuz
   und [in die] Quere [laufen]
   § 55(4) (vgl. aber kreuz)
Kreuzer
Krevette, Crevette
kribbeln
Krickente, Kriekente
Kricket
Krida
kriechen kroch
Krieg
kriegen
Kriekente, Krickente
Krill
Kriminalität
kriminell
Kringel
Krippe
Krise, Krisis
Kristall
Kriterium
Kritik
kritisch [denken ...; sein *§ 35*]
kritteln
kritzeln
kroatisch, Kroatisch
   (vgl. deutsch, Deutsch)
Krocket
Krokant
Krokette
Krokodil
Krokus
Krone
Kropf

kross
Krösus
Kröte
Krücke
Krug
Kruke
Krüll∪schnitt ...
Krume
krumm [sitzen ... *§ 34(2.3);*
   machen, krummmachen [keinen
   Finger] ... *§ 34(2.1)*]
krumm∪lachen, ...legen *(sich sehr*
   einschränken müssen), ...nehmen
   ... *§ 34(2.2)*
krumpfen
Krupp
Kruppe
Krüppel
Kruste
Krux, Crux
Kruzifix
Krypta
kryptisch
krypto∪kristallin ...
Krypton
Kübel
Kubik∪meter ...
Kubus
Küche
Kuchen
kucken, gucken
Kücken *(österr.),* Küken
Kuckuck
Kufe
Kugel
Kuh
kühl
Kuhle
kühn
Küken, Kücken *(österr.)*
Kukuruz
kulant
Kulanz
Kuli
kulinarisch
Kulisse
Kulmination

Kult
Kultur
Kumarin
Kümmel
Kummer
kümmern
Kummet, Kumt
Kumpan
Kumpel
Kumt, Kummet
Kumulation
Kumulus
Kumys, Kumyss
kund‿geben, ...tun *§ 34 E4*
künden
kündigen
Kundschaft
kundschaften
künftig
kungeln
Kunst
künstlich; die künstliche
   Intelligenz *§ 63*
kunterbunt
Kunz; Hinz und Kunz
Kupee, Coupé
Kupfer
kupieren
Kupon, Coupon
Kuppe
Kuppel
kuppeln
Kur
Kür
Kurare
Kürass
Kürassier
Kuratorium
Kurbel
Kürbis
Kurie

Kurier
kurieren
kurios
kurrent
Kurs
Kürschner
kursieren
kursiv
kursorisch
Kurtisane
Kurve
kurz [ausruhen ... *§ 34(2.3);*
   schneiden, kurzschneiden ...
   § 34(2.1); machen, kurzmachen
   ... *§ 34 E5*]; den Kürzeren ziehen *§ 57(1);* über kurz oder lang
   § 58(3.1); binnen/seit/vor kurzem, binnen/seit/vor Kurzem
   § 58(3.2)
kurz‿arbeiten, ...schließen,
   ...treten ... *§ 34(2.2)*
kürzertreten *§ 34(2.2)*
kuscheln
kuschen
Kusine, Cousine
Kuss
Küste
Küster
Kustos *Pl.* ...toden
Kutsche
Kutte
Kutteln
Kutter
Kuvert
Kybernetik
Kyrie
Kyrieeleison
kyrillisch, zyrillisch

l/L

laben
labern
labil
Labor
Laborant
laborieren
Labskaus
Labyrinth
Lache
lachen; das Lachen, zum Lachen [sein] *§ 57(2)*
lächerlich; etwas Lächerliches, ins Lächerliche ziehen *§ 57(1)*
Lachs
Lack
Lacke
Lackmus
Lacrimoso
Lade
laden lädt *oder* ladet, lud
Laden
lädieren
Lady
ladylike
Laffe
Lage
Lager
Lagune
lahm [gehen ... *§ 34(2.3)*]
lahmlegen *§ 34(2.2)*
Laib *(Brot, Käse), aber* Leib
Laibchen *(Gebäck), aber* Leibchen
Laibung, Leibung *(Wölbfläche)*
Laich *(Eier von Wassertieren), aber* Leich
Laich⌣kraut ...
Laie
Lakai
Lake
Laken

lakonisch
Lakritz, Lakritze
lallen
Lama
Lambada
Lambrusco
Lamé, Lamee
Lamelle
Lamento
Lametta
Lamm
Lampe
Lampion
lancieren
Land; [hier] zu Lande *§ 39 E2(2.1)*, hierzulande *§ 39(1)*
land⌣ab, ...auf, ...aus, ...ein *§ 39(1)*
Landauer
Landrover ® *§ 37 E3*
lang [ausrollen ... *§ 34(2.3)*; ziehen, langziehen ... *§ 34(2.1)*; gestreckt, langgestreckt ... *§ 36(2.1)*]; lange; des Langen und Breiten, des Längeren *§ 57(1)*; über kurz oder lang *§ 58(3.1)*; seit langem, seit Langem, seit längerem, seit Längerem, vor längerem, vor Längerem *§ 58(3.2)*
lang⌣wierig ... *§ 36(1.2)*; ...machen [sich] ... *§ 34(2.2)*
langen
langsam [arbeiten ...]
Languste
langweilen *§ 33(2)*
Lanze
Lanzette
lapidar
Lapislazuli
Lappalie
Lappen
läppern

läppisch
Lapsus
Laptop
Lärche *(Baum), aber* Lerche
large
Largo
Lärm
Larve
lasch
Lasche
Laser
lassen lässt ließ
lässig
Lasso
Last; zu Lasten, zulasten
 § 39 E3(3)
Laster
lästern
Lastex
lästig [werden ... *§ 34(2.3);* fallen,
 lästigfallen *§ 34 E5*]
Lasur
lasziv
lateinisch-deutsch *§ 44(2)*
latent
Latenz
Laterne
Latex *Pl.* ...tizes
Latrine
Latsche
Latte
Lattich
Latz
lau
lauwarm *§ 36(1.5)*
Laub [tragen ... *§ 55(4);* tragend,
 laubtragend *§ 36(2.1)*]
Laube
Lauch
Lauer
laufen lief [laufen lassen,
 laufenlassen *(entkommen)*
 § 34 E7]; zum Auf-und-davon-
 Laufen *§ 43, § 57(2);* [Gefahr,
 Ski, Stelzen ...] laufen
laufend; auf dem Laufenden [sein
 ...] *§ 57(1)*

läufig
Lauge
Laune
Laus
Lausbub, Lausbube
lauschen
lauschig
laut [diesem Bericht] *§ 56(4)*
laut [reden ... *§ 34(2.3)*]
Laut
Laute
lauten
läuten
lauter
Lava
Lavendel
lavieren
Lawine
lax
Lay-out, Layout *§ 45 E2*
Lazarett
Lazarus
Leader
leasen
Leasing
leben; das In-den-Tag-hinein-
 Leben *§ 43, § 57(2)*
lebendig
lebens‿fremd, ...gefährlich ...
 § 36(1.1)
Leber
Lebkuchen
Lebzeiten; zu [ihren] Lebzeiten
lechzen
Lecithin, Lezithin
leck [schlagen, leckschlagen
 § 34(2.1); sein *§ 35*]
lecken
lecker
Leder
ledig
Lee
leer [ausgehen, stehen ...
 § 34(2.3); essen, leeressen ...
 § 34(2.1); stehend, leerstehend
 ... *§ 36(2.1)*]; das Leere, ins
 Leere [starren] *§ 57(1)*

leerlaufen *(auslaufen)* § 34(2.2)
leeren *(zu* leer), *aber* lehren
Lefze
legal
Legasthenie
Legation
Legato
legen
Legende
leger
Leggings, Leggins
legieren
Legion
legislativ
legitim
Leguan
Lehen
Lehm
Lehne
lehren *(unterrichten), aber* leeren
Leib *(Körper)*; [nicht] gut bei
  Leibe sein § 55(4), *aber* beileibe
  [nicht] *§ 39(1), aber* Laib
Leibchen *(Kleidungsstück), aber*
  Laibchen
leibt; wie [sie] leibt und lebt
Leibung, Laibung *(Wölbfläche)*
Leich *(mittelhochdeutsche Lied-*
  form), aber Laich
Leiche
Leichnam
leicht [lernen … *§ 34(2.3)*]; es ist
  [k]ein Leichtes, nichts Leichtes
  § 57(1)
leicht⌣fertig, …füßig … *§ 36(1.2);*
  …fallen, …nehmen *§ 34(2.2)*
Leichtathletik
leid [sein (das ist mir leid) *§ 35,*
  § 56(1)]
leid⌣tragend *§ 36(1.1);* …tun
  § 34(3), § 56(2)
Leid; zu Leide, zuleide tun *§ 55(4)*
leiden litt
Leier
leiern
leihen lieh
Leim

Lein
Leine
Leinen
leis, leise
Leiste
leisten
Leisten
leiten
Leiter
Lektion
Lektüre
Lemma
Lemming
Lemur, Lemure
Lende
lenken
Lenz
Leopard
Leporello
Lepra
Lerche *(Vogel), aber* Lärche
lern⌣begierig … *§ 36(1.1)*
lernen
lesbisch
lesen liest, las
Lethargie
Letscho
Letter
Lettner
Letzt; zu guter Letzt § 55(4)
letzte; letzter Hand, letzten Endes;
  der, die, das Letzte, bis zum
  Letzten [gehen …], bis ins Letz-
  te, sein Letztes hergeben *§ 57(1);*
  (in Eigennamen) das Letzte Ge-
  richt *§ 60(6), (in festen Verbin-*
  dungen) der letzte Wille *§ 63,*
  nach § 63 E auch der Letzte
  Wille
letztere; der, die, das Letztere,
  Letzterer *§ 57(1)*
letztmalig *§ 36(1.2)*
letztmals *§ 39(1)*
Leu
leuchten
leuchtend [rot …]
leugnen

Leukämie
Leumund
Leute
Leutnant
Level
Leviten
Levkoje
Lexikon
Lezithin, Lecithin
Liaison
Liane
Libelle
liberal
Libero
Libido
Libretto
licht
Licht
Lid *(am Auge), aber* Lied
Lido
lieb [behalten, liebbehalten; haben,
    liebhaben ... *§ 34 E5*]
lieb‿äugeln, ...kosen *§ 33(2)*
lieben [lernen *§ 34(4)*]
Lied *(Gesang), aber* Lid
Lieferant
liefern
liegen lag, gelegen
liegen [bleiben *§ 34(4);* bleiben,
    liegenbleiben *§ 34 E7;* lassen
    § 34(4); lassen, liegenlassen
    § 34 E7]; das Liegenlassen
    § 37(2)
Lifestyle *§ 37 E3*
Lift
Liga
Ligatur
Lightshow *§ 37 E3*
Liguster
liieren
Likör
lila
Lilie
Liliputaner
Limerick
Limes
Limetta, Limette

Limit
Limonade
Limousine
lind
Linde
Lindwurm
Lineal
Linguistik
Linie
linieren, liniieren
linke; linke [Hand ...]; die Linke,
    auf der Linken *§ 57(1)*
links [abbiegen, stehen ...
    § 34 E1; abbiegend, linksabbie-
    gend ... *§ 36(2.1)*]; nach links,
    gegen links, etwas mit links erle-
    digen *§ 58(3.1)*
linksherum *§ 39(1)*
Linoleum
Linse
Lipgloss *§ 37 E3*
Lipizzaner
Lippe
liquid, liquide
lispeln
List
Liste
Litanei
Liter
Literatur
Litfaßsäule
Lithium
Lithografie, Lithographie
Lithurgik *(Geologie), aber*
    Liturgik
Liturgie
Liturgik *(Theologie), aber*
    Lithurgik
Litze
live
Liveshow *§ 37 E3*
Livree
Lizentiat, Lizenziat
Lizenz
Lizenziat, Lizentiat
Lob *(zu* loben)
Lob *(zu* lobben)

200

lob‿hudeln, ...preisen ... *§ 33(1)*
lobben *(Tennis)*
Lobby
loben
Loch
Locke
locken
löcken; wider den Stachel löcken
 *(gegen Einschränkendes aufbe-
 gehren)*
locker [sagen, sitzen ... *§ 34(2.3);*
 machen, lockermachen ...
 § 34(2.1), aber locker‿lassen
 ...]
locker‿lassen *(nachgeben),*
 ...machen *(etwas hergeben)* ...
 § 34(2.2), aber locker sagen ...
Loden
lodern
Löffel
Logarithmus
Logbuch
Loge
Loggia
logieren
Logik
Logis
Logopädie
Lohe
Lohn
Loipe
lokal
Lokomotive
Long Drink, Longdrink *§ 37 E4*
Longseller *§ 37 E3*
Look
Looping
Lorbeer
Lorchel
Lord
Lore
Lorgnon
los [sein *§ 35*]
Los
los‿binden, ...lassen ... *§ 34(1.2)*
löschen
lose [sein *§ 35*]; Loseblattausgabe

lösen
Löss, Löß
Losung
Lot
löten
Lotion
Lotos, Lotus *(Seerose), aber*
 Lotus *(Klee)*
Lotse
Lotterie
Lotto
Lotus *(Klee), aber* Lotos,
 Lotus *(Seerose)*
Lounge
Lovestory *§ 37 E3*
Low Fidelity *§ 37 E4*
Löwe
loyal
Luchs *(Tier), aber* Lux
Lücke
Luder
Luft
Lug; Lug und Trug
lugen
lügen log
Lügenbold
Luke
lukrativ
lukullisch
Lumberjack
Lümmel
Lump
Lumpazivagabundus
Lumpen
lunar
Lunch
Lunge; Lungen-Tbc *§ 40(2)*
lungern
Lunte
Lupe
lupfen, lüpfen
Lupine
Lurch
Lurex ®
Lust
Luster, Lüster
lüstern

lustwandeln *§ 33(1)*
lutschen
Luv
Lux *(Lichteinheit), aber* Luchs
luxuriös
Luxus
Luzerne
luzid

Luzifer
Lymphe
lynchen
Lyra
Lyrik
Lysol ®
Lyzeum

m/M

Maar *(Krater), aber* Mahr
Maat *(Seemann), aber* Mahd
Macchia, Macchie
machen
Machete
Macho
Macht
Mädchen
Made
madig
madigmachen *§ 34(2.2)*
Madonna
Madrigal
Maestro
Maffia, Mafia
Magd
Magen
mager
Maggi ®
Magie
Magier
Magister
Magistrat
Magma
Magnat
Magnesium
Magnet
Magnetit
Magnifikat
Magnifizenz
Magnolie
Mahagoni
Mahd *(zu* mähen*), aber* Maat
mähen
Mahl *(Mahlzeit), aber* Mal
mahlen (Korn mahlen)*, aber*
  malen
Mähne
mahnen
Mahonie
Mahr *(Gespenst), aber* Maar

Mähre *(altes Pferd), aber* Mär,
  Märe
Mai
Maid
Mailing
Mais
Majestät
Majonäse, Mayonnaise
Major
Majoran, Meiran
Majorität
makaber
Makel
makeln
mäkeln
Make-up *§ 45 E2*; Make-up-frei
  § 44(1)
Makkaroni
Makler
Makramee
Makrele
makro‿kosmisch …
Makro‿molekül …
Makrone
Makulatur
mal
Mal; das achte Mal, zum achten
  Mal[e] (*aber* achtmal, *bei beson-
  derer Betonung auch* acht Mal),
  dieses Mal (*aber* diesmal), dieses
  eine Mal (*aber* einmal, *bei beson-
  derer Betonung auch* ein Mal),
  einige Mal[e], das erste Mal (*aber*
  erstmals), etliche Mal[e], kein Mal
  (*bei besonderer Betonung, an-
  sonsten* keinmal), manches Mal
  (*aber* manchmal), mehrere Mal[e]
  (*aber* mehrmals), viele Mal[e]
  (*aber* vielmal, vielmals), [viele]
  Dutzend Mal[e] (*aber* dutzendmal), [einige] Millionen Mal[e],

zu verschiedenen Malen, von Mal
zu Mal *§ 39(1), § 39 E2(1),
§ 55(4), aber* Mahl
malnehmen
Malachit
malad, malade
Malaise, Maläse
Malaria
Maläse, Malaise
malen *(Bilder malen), aber*
  mahlen
Malheur
maliziös
malmen
malträtieren
Malus
Malve
Malz
Mama
Mambo
Mammon
Mammut
Mamsell
man
Management
manch; manche, mancher,
  manches *§ 58(4)*
manchmal *§ 39(1), aber* manches
  Mal *§ 39 E2(1)*
mancher⌣orten, ...orts *§ 39(1)*
Manchester
Mandant
Mandarine
Mandat
Mandatar
Mandel
Mandoline
Manege
Mangan
Mangel
mangels *§ 56(3)*
Mango
Mangold
Mangrove
Manie
Manier

manifest
Maniküre
Maniok
Manipulation
manipulieren
manisch-depressiv *§ 44(2)*
Manko
Mann
Manna
Mannequin
mannigfach
Manometer
Manöver
Mansarde
Manschette
Mantel
manuell
Manufaktur
Manuskript
Mappe
Mär, Märe *(Nachricht), aber*
  Mähre
Marabu
Marathon [laufen (ich laufe Ma-
  rathon), marathonlaufen *§ 33 E*]
Märchen
Marder
Märe, Mär *(Nachricht), aber*
  Mähre
Margarine
Marge
Margerite
marginal
Marihuana
Marille *(Aprikose), aber* Morelle
Marimba
Marinade
Marine
Marionette
maritim
Mark
markant
Marke
Marketing
markieren

Markise *(Sonnendach), aber*
  Marquise
Markt
Marmelade
Marmor
marodieren
Marone, Maroni *(österr., schweiz.*
  auch), Marroni *(schweiz. auch)*
Maroni *(österr., schweiz. auch)*,
  Marone, Marroni *(schweiz. auch)*
Marotte
Marquise *(franz. Titel), aber*
  Markise
Marroni *(schweiz. auch)*, Marone,
  Maroni *(österr., schweiz. auch)*
Marsch
Marschall
Marstall
Marter
Marterl
martialisch
Märtyrer
Martyrium
März
Marzipan
Masche
Maschine [schreiben (ich
  schreibe Maschine) *§ 55(4)*]
  (vgl. maschinschreiben)
maschinschreiben *(österr.)*
  § 33(1) (*vgl.* Maschine
  schreiben)
Masern
Maserung
Maske
Maskottchen, Maskotte
maskulin
Masochismus
Maß [nehmen ... *§ 55(4);* halten,
  maßhalten *§ 34 E6*]
maß∪gebend ... *§ 36(1.1);*
  ...regeln *§ 33(1)*
maßhalten, Maß halten *§ 34 E6*
Massage
Massaker
Masse

Massette
Masseur, Masseurin
Masseuse
Maßholder
mäßig
massiv
Maßlieb, Maßliebchen
Mast
Master
Masturbation
Masurka, Mazurka
Matador
Match
Matchwinner
Mate
Material
Materie
Mathematik
Matinee
Matjeshering
Matratze
Mätresse
Matriarchat
Matrikel
Matrix *Pl.* ...trizen, ...trizes,
  ...trices
Matrize
Matrone
Matrose
Matsch
matt [setzen, mattsetzen *(Schach)*
  § 34(2.1), aber mattsetzen]
mattsetzen *(handlungsunfähig*
  machen) § 34(2.2), aber matt
  setzen
Matte
Matur, Matura
Maturand *(schweiz.)*,
  Maturant *(österr.)*
Mätzchen
Mauer
Maul
Maul∪beere, ...esel ...
maunzen
Maus
mauscheln

Mauser
Mausoleum
Maut
mauve
maxi
Maximum
Mayonnaise, Majonäse
Mäzen
Mazurka, Masurka
Mechanik
meckern
Medaille
Medaillon
Medikament
Meditation
mediterran
Medium
Medizin
Medusen‿blick ...
Meer
Meerrettich
meerwärts *§ 39(1)*
Meeting
Mega‿byte ...
Megafon, Megaphon
Megalith
Megaphon, Megafon
Mehl
Mehltau *(Pflanzenkrankheit),* *aber* Meltau
mehr *(zu* viel)
mehr‿fach; das Mehrfache, um das Mehrfache größer *§ 57(1);* ...mals *§ 39(1), aber* mehrere Male *§ 39 E2(1)*
meiden mied
Meile
Meiler
mein *(Personalpronomen)* *(siehe* ich)
mein *(Possessivpronomen)* *§ 58(1);* Mein und Dein [nicht] unterscheiden, ein Streit über Mein und Dein *§ 57(3);* die Meinen, meinen (die Meinigen,

meinigen), das Meine, meine (das Meinige, meinige) *§ 58 E3*
Meineid
meinen
meiner *(Personalpronomen)* *(siehe* ich)
meinerseits *§ 39(1)*
meines‿gleichen, ...teils *§ 39(1)*
meinet‿halben, ...wegen *§ 39(1)*
Meiran, Majoran
Meise
Meißel
meist; am meisten *§ 58(2);* das meiste, die meisten *§ 58(5), substantivisch auch* das Meiste, die Meisten *§ 58 E4 (zu* viel)
meist‿bietend ... *§ 36(1.2)*
meistenteils *§ 39(1)*
Meister
Melancholie
Melange
Melde
melden
melieren
Melioration
Melisse
melken gemolken *oder* gemelkt
Melodie
Melone
Meltau *(Blattlaushonig), aber* Mehltau
Melusine
Membran, Membrane
Memento
Memme
Memoiren
Memory
Menagerie
mendeln
Menetekel
Menge
mengen
Menhir
Meniskus
Mennige
Mensa

Mensch
menschenmöglich *§ 36(1.1)*; das/
   alles Menschenmögliche [tun …]
   § 57(1)
Menstruation
Mensur
mental
Menthol
Mentor
Menü
Menuett
Mergel
Meridian
Meringe, Meringel, Meringue
Merino[wolle]
Meriten
merkantil
merken
Merkur
Merlin
Merz⌣schaf …
Mesalliance
Mesmer, Mesner, Messner
Mesmerismus
Mesner, Mesmer, Messner
Message
Messe
messen misst, maß
Messer
Messias
Messing
Messner, Mesmer, Mesner
Mestize
Met
meta⌣sprachlich …
Meta⌣kritik …
Metall [verarbeiten … *§ 55(4)*;
   verarbeitend, metallverarbeitend
   … *§ 36(2.1)*]
metallic
Metapher
Metastase
Meteor
Meter
meter⌣hoch … *§ 36(1.1)*
Methan

Methode
Methusalem
Methyl
Metier
Metrik
Metro
Metropole
Mette
Metzger
Meuchelmord
Meute
meutern
Mezzanin
Mezzosopran
miauen
mich *(Personalpronomen)*
   (siehe ich)
mickerig, mickrig
midi
Midlifecrisis *§ 37 E3*, Midlife-
   Crisis *§ 45 E1*
Mieder
Mief
Miene *(Gesichtsausdruck),*
   aber Mine
Miere
mies
miesmachen *(herabsetzen)*
   § 34(2.2)
Miesmuschel
Miete
Mignonfassung
Migräne
Mikado
mikro⌣elektronisch …
Mikro⌣film …
Mikrobe
Mikrofon, Mikrophon
Mikroskop
mikroskopisch [klein]
Milan
Milbe
Milch [gebend, milchgebend …
   § 36(2.1)]
mild, milde
Milieu; milieubedingt *§ 36(1.1)*

militant
Military
Miliz
Mille
Milli‿gramm ...
Milliarde *§ 55(5)*
Million *§ 55(5)*
Milz
Mimik
Mimikry
Mimose
Minarett
minder; mehr oder minder
minder‿bemittelt ... *§ 36(1.5)*
mindest[e]; das Mindeste *§ 57(1)*,
  mindeste *§ 58(5)*; [nicht] im
  Mindesten *§ 57(1)*, [nicht] im
  mindesten *§ 58(5)*
Mine *(Sprengkörper usw.)*,
  aber Miene
Mineral
Minestra, Minestrone
mini
Miniatur
Minimal Art *§ 37 E4*
Minimum
Minister
Ministrant
Minne
Minorität
Minotaur, Minotaurus
Minuend
minus
Minute
minutiös, minuziös
Minze
mir *(Personalpronomen)*
  (siehe ich)
Mirabelle
Mirakel
Misanthrop
mischen
Mischmasch
miserabel
Misere
Mispel

Miss
miss‿achten, ...fallen ...
Missal, Missale
missen
Missetat
misshellig
Missing Link *§ 37 E4*
Mission
misslich
Missmut
Mist
Mistel
Mistral
mit [aufräumen ... *§ 34 E1*]
mit‿bringen ... *§ 34(1.1)*
miteinander [auskommen, gehen
  ... *§ 34 E1*]
Mitgift
mithilfe, mit Hilfe *§ 39 E3(3)*
mithin
mitsamt
Mittag *§ 4(8) usw.*
  (*vgl.* Abend *usw.*)
mittags (*vgl.* abends)
Mitte [Januar, nächsten Jahres ...];
  in der Mitte [des Raumes ...]
  § 55(4) (*vgl.* inmitten, mitten)
mitteilen
Mittel
mittels *§ 56(3)*
mitten [im Raum ...]
  (*vgl.* inmitten, Mitte)
Mitternacht *usw.* (*vgl.* Abend
  usw.); um Mitternacht; heute
  Mitternacht *§ 55(6)*
mitternachts *usw.*
  (*vgl.* abends *usw.*)
mittlere
mittlerweile
Mittwoch *usw.*
  (*vgl.* Dienstag *usw.*)
Mittwochabend *usw.*
  (*vgl.* Dienstagabend *usw.*)
mittwochs *usw.*
  (*vgl.* dienstags *usw.*)

Mixedpickles, Mixed Pickles
  § 37 E4 (vgl. Mixpickles)
mixen
Mixpickles *§ 37 E4 (vgl.* Mixed-
  pickles, Mixed Pickles)
Mixtur
Mnemonik, Mnemotechnik
Mob *(Pöbel), aber* Mopp
Möbel
mobil
Mobiliar
mobilmachen *(Heer) § 34(2.2)*
Mocca *(österr. auch),* Mokka
modal
Modder
Mode
Model *(Fotomodell)*
Model *(Backform usw.)*
Model, Modul *(Verhältniszahl)*
Modell
Modem
Moder
moderat
modern
Modern Jazz *§ 37 E4*
Modifikation
modifizieren
Modul, Model *(Verhältniszahl)*
Modul *(Schaltungseinheit)*
Modulation
Modus
mogeln
mögen mag, mochte
möglich [machen *§ 34(2.3)*]; das
  Mögliche, alles Mögliche *(alles,*
  was möglich ist; allerlei), Mögli-
  ches und Unmögliches verlangen,
  sein Möglichstes tun *§ 57(1)*
Mohair, Mohär
Mohn
Mohr *(dunkelhäutiger Afrikaner),*
  aber Moor
Möhre
Mohrrübe
mokant
Mokassin

Mokka, *(österr. auch)* Mocca
Molch
Mole, Molo
Molekül
Molke
Moll (a-Moll *usw.,*
  aber A-Dur *usw.*)
Moll, Molton *(Gewebe)*
mollig
Molluske
Molo, Mole
Moloch
Molton, Moll *(Gewebe)*
Moment
Monarchie
Monat
monatelang *§ 36(1.1),*
  aber mehrere Monate lang
Mönch
Mond
mondän
monetär
Monier∪zange ...
monieren
Monismus
Monitor
Monitum
mono∪syllabisch ...
Mono∪kultur ...
monogam
Monografie, Monographie
Monogramm
Monographie, Monografie
Monokel
Monolith
Monolog
Monophthong
Monopol
monoton
Monotype ®
Monster
Monstranz
Monsun
Montag *usw.*
  (vgl. Dienstag *usw.*)

Montagabend *usw.*
  (*vgl.* Dienstagabend *usw.*)
Montage
montags *usw.*
  (*vgl.* dienstags *usw.*)
montan, montanistisch
Montur
Monument
Moonboots *§ 37 E3*
Moor *(Sumpf), aber* Mohr
Moos
Moped
Mopp *(Staubbesen), aber* Mob
Mops
Moral
Moräne
Morast
Moratorium
morbid
Morchel
Mord
Morelle *(Kirsche), aber* Marille
morgen *usw.* (*vgl.* gestern *usw.*)
Morgen *usw.* (*vgl.* Abend *usw.*)
morgendlich
morgens *usw.* (*vgl.* abends *usw.*)
Moritat
Morphium
morsch
morsen
Mörser
Mortadella
Mörtel
Mosaik
Moschee
Moschus
Moskito
Most
Mostrich
Motel
Motette
Motiv
Motocross *§ 37 E3*, Moto-Cross
  § 45 E1
Motodrom
Motor

Motte
Motto
Mountainbike *§ 37 E3*
Möwe
Mücke
müde
Müesli *(schweiz.)*, Müsli
Muff
Muffe
Muffel *(Schmelztiegel usw.)*
Muffel, Mufflon *(Wildschaf)*
Mühe
muhen
Mühle
Mulatte
Mulde
Muli
Mull
Müll
Müller
mulmig
multi‿kulturell ...
Multi‿millionär ...
Multiple-Choice-Verfahren
  § 44(1)
Multiplikand
multiplizieren
Mumie
Mumm
Mummel
mümmeln
Mummenschanz
Mumps
Mund
Mundvoll, Mund voll; zwei
  Mundvoll, Mund voll Fleisch
münden
mündig [werden ... *§ 34(2.3)*;
  sprechen, mündigsprechen
  § 34 E5; sein *§ 35*]
mundtot [machen *§ 34(2.3)*]
Mungo
Muni
Munition
munkeln

Münster
munter
Münze
Muräne
mürb, mürbe
murmeln
murren
Mus
Muschel
Muse
Musette
Museum
Musical
Musik
musik‿verständig ...
Musikant
Musikus *Pl.* ...sizi
Muskat
Muskateller
Muskel
Muskete
muskulös

Müsli, Müesli *(schweiz.)*
Muße
Musselin
müssen muss; das Muss *§ 57(2)*
müßig [sein *§ 35*]
müßiggehen *§ 34(2.2)*
Mustang
Muster
Mut; zu Mute, zumute [sein]
   § 39 E3(1)
Mutation
mutmaßen *§ 33(1)*
Mutter
Mütze
Myriade
Myrre, Myrrhe
Myrte
Mysterium
Mystik
Mythos

n/N

Nabe
Nabel
nach; nach wie vor *§ 39 E2(2.1)*
nach∪sehen, ...ahmen …
  § 34(1.1)
Nachbar
nachdem
nacheinander [kommen …
  § 34 E1]
Nachen
nachfolgend; das Nachfolgende,
  Nachfolgendes, im Nachfolgenden *§ 57(1)*
nachgewiesenermaßen *§ 39(1)*
nachhause, nach Hause *§ 39 E3(1)*
  (*vgl.* Haus)
nachhinein; im Nachhinein
  § 57(5)
nachlässig
Nachmittag *usw.*
  (*vgl.* Abend *usw.*)
nachmittags *usw.*
  (*vgl.* abends *usw.*)
Nachricht
nächst; der, die, das Nächste, als
  Nächstes, liebe deinen Nächsten,
  der Nächste, bitte! *§ 57(1)*
nächst∪beste … *§ 36(1.2)*
Nacht *usw.* (*vgl.* Abend *usw.*)
nächtens
Nachtigall
nachts *usw.* (*vgl.* abends *usw.*)
nachtwandeln *§ 33(1)*
Nackedei
Nacken
nackt
Nackt∪schnecke …
Nadel
Nagel
nagen
Na-haltig *§ 40(2)*, *§ 55(2)*

nahe [wohnen … *§ 34(2.3)*)]; von
  nah [und fern] *§ 58(3.1); von
  nahem, von Nahem *§ 58(3.2)*;
  [sich] des Näheren [entsinnen
  …], des Näheren [erläutern]
  § 57(1)
nahe∪bringen, ...kommen, ...treten
  … *§ 34(2.2)*
nahebei
nähen
näher [kommen *(Termin)*, rücken
  (Termin) … *§ 34(2.3)*]
näher∪kommen [sich], ...liegen
  … *§ 34(2.2)*
nähren
Nahrung
Naht
naiv
Name, Namen
namens *§ 56(3)*
namentlich
nämlich; der, die, das Nämliche
  § 57(1)
Nano∪farad …
Napalm ®
Napf
Naphtha
napoleonfreundlich,
  Napoleon-freundlich *§ 51*,
  aber nur Fidel-Castro-freundlich
  § 50
Nappa[leder]
Narbe
Narde
Narkose
Narkotikum
Narr
narrativ
Narwal
Narziss
Narzisse
Narzisst

nasal

naschen

Nase

Nasenstüber

naseweis

nass [wischen … *§ 34(2.3);*
schwitzen, nassschwitzen …
§ 34(2.1)]

nasskalt *§ 36(1.4)*

Nation

Natrium

Natron

Natter

Natur

Nauen

Nautik

Nautilus

Navel[orange]

Navigation

Neandertaler

Nebel

neben

nebenan

nebenbei, nebstbei

nebeneinander [hinaufsteigen …
§ 34 E1]

nebeneinander∪legen …
§ 34(1.2)

nebenher [erledigen … *§ 34 E1*]

nebenher∪fahren … *§ 34(1.2)*

nebenstehend *§ 36(1.1);* der, die,
das Nebenstehende, Nebenste-
hendes, im Nebenstehenden
§ 57(1)

nebst

nebstbei, nebenbei

nebulos, nebulös

Necessaire, Nessessär

n-Eck *§ 40(1), § 55(1)*

Neck, Nöck

necken

Neffe

negativ

Neger

Negligé, Negligee

Negrospiritual *§ 37 E3*

nehmen nimmt, nahm, genommen

Nehrung

Neid

Neidnagel, Niednagel

neigen

nein; das Nein, ein Nein aussprechen, [mit] Nein stimmen, Nein
sagen *§ 57(5)*, nein sagen

Nekrolog

Nektar

Nelke

nennen nannte

neo∪tropisch …

Neo∪faschismus …

Neon

Neozoikum

Nepp

Nerfling

Nerv

nervös [machen … *§ 34(2.3)*]

Nerz

Nessel

Nessessär, Necessaire

Nest

nesteln

Nestor

nett

netto

Netz

netzen

neu [eröffnen … *§ 34(2.3);* eröffnet,
neueröffnet … *§ 36(2.1)*]; Neues,
das Neue, aufs Neue *§ 57(1);* auf
neu [trimmen …] *§ 58(3.1);* von
neuem, von Neuem, seit neuestem,
seit Neuestem *§ 58(3.2); (in Eigennamen)* die Neue Welt *§ 60(5);*
das Neue Testament *§ 53(1); (in
festen Verbindungen)* die neue
Armut, die neuen Bundesländer,
das neue Jahr, die neue Linke *§ 63*

neu∪griechisch …

neuerdings *§ 39(1)*

neugeboren

Neugier, Neugierde

neun *usw. (vgl.* acht *usw.)*

neuntel *usw. (vgl.* achtel *usw.)*

neunzig *usw. (vgl.* achtzig *usw.)*

Neuralgie
Neuro⌣chirurgie …
Neurose
neurotisch
neutral
Neutron
New Deal
New Age *§ 37 E4*
Newcomer *§ 37 E3*
New Economy *§ 37 E4*
New Look *§ 37 E4*
News
Nexus
nibbeln
nicht [öffentlich, nichtöffentlich
    … *§ 36(2.3)*]
Nicht⌣raucher … *§ 37(1.5)*
Nichte
nichts [sagen … *§ 34 E1;* sagend,
    nichtssagend … *§ 36(2.1)*]; das
    Nichts, vor dem Nichts stehen
    § 57(3)
nichts⌣destominder,
    …destoweniger *§ 39(1)*
Nickel
nicken
Nicki
Nicotin, Nikotin
nie
nieder; die Hohen und die
    Niederen, Hoch und Nieder
    § 57(1)
nieder⌣gehen … *§ 34(1.2)*
niederländisch, Niederländisch
    (*vgl.* deutsch, Deutsch)
Niedertracht
niedlich
Niednagel, Neidnagel
niedrig [aufhängen, denken …
    § 34(2.3); gesinnt, niedrigge-
    sinnt … *§ 36(2.2)*]; die Hohen
    und die Niedrigen, Hoch und
    Niedrig *§ 57(1)*
niedrighängen [Problem]
    § 34(2.2)
niemand [ander[e]s] *§ 58(4)*; ein
    Niemand *§ 57(3)*

Niere
nieseln
niesen
Nieß⌣brauch …
Nieswurz
Niete
Nightclub *§ 37 E3*
Nihilismus
Nikotin, Nicotin
Nimbus
Nimrod
Nippel
nippen
Nippes, Nippsachen
nirgends
nirgend[s]⌣wo …
Nirosta ®
Nische
Nisse
nisten
Nitrid *(Metall-Stickstoff-Verbin-
    dung), aber* Nitrit
Nitrit *(Salz der salpetrigen Säure),
    aber* Nitrid
Nitroglyzerin
nitschewo
Niveau
Nixe
nobel
Nobelpreis
noch
Nöck, Neck
Nocken
Nockerl
Nocturne, Notturno
No-Future-Generation *§ 44(1)*
Noisette
Nomade
Nomen
nominal
Nominativ
nominell
Nonchalance
nonchalant
None
Nonne
Nonplusultra

Nonsens

nonstop [fliegen … *§ 34 E1*];
   Nonstopflug *§ 37(1.5)*, Nonstop-
   Flug *§ 45(2)*

Noppe

Norden

nörgeln

Norm

normal

Norne

norwegisch, Norwegisch
   (*vgl.* deutsch, Deutsch)

No-Spiel

Nostalgie

Not [leiden, lindern … *§ 55(4);*
   leidend, notleidend … *§ 36(2.1)*,
   aber nur große Not leidend, äußerst notleidend *§ 36 E3*]; zur
   Not, in Nöten [sein] *§ 55(4)* (*vgl.*
   vonnöten)

not [sein *§ 56(1)*]

Notar

Notation

Notdurft

Note

notieren

nötig; das Nötigste, es fehlte ihnen
   am Nötigsten *§ 57(1)*; das ist am
   nötigsten *§ 58(2)*

Notiz

notlanden *§ 33(1)*

notorisch

nottun *§ 34(3)*, *§ 56(2)*

Notturno, Nocturne

Nougat, Nugat

Nova

Novelle

November

Novize

Novum

n-te [Potenz …] *§ 41*

Nu; im Nu *§ 55(4)*

Nuance

Nubuk[leder]

nüchtern

Nuckel

Nudel

Nudist

Nugat, Nougat

Nugget

nuklear

null; gleich null sein *§ 58(6)*; die
   [Ziffer] Null *§ 57(4)*; durch null
   teilen, eins zu null, null Komma
   fünf, in null Komma nichts, auf
   null stehen, unter null sinken
   § 58(6)

Numerale

Numero

Numismatik

Nummer

nummerieren

nun

nunmehr

Nuntius

nur

Nurse

nuscheln

Nuss

Nüster

Nut, Nute

Nutria

Nutte

nutz, nütze; [zu nichts] nutz, nütze
   sein *§ 35*

Nutz, Nutzen; zu Nutz und From-
   men, von Nutzen [sein] *§ 55(4);*
   zu Nutze, zunutze [machen]
   § 39 E3(1)

nutzen, nützen

nutznießen *§ 33(1)*

Nylon ®

Nymphe

Nymphomanie

o/O

o [wie schön, weh …]
Oase
ob
Obacht [geben § 55(4)]
Obdach
Obduktion
obduzieren
O-Beine § 40(1), § 55(1);
  o-beinig, O-beinig § 40(1),
  § 55(2)
Obelisk
oben [stehen … § 34 E1; stehend,
  obenstehend … § 36(2.1)]
oben‿an …
Ober
obere
Obers
obgleich
Obhut
Objekt
objektiv
Oblate
obliegen lag ob oder oblag,
  obgelegen oder oblegen
obligat
Obmann
Oboe
Obolus
obschon
Observation
obskur
obsolet
Obsorge
Obst
obstinat
obszön
obwohl
Ochs, Ochse
Öchsle[grad]
ocker
öd, öde
Ode

öde, öd
oder
Odium
Odyssee
Œuvre
Ofen
off
offen [gesagt, gestanden;
  aussprechen, bleiben [Tür],
  lassen [Tür] … § 34(2.3);
  geblieben, offengeblieben [Tür]
  … § 36(2.1)]
offen‿bleiben [Frage], …halten
  [sich etwas], …legen … § 34(2.2)
offensiv
öffentlich
offerieren
Offert, Offerte
Office
offiziell
Offizier
öffnen
Offset[druck]
o-förmig, O-förmig § 40(1),
  § 55(2)
oft; öfter, öfters; des Öft[e]ren
  § 57(1)
oh; ihr [freudiges] Oh § 57(5)
Ohm
ohne; ohne dass § 39 E2(2.2)
ohneeinander [auskommen …
  § 34 E1]
ohneweiters (österr.)
Ohnmacht
Ohr; zu Ohren kommen § 55(4)
Öhr
Ohrfeige
Okapi
Okarina
okay
okkasionell
okkult

Okkupant
Ökologie
Ökonomie
Oktanzahl
Oktav *(Buchformat)*
Oktav, Oktave *(Intervall)*
Oktober
oktroyieren
Okular
Ökumene
Okzident
Öl
Oldie
Oldtimer
Oleander
Oligarchie
oliv *usw.* (*vgl.* blau *usw.*)
Olive
olympisch; *(in Eigennamen)* die
  Olympischen Spiele *§ 53(2); (in
  festen Verbindungen)* das olym-
  pische Feuer *§ 63*
Oma
Ombudsfrau, Ombudsmann
Omelett, Omelette
Omen
ominös
Omnibus
Onanie
Ondit
Ondulation
Onestepp *§ 37 E3*
Onkel
Onyx
Opa
Opal
Op-Art *§ 45(3)*
Open Air *§ 37 E4;* Open-Air-
  Festival *§ 44(1)*
Open End *§ 37 E4;* Open-End-
  Diskussion *§ 44(1)*
Oper
Operation
Operette
Opfer
Opium
Opossum

Opponent
opponieren
opportun
Opposition
Optik
Optimismus
Optimum
Option
opulent
Opus
Orakel
oral
orange *(Farbe) usw.*
  (*vgl.* blau *usw.*)
Orange *(Apfelsine)*
Orangeade
Orangeat
Orang-Utan
Oratorium
Orbit
Orchester
Orchidee
Orden
ordentlich
Order, Ordre
Ordinalzahl
ordinär
Ordination
ordnen
Ordonanz, Ordonnanz
Ordre, Order
Oregano, Origano
Organ
Organisation
Organist
Orgasmus
Orgel
Orgie
Orient
orientieren
Origano, Oregano
original
originell
Orkan
Orkus
Ornament
Ornat

p/P

paar; ein paar *(einige)*, diese paar
  [Euro …] *§ 56(5)*
Paar; ein Paar [Schuhe …]
  § 55(5), aber Pärchen *§ 9 E2*
Pacemaker
Pacht
Pack, Packen
Packagetour
packen
Packen, Pack
Pädagogik
Paddel
Paddy
Page
Pagode
Paillette
Paket
Pakt
Paladin
Palais
paläo‿grafisch …
Paläo‿botanik …
Paläozoikum
Palast
Palatschinke
Palaver
Palazzo
Paletot
Palette
Palisade
Palisander
Palme
Pampa
Pampelmuse
Pamphlet
pan‿afrikanisch …
Pan‿amerikanismus …
Panade
panaschieren
Panda
Paneel

Panflöte, Pansflöte
Panier
panieren
Panik
Panne
Panoptikum
Panorama
panschen, pantschen
Pansen
Pansflöte, Panflöte
Pantalons
Panter, Panther
Pantheismus
Panther, Panter
Pantine
Pantoffel
Pantolette
Pantomime
pantschen, panschen
Panty
Panzer
Papa
Papagallo
Papagei
Paper
Paperback
Papeterie
Papier
Papp‿maschee, …maché;
  …plakat …
Pappe
Pappel
päppeln
Pappenstiel
Paprika
Papst
Papyrus
para‿militärisch …
Para‿psychologie …
Parabel
Parabol‿antenne …

Parade
Paradeiser
Paradentose, Parodontose
Paradies
Paradigma
paradox
Paraffin
Paragraf, Paragraph
parallel [laufen … § 34(2.3);
    laufend, parallellaufend …
    § 36(2.1)]
Paralyse
paralytisch
Parameter
Paranuss
Parasit
Parasol
parat
Pärchen (*zu* Paar) § 9 E2
Parcours
Pardon
Parfait
Parforce‿jagd …
Parfum, Parfüm
Paria
parieren
Parität
Park
Parka
Park-and-ride-System § 44(1)
parken
Parkett
Parlament
Pärlein (*zu* Paar) § 9 E2
Parmesan
Parodie
Parodontose, Paradentose
Parole
Paroli
Part
Parte
Partei
parterre
Partie
partiell
Partikel
Partisan

Partitur
Partizip
Partizipation
Partner
partout
Party
Parzelle
Pascha
paschen
Paspel
Pass
passabel
Passage
Passagier
Passant
Passat
Passe
passé, passee [sein]
passen
Passepartout
passieren
Passion
passiv
Paste
Pastell
Pastete
pasteurisieren
Pastille
Pastmilch
Pastor
Patchwork
Pate
patent
Patent
Pater
Paternoster
Pathologie
Pathos
Patience
Patient
Patina
Patio
Patisserie
Patissier
Patriarch
Patriot
Patrizier

Patron

Patrone

Patrouille

Patschuli

patt

Patte

patzen

Pauke

pausbackig, pausbäckig

pauschal

Pause

pausen

Pavane

Pavian

Pavillon

Pawlatsche

Pazifismus

Pech

Pedal

pedant, pedantisch

Pedant *(kleinlicher Mensch),*
  aber Pendant

pedantisch, pedant

Pediküre

Peepshow *§ 37 E3*

Peer

Pegasus

Pegel

peilen

Pein

peinlich

Peitsche

Pekinese

pekuniär

Pelargonie

Pelerine

Pelikan

Pelle

Pellet

Pelz

pelzen

Pendant *(Gegenstück),*
  aber Pedant

Pendel

pendent

penetrant

Penetranz

penibel

Penicillin, Penizillin

Penis

Penizillin, Penicillin

Pennäler

Pension

Pensum

Penthaus, Penthouse

Pep, *aber* peppig

Peperone, Peperoni, Pfefferoni

Pepita

peppig, *aber* Pep

per

Percussion, Perkussion

Perestroika

perfekt

perfid, perfide

Perforation

Performance

Pergament

Pergola

Periode

peripher

Perkussion, Percussion

Perle

Perlmutt[er]

Perlon ®

perlustrieren

permanent

Permanenz

Perpendikel

perplex

Perser

Persianer

Persiflage

Persipan

Person

Personal Computer *§ 37 E4*

Personalityshow *§ 37 E3*

Perspektive

Perücke

pervers

pervertieren

Perzeption

Pessar

Pessimismus

Pest

Pestizid

Petersilie

Petit

Petition

Petits Fours *(Gebäck)* *§ 55(3)*

Petrol[eum]

Petschaft

Petticoat

Petting

Petunie

petzen

Pfad

Pfahl

Pfand

Pfanne

Pfarrer

Pfau

pfauchen, fauchen

Pfeffer

Pfefferminz

Pfefferoni, Peperone, Peperoni

pfeifen pfiff

Pfeil

Pfeiler

Pfennig

Pferch

Pferd

Pfiff

Pfifferling

pfiffig

Pfingsten

Pfirsich

Pflanze

Pflaster

Pflaume

Pflege

Pflicht

pflicht‿vergessen ... *§ 36(1.1)*

Pflock

pflücken

Pflug

Pforte

Pfosten

Pfote

Pfriem

Pfropf

Pfründe

Pfuhl

Pfund

Pfusch

Pfütze

Phalanx *Pl.* ...langen

Phallus

Phänomen

Phantasie, Fantasie
  (Musikstück nur so)

phantastisch, fantastisch

Phantom

Pharisäer

Pharmaindustrie

pharmazeutisch

Phase

Phenol

Philatelie

Philharmonie

Philister

Phillumenie

Philodendron

Philologie

Philosophie

Phiole

Phlegma

Phlox

Phobie

Phon, Fon

phono‿metrisch ..., fono‿...

Phono‿technik ..., Fono‿...

Phosphor

photo‿elektrisch ..., foto‿...

Photo‿synthese ..., Foto‿...

photogen, fotogen

Photographie, Fotografie

Photometrie, Fotometrie

Phrase

pH-Wert *§ 40(2), § 55(1)*

Physik

physio‿therapeutisch ...

Physio‿therapie ...

Physiognomie

physisch

Piano

Piccolo, Pikkolo

Pick *(Klebstoff)*

Picke
Pickel
Pickelhering
picken
Pickerl
Picknick
picobello
piek∪fein ... *§ 36(1.2)*
Piep
Pieps
Pier
Pieta, Pietà
Pietät
Pigment
Pik *(Bergspitze; Spielkartenfarbe;*
  heimlicher Groll)
pikant
Pike
piken, piksen
Pikett
pikiert
Pikkolo, Piccolo
piksen, piken
Piktogramm
Pilger
Pille
Pilot
Pils *(Bier)*
Pilz *(Gewächs)*
Piment
Pimpf
pingelig
Pingpong
Pinguin
Pinie
pink
Pinne
Pinnwand
Pinscher
Pinsel
Pin-up-Girl *§ 44(1)*
Pinzette
Pionier
Pipe
Pipeline
Pipette
Pips

Piranha, Piraya
Pirat
Piraya, Piranha
Piroge *(indian. Einbaum)*
Pirogge *(Pastetenart)*
Pirol
Pirouette
Pirsch
Pissoir
Pistazie
Piste
Pistole
Pitaval
Pitchpine
pittoresk
Piz
Pizza
Pizzeria
Pizzikato
Placebo
Plache, Blache, Blahe
placken
Plädoyer
Plafond
Plage
Plagiat
Plaid
Plakat
Plakette
plan [schleifen, planschleifen ...
  § 34(2.1)]
Plan
Plane
Planet
Planke
plänkeln
Plankton
planschen, plantschen
Plantage
plantschen, planschen
plappern
plärren
Plasma
Plastik
Plastilin[a]
Platane
Plateau

Platin
Platitude, Plattitüde
platonisch
plätschern
platt [drücken, plattdrücken …
   § 34(2.1)]
platt‿nasig … *§ 36(1.2)*;
  …machen *§ 34(2.2)*
plätten
Plattitüde, Platitude
Plattler
Platz [finden, machen … *§ 55(4)*]
platzen [lassen, platzenlassen
  [Veranstaltung] *§ 34 E7*]
platzieren
plaudern
plauschen
plausibel
Play-back, Playback *§ 45 E2*
Playboy *§ 37 E3*
Play-off, Playoff *§ 45 E2*;
  Play-off-Runde *§ 44(1)*,
  Playoffrunde *§ 37(1.5)*,
  Playoff-Runde *§ 45(2)*
Plazenta
Plazet
Plebejer
Plebiszit
Plebs
Pleinair
pleite [sein … *§ 35, § 56(1)*]
Pleite [machen *§ 55(4)*]
pleitegehen *§ 34(2.2)*
Plenar‿saal …
Plenum
Plethi; Krethi und Plethi
Pleuel
Plexiglas ®
Plissee
Plombe
Plot
Plotter
Plötze
plötzlich
Pluder‿hose …
pludern
Plumeau

plump
Plumpsack
Plumpudding
Plunder
plündern
Plural
plus
Plüsch
plustern
Plutonium
Pneu, Pneumatik
Po, Popo
Pöbel
Poch
pochen
pochieren
Pocke
Pocketkamera *§ 37(1.1)*
Podest
Podex
Podium
Poesie
Poetik
Pogrom
Point
Pointe
Pokal
Pökel
Poker
Pokerface *§ 37 E3*
Pol
Polaroidkamera ® *§ 37(1.1)*
Polder
Polemik
Polenta
Police, Polizze *(österr.)*
Polier
Poliklinik
Politik
Politur
Polizei
Polizze *(österr.)*, Police
Polka
Pollen
Poller
polnisch, Polnisch
  (vgl. deutsch, Deutsch)

Polo
Polonaise, Polonäse
Polster
poltern
poly∪technisch …
Poly∪grafie …
Polyamid ®
Polyester
polyfon, polyphon
polygam
polyglott
Polyp
polyphon, polyfon
pölzen
Pomade
Pomeranze
Pommes frites
Pomp
Pönale
Poncho
Pontifex *Pl.* …fizes, …fices
Pontifikat
Ponton
Pony
Pool
Pop, *aber* poppig, Popper
Popanz
Pop-Art *§ 45(3)*
Popcorn *§ 37 E3*
Popel
Popelin, Popeline
Popo, Po
Popper, *aber* Pop
poppig, *aber* Pop
populär
Pore
Pörkel, Pörkelt, Pörkölt
Pornografie, Pornographie
porös
Porphyr
Porree
Porridge
Portable
Portal
Portemonnaie, Portmonee
Porter
Portier

Portiere
Portion
Portmonee, Portemonnaie
Porto
Porträt
portugiesisch, Portugiesisch
  (*vgl.* deutsch, Deutsch)
Portwein
Porzellan
Posament
Posaune
Pose
Position
positiv
Posse
possessiv
Post
post∪lagernd …
post∪operativ …
Post∪moderne …
Postament
Posten [stehen *§ 55(4)*]
Poster
posthum, postum
Postille
Postskript, Postskriptum
Postulat
postum, posthum
Pot *(Marihuana)*, *aber* Pott
potent
Potentat
Potential, Potenzial
potentiell, potenziell
Potenz
Potenzial, Potential
potenziell, potentiell
Potpourri
Pott *(Topf)*, *aber* Pot
Poulard, Poularde
Poulet
Power
Powerplay
Powidl
Prä
prä∪disponieren …
Prä∪historiker …

Präambel
Pracht
pracken
prädestiniert
Prädikat
Präfation
Präfekt
präferentiell, präferenziell
Präferenz
präferenziell, präferentiell
Präfix
prägen
Pragmatik
prägnant
Prägnanz
prahlen
Prahm
präjudizieren
Praktikant
praktizieren
Prälat
Praline, Pralinee
prallen
Präludium
Prämie
Prämisse
prangen
Pranger
Pranke
Präparat
Präposition
präpotent
Prärie
Präsens *(Gegenwart)* Pl. ...sentia
   oder ...senzien, *aber* Präsenz
präsent [haben]
Präsent
Präsentant
Präsenz *(Anwesenheit), aber*
   Präsens
Präser[vativ]
Präses
Präsident
prasseln
prassen
prätentiös
Präteritum

Prau
Prävention
Praxis
Präzedenz∪fall ...
präzis, präzise
Predigt
Preis
Preiselbeere
preisen pries
preisgeben (ich gebe preis)
   § 34 E4
prekär
prellen
Prélude
Premier
Premiere
Presbyter
preschen
Presse
pressen
pressieren
Prestige
Presto
pretiös, preziös
Pretiosen, Preziosen
preziös, pretiös
Preziosen, Pretiosen
Prickel
Priel
Priem
Priester
Prim, Prime
prima
Primaballerina
Primadonna
Primar∪arzt ...
primär
Primas
Primat
Prime, Prim
Primel
primitiv
Primiz
Primzahl
Printe
Printer
Prinz

Prinzip
Prior
Priorität
Prise
Prisma
Pritsche
privat; von privat
Private Banking *§ 37 E4*
Privileg
pro [Kopf ... *§ 55(4)*]
pro⌣amerikanisch ...
Pro⌣rektor ...
Proband
probat
Probe [fahren ... *§ 55(4)*]
probeweise *§ 39(1)*
probieren; das Probieren *§ 57(2);*
    Probieren/probieren geht über
    Studieren/studieren *§ 57 E3*
Problem
Procedere, Prozedere
Producer
Produktion
Produzent
profan
professionell
Professor
Profi
Profil
Profit
profund
Prognose
prognostizieren
Programm
Progression
Prohibition
Projekt
Projektion
projizieren
Proklamation
Pro-Kopf-Verbrauch *§ 44(1),*
    § 55(1), § 55(2)
Prokura
Proletariat
Prolog
Promenade
Promille

prominent
Prominenz
Promiskuität
Promoter
Promotion (*zu* promovieren)
Promotion *(Förderung)*
Promotor
Promovend (*zu* promovieren)
promovieren
prompt
Pronomen
prononciert
Propaganda
Propan
Propeller
proper
Prophet
prophezeien
prophylaktisch
Prophylaxe
Proportion
proportional
Proporz
Propst
Prosa
prosit, prost
Prosodie
Prospekt
Prosperität
prost, prosit
Prostata *Pl.* ...tae
Prostitution
Protagonist
Protegé
protegieren
Protein
Protektion
Protest
Protestantismus
Prothese
prothetisch
Protokoll
Protokollant
Proton
Prototyp
Protz
Proviant

Provinz
provinziell
Provision
provisorisch
provokant
provozieren
Prozedere, Procedere
Prozedur
Prozent
Prozess
Prozession
prüde
prüfen
Prügel
Prunk
prusten
Psalm
Psalter
pseudo‿wissenschaftlich …
Pseudo‿krupp …
Pseudonym
Psyche
Psychiatrie
psycho‿therapeutisch …
Psycho‿thriller … *§ 37(1.5)*
Pub *(Gastwirtschaft), aber* Pup
Pubertät
Publicity
Public Relations *§ 37 E4*
publik [machen, publikmachen …
§ 34(2.1)]
Publikation
Publikum
publizieren
Puck
Pudding
Pudel
Puder
Pulk
Pulli
Pullman‿wagen …
Pullover
Pullunder
Puls
Pult

Pulver
Puma
Pump
Pumpe
Pumpernickel
Pumphose
Pumps
Punchingball *§ 37 E3*
Punk
Punkt [acht Uhr] *§ 55(4)*
punktieren
pünktlich
Punsch
Pup, Pups, Pupser *(Blähung),*
aber Pub
Pupille
Puppe
Pups, Pup, Pupser *(Blähung)*
pur
Püree
Purgatorium
Purismus
Puritanismus
Purpur
purzeln
puschen, pushen
pusseln *(herumbasteln)*
Pustel
pusten
Puszta
Pute
Putsch
Putte
Putz
putzen; das Putzen, das Fenster-
putzen *§ 43 E, § 57(2)*
puzzeln *(zu* Puzzle)
Puzzle
Pyjama
Pyramide
pyro‿technisch …
Pyro‿manie …
Pyrrhussieg
Python

qu/Qu

Quacksalber
Quaddel
Quadrat
Quadriga
Quadrille
quadrofon, quadrophon
Quai, Kai
quaken
Qual
Qualität
Qualle
Qualm
Quäntchen
Quantität
Quantum
Quappe
Quarantäne
Quargel
Quark
Quart, Quarte
Quartal
Quartär
Quarte, Quart
Quartett
Quartier
Quarz
quasi
Quaste
Quästor
Quatsch
Quecke
Quecksilber
quellen quellte *(einweichen)*
quellen quillt, quoll *(schwellen)*
Quendel

quer [legen [etwas; sich ins Bett],
  stellen [Schrank] … *§ 34 E1]*;
  kreuz und quer
quer‿legen [sich] *(sich widerset-
  zen),* ...schießen, ...stellen [sich]
  … *§ 34(1.2)*
Quer‿verbindung …
Quere; in die Quere [kommen],
  in die Kreuz und [in die] Quere
  [laufen] *§ 55(4)*
Querelen
querfeldein *§ 39(1)* [laufen …]
Querulant
quetschen
Queue
quicklebendig *§ 36(1.5)*
Quickstepp *§ 37 E3*
quieken, quieksen
quietschen
Quint, Quinte
Quintessenz
Quintett
Quirl
Quisling
Quisquilien
quitt
Quitte
quittieren
Quiz, *aber* quizzen
quizzen, *aber* Quiz
Quodlibet
Quorum
Quote
Quotient

r/R

Rabatt
Rabatte
Rabbi[ner]
Rabe
rabiat
Rache
Rachen
rächen (*zu* Rache), *aber* rechen
Rachitis *Pl.* ...tiden
Rack *(Regal), aber* Reck
Racke, Rake
rackern
Racket, Rakett
Raclette
Rad [fahren, schlagen ... *§ 55(4)*;
    fahrend, radfahrend ... *§ 36(2.1)*]
Radar
radebrechen *§ 33(1)*
Rädelsführer
radial
radieren
Radieschen
radikal
Radio
radio‿aktiv ...
Radio‿chemie ...
Radium
Radius
Radon
raffen
Raffinerie
Raffinesse
raffiniert
Raft
Rage
ragen
Raglan
Ragout
Ragtime
Rah, Rahe
Rahm

Rahmen
Rahne, Rande
Rain
Rake, Racke
räkeln, rekeln
Rakete
Rakett, Racket
Ralle
Rallye
Ramadan
Rambo
rammen
Rampe
ramponieren
Ramsch
Ranch
Rand; zu Rande, zurande [kom-
    men] *§ 39 E3(1)*
randalieren
Rande, Rahne
Rang
rangeln
Ranger
rangieren
rank
Rank
Ranke
Ränke [schmieden], *aber* Renke
Ranunkel
Ranzen
ranzig
Rap, Rapping
rapid, rapide
Rappe
rappeln
Rappen
Rapping, Rap
Rapport
Raps
Rapünzchen
rar

rarmachen [sich] *§ 34(2.2)*
rasant
Rasanz
rasch
rascheln
rasen
Rasen
Räson
räsonieren
Raspel
räß
Rasse
Rassel
Rast
Raste
Raster
Rasur
Rat [suchen … *§ 55(4)*; suchend,
   ratsuchend … *§ 36(2.1), aber nur*
   guten Rat suchend *§ 36 E3*]; zu
   Rate, zurate [ziehen] *§ 39 E3(1)*
Ratatouille
raten riet
Ratifikation
ratifizieren
Ration
rational
rationell
rätoromanisch, Rätoromanisch
   (*vgl.* deutsch, Deutsch)
Rätsche
ratschen
ratschlagen
Rätsel
Ratte
rattern
rau
Raub
Rauch
Räude
Raufbold
Raufe
raufen
rauhaarig
Rauheit
Raum
raunen

Raupe
Rausch
rauschen
räuspern
Raute
Ravioli
Rayon *(Bereich, Bezirk)*,
   aber Reyon
Razzia
Re (*Gegensatz* Kontra), *aber* Reh
Reader
Reagens *Pl.* …genzien,
   Reagenz *Pl.* -ien
reagieren
Reaktion
Reaktor
real
Realitäten
Rebe
Rebell
Rebhuhn
Rechaud
rechen *(harken), aber* rächen
Rechenschaft
Recherche
rechnen
recht [sein *§ 35*]; das Rechte [tun
   …], nach dem Rechten sehen
   § 57(1); [sich] recht verhalten
recht, Recht [bekommen, geben,
   haben, tun … *§ 56 E2*]
Recht [sprechen … *§ 55(4)*];
   mit Recht, zu Recht *§ 55(4)*
   (*vgl.* zurecht)
recht‿fertigen, …schreiben
   § 34(2.2)
rechte; die rechte Hand; die
   Rechte, auf der Rechten, zur
   Rechten *§ 57(1)*
rechtens *§ 56(3)* [sein *§ 35*;
   etwas rechtens machen, für
   rechtens halten]
rechts [abbiegen … *§ 34(2.3)*;
   abbiegend, rechtsabbiegend …
   § 36(2.1)]; nach rechts, gegen
   rechts
rechts‿erfahren … *§ 36(1.1)*

Reck *(Turngerät), aber* Rack
Recke
recken
Recorder, Rekorder
Recycling
Redaktion
Rede *(zu* reden); Red[e] und
    Antwort stehen *§ 55(4), aber*
    Reede
reden
redigieren
redlich
Redoute *(Kostümfest)*
redselig *§ 36(1.2)*
Reduktion
redundant
Redundanz
reduzieren
Reede *(Ankerplatz), aber* Rede
reell
Refektorium
Referat
Referendum
Referent *(Berichterstatter), aber*
    Reverend
Referenz *(Empfehlung), aber*
    Reverenz
reflektieren
Reflex
Reflexion
reflexiv
Reform
Refrain
Refugium
refundieren
Regal
Regatta
Regel
regen
Regen
Regeneration
Regent
Reggae
Regie
regieren; der Regierende Bürger-
    meister *§ 64(1)*

Regime
Regiment
Region
Register
Reglement
regnen
Regress
regulär
regulieren
Reh *(Tier), aber* Re
Rehabilitand
Rehabilitation
reiben rieb
reich [schmücken … *§ 34(2.3);*
    geschmückt, reichgeschmückt …
    § 36(2.1)]; die Reichen, Arme
    und Reiche, Arm und Reich
    § 57(1)
Reich
reichen
reif
Reif
Reifen
Reigen
Reihe
Reiher
reihum
Reim
rein [erhalten … *§ 34(2.3);* ma-
    chen, reinmachen … *§ 34(2.1)*];
    das Reine, ins Reine kommen, ins
    Reine schreiben, [mit jemandem]
    im Reinen [sein] *§ 57(1)*
rein∪golden, ...seiden … *§ 36(1.5)*
rein∪schreiben [Brief], ...waschen
    [sich] *§ 34(2.2)*
Reineclaude, Reneklode,
    Ringlotte
reinemachen *§ 34(1.3)*
Reinette, Renette
Reis
reisen
Reißaus [nehmen *§ 55(4)*]
reißen riss
reiten ritt
reizen

Reizker
rekeln, räkeln
Reklamation
Reklame
rekommandieren
rekonvaleszent
Rekonvaleszenz
Rekord
Rekorder, Recorder
Rekrut
rektal
Rektion
Rektor
rekurrieren
Rekurs
Relais
Relation
relativ
relaxen
Release
relegieren
relevant
Relevanz
Relief
Religion
Relikt
Reling
Reliquie
Remake
Remigrant
Reminiszenz
remis
Remittende
Remoulade
rempeln
remunerieren
Ren
Renaissance
renaturieren
Rendant
Rendezvous, Rendez-vous
  (schweiz.)
Rendite
Renegat
Reneklode, Reineclaude,
  Ringlotte
Renette, Reinette

renitent
Renitenz
Renke, Renken (Fisch), aber
  Ränke
rennen rannte
Renommee
renovieren
rentabel
Rente
Reparation
Reparatur
Repertoire
Repetition
Replik
replizieren
Reportage
Repräsentant
Repräsentanz
repressiv
Reprint
Reprise
Reptil
Republik
Reputation
Requiem
requirieren
Requisit
Reseda, Resede
Reservat
Reserve
Reservoir
Residenz
Resignation
resistent
Resistenz
resolut
Resolution
Resonanz
resorbieren
Resorption
Respekt
Respiration
Ressentiment
Ressort
Ressourcen
Rest
Restaurant

Restauration
Restitution
Restriktion
Resultat
Resümee
retardieren
Retorte
retour
Retrospektive
retten
Rettich
Return
Retusche
Reue
Reuse
reüssieren
Revanche
Reverend *(Geistlicher), aber*
Referent
Reverenz *(Ehrerbietung), aber*
Referenz
Revers
reversibel
revidieren
Revier
Revirement
Revision
Revival
Revolte
Revolution
Revoluzzer
Revolver
Revue
Reyon *(Kunstseide), aber* Rayon
Rezensent
rezent
Rezept
Rezeption
Rezession
Rezipient
reziprok
Rezitativ
Rhabarber
Rhapsodie
Rhesus⌣faktor …
Rhetorik

Rheuma
Rhinozeros
Rhododendron
Rhombus
Rhönrad
rhythmisch
Rhythmus
Ribisel
richten
richtig [gehen [Uhr], machen …
§ 34(2.3); stellen, richtigstel-
len [Uhrzeiger] … *§ 34(2.1);*
gehend, richtiggehend [Uhr] …
§ 36(2.2)]; der, die, das [einzig]
Richtige [sein, tun …], das Rich-
tigste sein *§ 57(1)*
richtig⌣gehend [auswählen]
§ 36(1.2); …liegen [mit seiner
Vermutung], …stellen *(einen*
Sachverhalt berichtigen)
§ 34(2.2)
Richtung [Hannover, Osten …]
Ricke
riechen roch
Ried *(Schilf)*
Ried, Riede *(Weinberg)*
Riefe
Riege
Riemen
Riese
rieseln
riesig
Riesling
Riff
riffeln
rigid, rigide
rigoros
Rikscha
Rille
Rind
Rinde
Ring
ringen rang, gerungen
Ringlotte, Reineclaude, Reneklode
rings [um den Brunnen] *§ 56(3)*
rings⌣um, …umher

rinnen rann, geronnen
Rippe
Rips
Risiko
riskant
Risotto
Rispe
Riss
Rist
Ritschert
Ritter
Ritual
Ritus
Ritz, Ritze
Rivale
Rizinus
Roastbeef
Robbe
Robe
Robinie
Robinsonade
Roboter
robust
Rochade
röcheln
Rochen
rochieren
Rock
Rock and Roll, Rock 'n' Roll;
  Rock-and-Roll-Musiker,
  Rock-'n'-Roll-Musiker
  § 44(1)
Rocker
Rodel
rodeln
roden
Rodeo
Rogen
Roggen
roh; im Rohen [fertig] sein,
  aus dem Rohen arbeiten
  § 57(1)
roh⌣seiden …
Rohheit
Rohr
röhren
Rokoko

Rolle
Rollo
Romadur
Roman
Romancier
Romand
Romantik
Romanze
Römer
Rommé, Rommee, Rummy
Rondeau *(Gedichtform)*,
  aber Rondo
Rondell
Rondo *(Tanzlied)*,
  aber Rondeau
röntgen
Rooming-in, Roomingin *§ 45 E2;*
  Rooming-in-System *§ 44(1)*,
  Roominginsystem *§ 37(1.1)*,
  Roomingin-System *§ 45(2)*
Roquefort
rosa
rosarot *§ 36(1.4)*
Rose
rosé
Rosé
Rosette
rosig
Rosine
Rosmarin
Ross
Rost
rosten
rösten
röstfrisch *§ 36(1.1)*
Rösti
rot *usw. (vgl.* blau *usw.)* [glühen …
  § 34(2.3); weinen, rotweinen …
  § 34(2.1); glühend, rotglühend …
  § 36(2.1)]; (in Eigennamen) das
  Rote Meer *§ 60(2.4);* die Rote
  Armee *§ 60(4.2);* die Rote Fahne
  (Zeitungstitel) § 60(4.4); die Rote
  Liste [der vom Aussterben bedroh-
  ten Arten], der Rote Planet *(Mars)*
  § 60(5); der Rote Milan *§ 64(3);*
  (in festen Verbindungen) die roten

Blutkörperchen, die rote Fahne
[der Arbeiterbewegung], den roten
Faden suchen, die rote Grütze, der
rote Hahn *(Feuer)*, keinen roten
Heller besitzen *§ 63*

Rotation

rotblau *§ 36(1.4)*

Rötel

Röteln

rotsehen *(wütend werden)*
§ 34(2.2)

Rotte

Rotz

Rouge

Roulade

Roulett, Roulette

Round Table *§ 37 E4;* Round-
Table-Konferenz *§ 44(1)*

Route

Routine

Routinier

Rowdy

royal

rubbeln

Rübe, *aber* Rüebli

Rubin

Rubrik

rubrizieren

ruchbar

ruchlos

rück⌣fragen ...

rucken

rücken

Rücken [schwimmen (ich
schwimme Rücken),
rückenschwimmen *§ 33 E*]

Rückgrat

Rucksack

rückwärts [einparken ... *§ 34 E1*]

rückwärts⌣fallen, ...gehen ...
§ 34(1.2)

rüde

Rüde

Rudel

Ruder

Rudiment

Rüebli *(Karotte), aber* Rübe

rufen rief; das/lautes Rufen
§ 57(2)

Rüffel

Rugby

Rüge

Rugel

Ruhe

ruhen [lassen [Person; Tote]
§ 34(4); lassen, ruhenlassen
[Verfahren] *§ 34 E7*]

ruhig [bleiben ... *§ 34(2.3);*
stellen, ruhigstellen [Gelenk]
§ 34(2.1)]

ruhigstellen [jmdn.] *§ 34(2.2)*

Ruhm

Ruhr

rühren

Ruin

Ruine

Ruländer

rülpsen

Rum

rumänisch, Rumänisch
(vgl. deutsch, Deutsch)

Rumba

Rummel

Rummy, Rommé, Rommee

rumoren

rumpeln

Rumpf

rümpfen

Rumpsteak

Run

rund [machen, rundmachen ...
§ 34(2.1); sein *§ 35*]

rund⌣heraus, ...umher ...

rund⌣erneuern *§ 33(2);* ...fragen,
...gehen ... *§ 34(2.2)*

Rundfunk

Rune

Runkel[rübe]

Running Gag *§ 37 E4*

Runse

Runzel

Rüpel

rupfen

ruppig

Rüsche

Rushhour *§ 37 E3*

Ruß

Rüssel

russisch, Russisch
   (*vgl.* deutsch, Deutsch)

rüsten

Rüster

rustikal

Rute

Rutsch

rütteln

s/S

's (es) *§ 96(2)*
Saal *Pl.* Säle *§ 9 E2*
Saat
Sabbat
Säbel
Sabotage
Saccharin, Sacharin
Sache
Sachertorte
sacht
Sack
Sadismus
säen
Safari
Safe
Safer Sex *§ 37 E4*
Saffian
Safran
Saft
Sage
Säge
sagen
Sago
Sahne
Saibling
Saison
Saisonier, Saisonnier
Saite *(beim Musikinstrument),*
  aber Seite
Sake
Sakko
sakral
Sakrament
Sakrileg
sakrosankt
Sal‿band ...
Salamander
Salami
Salär
Salat
Salbe

Salbei
Sälchen (*zu* Saal) *§ 9 E2*
saldieren
Saldo
Salespromotion *§ 37 E3*
Säli
Saline
Salm
Salmiak
Salmonellen
Salon
Saloon
salopp
Salpeter
Salsa
Salsiz
Salto
salü
Salut
Salweide
Salz
Samba
Samen
sämig
sammeln
Sammet, Samt; in Samt und Seide
Samowar
Sample
Samstag *usw.*
  (*vgl.* Dienstag *usw.*)
Samstagabend *usw.*
  (*vgl.* Dienstagabend *usw.*)
samstags *usw.*
  (*vgl.* dienstags *usw.*)
samt
Samt, Sammet; in Samt und Seide
sämtlich; sämtliche, sämtliches
  § 58(4)
Samurai
Sanatorium
Sanctus, *aber* Sankt *(in Namen)*

Sand

Sandale

Sandel‿baum ...

Sandler

Sandwich

sanft

Sänfte

Sanftmut

sanguinisch

sanieren

Sanität

Sankt, St. (*in Namen, z. B.* Sankt
Bernhard, St. Bernhard), *aber*
Sanctus

Sanktion

Sanktuarium

Sansculotte

Saphir

Sarabande

Sardelle

Sardine

Sarg

Sari

Sarkasmus

Sarkophag

Sarong

Satan[as]

Satellit

Satin

Satire

Satisfaktion

satt [essen [sich], werden ...
§ 34(2.3); machen, sattmachen
... § 34(2.1)]

satt‿grün § 36(1.5); ...haben
[etwas], ...sehen [sich] ...
§ 34(2.2)

Sattel

saturiert

Satyr

Satz

Satzung

Sau

sauber [halten ... § 34(2.3);
machen, saubermachen ...
§ 34(2.1)]

Sauce, Soße

Sauciere

sauer

sauertöpfisch

saufen soff

saugen sog *oder* saugte

Säule

Saum

säumen

saumselig § 36(1.2)

Sauna

Saurier

Saus; in Saus und Braus [leben]
§ 55(4)

sausen [lassen, sausenlassen
(verzichten) § 34 E7]

Savanne

Saxofon, Saxophon

S-Bahn § 40(1), § 55(1); S-Bahn-
Zug § 44(1), § 55(2)

Sbrinz

Scampi

scannen

Schabe *(Werkzeug)*

Schabe, Schwabe *(Insekt)*

Schabernack

Schablone

Schabracke

Schach

Schächer

schachern

Schacht

Schachtel

schade [sein (es ist schade) § 35]

Schädel

Schaden [nehmen § 55(4)]; zu
Schaden kommen § 55(4)

schadlos [halten ... § 34(2.3)]

Schaf

Schaff

schaffen schaffte *(vollbringen)*

schaffen schuf *(hervorbringen)*

Schaffner

Schafott

Schaft

Schah

schäkern

schal

Schal
Schale
Schalk
schallen schallte *oder* scholl
Schalmei
Schalotte
schalten
Schaluppe
Scham
Schamanismus
Schamotte
Schampus
Schande [machen … *§ 55(4)*]; zu
    Schanden, zuschanden [machen,
    werden] *§ 39 E3(1)*
Schank
Schank∪wirtschaft …,
    Schänk∪wirtschaft …,
    Schenk∪wirtschaft …
Schänke, Schenke
Schanker
Schanze
Schar
Scharade
Schäre *(Küstenklippe)*, aber
    Schere
scharf [schießen *§ 34(2.3)*;
    machen, scharfmachen [Messer,
    Essen] … *§ 34(2.1)*]
scharfmachen *(Hund) § 34(2.2)*
Scharlach
Scharlatan
Scharm, Charme
scharmant, charmant
Scharmützel
Scharnier
Schärpe
scharren
Scharte
Scharteke
Schaschlik
Schatten
Schatulle
Schatz
schätzen [lernen *§ 34(4)*]
Schau

Schauder
Schauer
Schaufel
Schaukel
Schaum
schaurig-schön *§ 44(2)*
Scheck, Check, Cheque *(schweiz.)*
Schecke
scheckig [braun …]
scheel [blicken … *§ 34(2.3)*]
scheffeln
Scheibe
Scheich
Scheide
scheiden schied
Schein
scheinen schien
Scheit
Scheitel
scheitern
Schelf
Schellack
Schelle
Schellfisch
Schelm
schelten schilt, schalt, gescholten
Schema
Schemel
Schenk∪wirtschaft …,
    Schank∪wirtschaft …,
    Schänk∪wirtschaft …
Schenke, Schänke
Schenkel
schenken
scheppern
Scherbe
Schere *(Schneidwerkzeug)*,
    aber Schäre
scheren schor *oder* scherte
    (abschneiden)
scheren scherte *(sich kümmern,*
    weggehen)
Scherflein
Scherge
Scherz

scheu [werden ... § 34(2.3);
  machen, scheumachen [Pferde]
  § 34(2.1); sein § 35]
scheuchen
scheuern
Scheune
Scheurebe
Scheusal
scheußlich
Schi [laufen ... § 55(4)], Ski
Schicht
schick, chic (nur unflektiert)
schicken
Schickeria
Schickimicki
Schicksal
schieben schob
Schieds∪gericht ...
schief [anschauen, gehen, sitzen
  ... § 34(2.3); treten, schieftreten
  § 34(2.1); gewickelt, schiefgewi-
  ckelt [Verband] ... § 36(2.1)]
schief∪gehen (misslingen),
  ...lachen [sich], ...liegen (im
  Irrtum sein) ... § 34(2.2);
  ...gewickelt ... § 36(1.2)
Schiefer
schielen
Schienbein
Schiene
schier
Schierling
schießen schoss
Schiff; Schifffahrt
Schiismus
Schikane
Schikoree, Chicorée
Schild
schildern
Schilf
schillern
Schilling
schilpen, tschilpen
Schimäre, Chimäre
Schimmel
Schimmer
Schimpanse

schimpfen
Schindel
schinden schund oder schindete
Schindluder [treiben]
Schinken
Schippe
Schirm
Schirokko
Schisma
schizophren
schlabbern
Schlacht
schlachten
Schlacke
schlackern
Schläfe
schlafen schlief
schlaff
schlafwandeln § 33(1)
Schlag [acht Uhr] § 55(4)
Schlägel (Schlagwerkzeug),
  aber Schlegel
schlagen schlug; [Alarm, Rad ...]
  schlagen
schlägern
schlaksig
Schlamassel
Schlamm; Schlammmasse
Schlange [stehen § 55(4)]
schlank [machen, schlankmachen
  [Diät] § 34(2.1)]
schlapp
Schlappe
schlappmachen § 34(2.2)
Schlaraffen∪land ...
schlau
Schlauberger
Schlauch
Schläue
schlauerweise § 39(1)
Schlaufe
Schlaumeier
Schlawiner
schlecht [gehen [in Schuhen] ...
  § 34(2.3); gehen, schlechtgehen;
  stehen, schlechtstehen § 34 E5;

gelaunt, schlechtgelaunt ...
§ 36(2.1)]

schlecht⌣machen [jmdn.; etwas],
...reden [etwas] § 34(2.2)

schlechterdings § 39(1), § 56(3)

schlecken

Schlegel ([Reh]keule),
aber Schlägel

Schlehe

Schlei, Schleie

Schleiche

schleichen schlich

Schleie, Schlei

Schleier

Schleife

schleifen schliff (schärfen)

schleifen schleifte (über den
Boden ziehen)

Schleim

schlemmen

Schlempe

schlendern

Schlenker

schlenzen

schleppen

schletzen

schleudern

schleunig

Schleuse

Schlich

schlicht

schlichten

Schlick

Schlier

Schliere

schließen schloss

schließlich

Schliff

schlimm; zum Schlimmsten [kom-
men], das Schlimmste [sein], auf
das/aufs Schlimmste [gefasst
sein] § 57(1); auf das/ aufs
schlimmste, Schlimmste [zuge-
richtet werden] § 58 E1

schlimmstenfalls § 39(1)

Schlingel

schlingen schlang, geschlungen

schlingern

Schlips

Schlitten [fahren § 55(4)]

schlittern

Schlittschuh [laufen § 55(4)]

Schlitz

schlohweiß

Schloss

Schloße

Schlot

Schlotte

schlottern

Schlucht

schluchzen

Schluck

schludern

Schlummer

Schlumpf

Schlund

Schlupf⌣wespe ...

schlupfen, schlüpfen

schlurfen

schlürfen

Schluss

Schlüssel

schlussfolgern § 33(1)

Schmach

schmachten

schmächtig

Schmäh

schmähen

schmal

Schmalz

schmälzen (zu Schmalz),
aber schmelzen

Schmankerl

Schmant

schmarotzen

Schmarren

schmatzen

schmauchen

Schmaus

schmecken

schmeicheln

schmeißen schmiss

schmelzen schmilzt, schmolz
  (flüssig werden), aber schmälzen
schmelzen schmilzt *oder* schmelzt,
  schmolz *oder* schmelzte *(flüssig
  machen), aber* schmälzen
Schmer
Schmerling
Schmerz
schmerz‿stillend, ...empfindlich
  ... *§ 36(1.1), aber* den Schmerz
  stillend *§ 36 E1*
Schmetterling
schmettern
Schmied
schmiegen
schmieren
Schminke
Schmirgel
Schmiss
schmökern
Schmolle
schmollen
schmoren
Schmuck
Schmuddel
Schmuggel
schmunzeln
schmusen
Schmutz
schmutzig [grau ...; machen ...
  § 34(2.3)]
Schnabel
Schnake
Schnalle
schnappen
Schnäpper, Schnepper
Schnaps
schnarchen
schnarren
schnattern
schnaufen
Schnauz
Schnauze
schnäuzen
Schnecke
Schnee
Schneewittchen

Schneid
schneiden schnitt
schneien
Schneise
schnell [laufen *§ 34(2.3)*]; am
  schnellsten *§ 58(2)*; der schnelle
  Brüter *§ 63*
Schnell‿läufer ...
Schnelle; auf die Schnelle *§ 55(4)*
Schnepfe
Schnepper, Schnäpper
schnetzeln
schniefen
schniegeln
Schnippchen
schnippeln, schnipseln
schnippen, schnipsen
schnippisch
schnipseln, schnippeln
schnipsen, schnippen
Schnitt
Schnitz
Schnitzel
schnitzen
schnöd, schnöde
schnodderig, schnoddrig
schnöde, schnöd
schnofeln
Schnorchel
Schnörkel
Schnösel
schnuckelig, schnucklig
schnuddelig, schnuddlig
schnüffeln
Schnulze
schnupfen
schnuppe [sein (das ist mir
  schnuppe) *§ 56(1)*]
schnuppern
Schnur
Schnür‿samt ...
Schnurr‿bart ...
Schnurre
schnurren
Schnürsenkel
schnurstracks
Schober

Schock
schofel, schofelig, schoflig
Schöffe
schoflig, schofel, schofelig
Schokolade
Scholastiker
Scholle
Schöllkraut
schon
schön [schreiben, werden …
§ 34(2.3); machen, schönmachen
[sich] … § 34 E5]; schöne Be-
scherung § 63
schön‿färben *(beschönigen)*,
…machen [Hund], …reden *(be-*
schönigen), …schreiben *(Schön-*
schrift), …tun … § 34(2.2)
schonen
Schoner
Schopf
schöpfen
Schoppen
Schöps
Schorf
Schörl
Schorle[morle]
Schornstein
Schose, Chose
Schoß *(Mutterleib)*
Schoss *(junger Trieb)*
Schote
Schott
Schotte
Schotten
Schotten‿rock …
Schotter
schraffen, schraffieren
schräg [liegen, stehen …
§ 34(2.3); stellen, schräg-
stellen … § 34(2.1)]
Schragen
Schramme
Schrank
Schranke, Schranken
schränken
Schrapnell

schrappen
Schrat, Schratt
Schraube
Schrebergarten
schrecken schreckte
schrecklich [nervös]; auf das/
aufs Schrecklichste [gefasst
sein] § 57(1); auf das/aufs
schrecklichste, Schrecklichste
[zugerichtet werden] § 58 E1
Schredder
schreiben schrieb
schreibgewandt § 36(1.1)
schreien schrie, geschrien § 19
Schreiner
schreiten schritt
Schrieb
Schrift
schrill
Schrimp, Shrimp
Schritt
schroff
schröpfen
Schrot
Schrothkur
Schrott
schrubben *(reinigen)*,
aber schruppen
Schrulle
schrumpeln
schrumpfen
Schrund, Schrunde
schruppen *(hobeln)*,
aber schrubben
Schub
Schübling, Schüblig
Schubs, Schups
schüchtern
Schuft
schuften
Schuh
Schuko ®, Schuko‿stecker …
§ 37(1.5)
schuld [sein § 35, § 56(1)]

Schuld [geben, haben, tragen …
  § 55(4)]; zu Schulden, zuschul-
  den [kommen lassen] *§ 39 E3(1)*
schuldig [sprechen, schuldigspre-
  chen *§ 34 E5*]; für schuldig [er-
  klären …] *§ 58(3.1)*
Schule
Schulp
Schulter
Schultheiß
schummeln
schummerig
Schund
schunkeln
Schupfen, Schuppen
Schupo
Schuppe
Schuppen, Schupfen
Schups, Schubs
Schur
schüren
schürfen
schurigeln
Schurke
Schurz
schürzen
Schuss
Schüssel
Schuster
Schute
Schutt
schütteln
schütten
schütter
Schutz
Schütze
schutzimpfen *§ 33(1)*
schwabbeln, schwabbern,
  aber schwappen
Schwabe, Schabe *(Insekt)*,
  aber Schabe
schwach [werden *(in Ohnmacht
  fallen)* … *§ 34(2.3);* werden,
  schwachwerden *(nachgeben)*
  § 34 E5; bevölkert, schwach-
  bevölkert … *§ 36(2.1)*]

schwach⏑machen [jmdn.] …
  § 34(2.2)
Schwade, Schwaden *(Reihe
  abgemähten Grases)*
Schwaden *(Dunstwolke)*
Schwadron
schwadronieren
schwafeln
Schwager
Schwaige
Schwalbe
Schwall
Schwamm
Schwammerl
Schwan
schwanen
Schwang; im Schwange sein
schwanger
Schwank
schwanken
Schwanz
schwänzen
Schwapp, Schwaps
schwappen, *aber* schwabbeln,
  schwabbern
Schwaps, Schwapp
schwären
Schwarm
Schwarte
schwarz *usw. (vgl.* blau *usw.*); ins
  Schwarze treffen *§ 57(1);* aus
  Schwarz Weiß machen *§ 57(1),
  § 58 E2;* schwarz auf weiß
  § 58(3.1); (in Eigennamen) das
  Schwarze Meer *§ 60(2.4);* die
  Schwarze Hand *(serbischer Ge-
  heimbund) § 60(4.2);* der Schwarze
  Freitag *(Tag des Börsensturzes in
  den 1920er Jahren) § 60(6);* die
  Schwarze Witwe *§ 64(3); (in festen
  Verbindungen)* das schwarze Schaf,
  ein schwarzer Freitag, ein schwarzer
  Tag, ein schwarzes Geschäft, die
  schwarze Magie, die schwarze Mes-
  se, die schwarze Liste, der schwarze
  Markt, der schwarze Tee *§ 63;* das
  schwarze Brett *§ 63, nach § 63 E*

auch das Schwarze Brett; das
schwarze Gold *§ 63, nach § 63 E
auch* das Schwarze Gold; die
schwarze Kunst *§ 63, nach § 63 E
auch* die Schwarze Kunst; der
schwarze Mann *(Schornsteinfeger)
§ 63, nach § 63 E* auch der Schwarze Mann; der schwarze Peter *(Kar-
tenspiel) § 63, nach § 63 E* auch der
Schwarze Peter, jemandem den
schwarzen, *auch* Schwarzen Peter
zuschieben; der schwarze Tod
(Beulenpest) § 63, nach § 63 E auch
der Schwarze Tod

schwarz‿arbeiten, ...ärgern [sich],
...hören, ...kopieren, ...sehen ...
§ 34(2.2)

Schwarzweißfilm, Schwarz-
Weiß-Film *§ 37(1.2), § 45(2)*

schwatzen, schwätzen

schweben

schwedisch, Schwedisch
(*vgl.* deutsch, Deutsch)

Schwefel

Schweif

schweifen

schweigen schwieg; das
Schweigen *§ 57(2)*

Schwein

Schweiß

schweißen

Schweizergarde *§ 37 E1*

schwelen

schwelgen

Schwelle

schwellen schwellte *(größer,
stärker machen)*

schwellen schwillt, schwoll
(größer, stärker werden)

Schwemme

Schwengel

schwenken

schwer [lernen, stürzen, verletzen
... *§ 34(2.3)*]; machen, schwer-
machen [Leben] *§ 34 E5;* beschädigt, schwerbeschädigt *(Amtsspr.*

nur so) ... *§ 36(2.1);* behindert,
schwerbehindert *(Amtsspr. nur
so)*; krank, schwerkrank; verständlich, schwerverständlich ...
§ 36(2.2)]

schwer‿reich ... *§ 36(1.5);*
...hörig, ...mütig ... *§ 36(1.2);*
...fallen *(Aufgabe)*, ...nehmen
[etwas], ...tun [sich] ... *§ 34(2.2)*

Schwerenöter

Schwermut

schwerst‿behindert ... *§ 36(1.2)*

Schwert

Schwester

Schwieger‿eltern ...

Schwiele

schwierig

Schwimm‿meister ...

schwimmen schwamm,
geschwommen

Schwindel

schwinden schwand, geschwunden

Schwindsucht

schwindsüchtig *§ 36(1.2)*

schwingen schwang, geschwungen

schwirren

schwitzen

schwören schwor

schwul

schwül

Schwulst

Schwund

Schwung

Schwur

Sciencefiction *§ 37 E3*, Science-
Fiction *§ 45 E1*

Scilla, Szilla

Score, Skore

Scotch

Scrabble

Seal

Sealskin *§ 37 E3*

Séance

sechs *usw. (vgl.* acht *usw.)*

sechstel *usw. (vgl.* achtel *usw.)*

sechzig *usw. (vgl.* achtzig *usw.)*

Secondhandshop *§ 37 E3*
Sediment
See; Seeelefant
Seele
Segel
segelfliegen *§ 33(1)*
Segen
Segment
segnen
sehen sieht, sah
Sehne
sehnen
sehr
sei *(zu* sein)
seicht
seid *(zu* sein), *aber* seit
Seide
Seidel
Seidelbast
Seife
seihen
Seil
seil∪tanzen ... *§ 33(1)*
seimig
sein ist, war, gewesen [sein lassen,
    seinlassen *§ 34 E7*]
sein *(Personalpronomen)*
    (siehe er)
sein *(Personalpronomen)*
    (siehe es)
sein *(Possessivpronomen) § 58(1)*;
    die Seinen, seinen (die Seinigen,
    seinigen), [jedem] das Seine,
    seine (das Seinige, seinige)
    § 58 E3
seiner *(Personalpronomen)*
    (siehe er)
seiner *(Personalpronomen)*
    (siehe es)
seinerseits *§ 39(1)*
seinerzeit *§ 39(1)*
seinesgleichen *§ 39(1)*
seinet∪halben, ...wegen, ...willen
    § 39(1)
Seismograf, Seismograph
seit [gestern], *aber* seid
seitdem

Seite *(etwa im Buch)*; auf
    Seiten/aufseiten, von Seiten/
    vonseiten *§ 39 E3(3)*; auf/von
    [der] Seite, zur Seite *§ 55(4)*,
    aber Saite
seitens *§ 56(3)*
seitenschwimmen *§ 33(1)*; das
    Seitenschwimmen *§ 37(2)*
seitwärts∪treten ... *§ 34(1.2)*
sekkant
sekkieren
Sekret
Sekretariat
Sekt
Sekte
Sektion
Sektor
Sekund, Sekunde *(Intervall)*
Sekundant
sekundär
Sekunde *(Zeitmaß)*
Sekunde, Sekund *(Intervall)*
sekundenlang *§ 36(1.1)*
Sekurit ®
selbst [backen, machen ... *§ 34 E1;*
    gebacken, selbstgebacken ...
    § 36(2.1)]
selbst∪bewusst, ...sicher ...
    § 36(1.1)
selbständig, selbstständig
Selbstsucht *§ 37(1.5)*
selchen
Selektion
Selfmademan *§ 37 E3*
selig [lächeln, werden ... *§ 34(2.3)*;
    machen, seligmachen [jmdn.]
    § 34(2.1); sein *§ 35*]
Sellerie
selten; seltene Erden *§ 64 E*
Selters
Semantik
Semester
semi∪lunar ...
Semi∪finale ...
Seminar
Semmel
Senat

senden sandte *oder* sendete,
   gesandt *oder* gesendet

Senf

sengen

senil

Senior

Senke

senken

senkrecht [stehen ... *§ 34(2.3)*]

Senn, Senne

Sensal

Sensation

Sense

sensibel

sensitiv

Sensor

Sentenz

Sentiment

sentimental

separat

Separee, Séparée

separieren

Sepsis

September-Oktober-Heft
   § 44(1), September/Oktober-
   Heft *§ 106(1)*

Septett

Septim, Septime

septisch

sequentiell, sequenziell

Sequenz

sequenziell, sequentiell

Serafim *Pl. zu* Seraph

Serail

Seraph *Pl.* -e, -im, Serafim

serbeln

serbisch, Serbisch
   (*vgl.* deutsch, Deutsch)

Serenade

Sergeant

Serie

seriös

Sermon

Serpentine

Serum

Servela, Cervelat *(schweiz. auch)*,
   Servelatwurst, Zervelatwurst

Service *(Kundendienst)*

Service *(Tafelgeschirr)*

servieren

Serviette

servil

Servo‿lenkung ...

servus

Sesam

Sessel

sesshaft

Session

Set

Setter

setzen [lassen *§ 34(4);* lassen,
   setzenlassen *§ 34 E7*]

Seuche

seufzen

Sex

Sexappeal *§ 37 E3,* Sex-Appeal
   § 45 E1

Sext, Sexte

Sextant

Sexte, Sext

Sextett

sexual, sexuell

sexy

Sezession

sezieren

s-förmig, S-förmig *§ 40(1)*,
   § 55(2)

sforzando

s-Genitiv *§ 40(1)*, *§ 55(1)*

Shag‿pfeife ...

Shake

Shakehands *§ 37 E3*

Shampoo

Shanty

Sheriff

Sherry, Jerez

Shetland‿wolle ...

Shirt

Shootingstar *§ 37 E3*

Shop

Shopping; Shoppingcenter
§ 37 E3, Shopping-Center
§ 45 E1
Shorts
Short Story, Shortstory § 37 E4
Show
Show‿man, ...master ... § 37 E3
Show-down, Showdown § 45 E2
Shrimp, Schrimp
Shuffleboard § 37 E3
sibyllinisch
sich § 66
Sichel
sicher [transportieren ...
§ 34(2.3); machen, sichermachen
... § 34(2.1)]; das Sicherste
[sein], im Sichern [sein] § 57(1)
sicher‿gehen *(Gewissheit haben)*,
...stellen *(sichern, feststellen; in
polizeilichen Gewahrsam nehmen)* § 34(2.2)
Sicht
sickern
Sideboard § 37 E3
sie *(Personalpronomen, Sg.);* ihrer,
ihr, sie § 58(4)
sie *(Personalpronomen, Pl.);* ihrer/
ihr, ihnen, sie § 58(4)
Sie *(Personalpronomen, höfliche
Anrede);* Ihrer, Ihnen, Sie § 65
Sieb
sieben *(zu* Sieb)
sieben *usw. (vgl. acht usw.); (in
festen Verbindungen)* die sieben
Todsünden, die sieben Weltwunder § 63
siebentel *usw. (vgl. achtel usw.)*
siebzig *usw. (vgl. achtzig usw.)*
siechen
sieden sott *oder* siedete; siedend
[heiß ...]
Siedlung
Sieg
Siegel *(Verschluss), aber* Sigel,
Sigle
siena
Siesta

siezen
Sigel, Sigle *(Kürzel), aber* Siegel
Sightseeing § 37 E3
Sigle, Sigel *(Kürzel), aber* Siegel
Signal
Signatur
signifikant
Signifikanz
Sigrist
Silbe
Silber
Sild
Silhouette
Silicat, Silikat
Silicon, Silikon
Silikat, Silicat
Silikon, Silicon
Silo
Silur
Silvaner
Silvester
simpel
Simplizität
Sims
Simsalabim
Simse
Simulant
simultan
sind *(zu* sein)
Sinfonie, Symphonie
singen sang, gesungen
Single
Singular
sinken sank, gesunken
Sinn [haben, geben ... § 55(4)];
von Sinnen [sein] § 55(4)
sinnen sann, gesonnen *bzw.*
gesinnt
Sinologie
Sinter
Sintflut, Sündflut
Sinus
Siphon
Sippe
Sirene
sirren
Sirup

Sisal
Sisyphusarbeit
Sitar
Sit-in, Sitin *§ 45 E2*
Sitte
Sittich
Sittingroom *§ 37 E3*
Situation
situiert
sitzen saß, gesessen [sitzen bleiben
(nicht aufstehen) *§ 34(4);* sitzen
bleiben, sitzenbleiben *(nicht ver-*
setzt werden) § 34 E7; sitzen las-
sen [auf einem Platz] *§ 34(4);* sit-
zen lassen, sitzenlassen *(im Stich*
lassen) § 34 E7]
Skala
Skalp
Skalpell
Skandal
skandieren
skartieren
Skat [spielen *§ 55(4)*]
Skateboard *§ 37 E3*
Skelett
Skepsis
skeptisch
Sketch, Sketsch
Ski [laufen … *§ 55(4)*], Schi
Skin[head] *§ 37 E3*
Skink
Skizze
Sklave
Sklerose
sklerotisch
Skonto
Skooter
Skorbut
Skore, Score
Skorpion
Skript
Skrupel
skrupulös
Skulptur
Skunk
skurril

S-Kurve *§ 40(1), § 55(1);*
S-Kurven-reich *§ 44(1), § 55(2)*
Skyline
Slalom
Slang
Slapstick *§ 37 E3*
s-Laut *§ 40(1), § 55(1)*
Slibowitz, Sliwowitz
Slip
Slipper
Sliwowitz, Slibowitz
Slogan
slowakisch, Slowakisch
(*vgl.* deutsch, Deutsch)
slowenisch, Slowenisch
(*vgl.* deutsch, Deutsch)
Slowfox *§ 37 E3*
Slums
Small Talk, Smalltalk *§ 37 E4*
Smaragd
smart
Smash
Smog
smoken
Smoking
Snack
Snob
snobistisch
Snowboard *§ 37 E3*
so [breit, fern, hoch, lang[e], oft,
viel[e], weit … *§ 39 E2(2.4);*
genannt, sogenannt *§ 36(2.1)*]
so‿bald, …fern, …lang[e], …oft,
…viel, …weit, …wohl … *§ 39(2)*
Socke
Sockel
Soda
sodass, so dass *§ 39 E3(2)*
Sodbrennen
Sofa
Soft Drink, Softdrink *§ 37 E4*
Softeis *§ 37(1.2)*
Softie
Soft Rock, Softrock *§ 37 E4*
Soft Skills *§ 37 E4*
Software *§ 37 E3*

Sog
sogar
Sohle *(des Fußes, eines Tals)*,
  aber Sole
Sohn
Soiree
Soja
solar, solarisch
solch; solche, solcher, solches;
  eine solche, ein solcher, ein
  solches *§ 58(4)*
solcher‿art, ...maßen ... *§ 39(1)*
Sold
Soldat
Sole *(kochsalzhaltiges Wasser)*,
  aber Sohle
solid, solide
solidarisch
solide, solid
Solist
Solitär
Soll; das Soll erfüllen *§ 57(2)*
sollen
Söller
solo [tanzen]
Solo; ein Solo spielen
Solvens *(lösendes Mittel) Pl.*
  ...venzien oder ...ventia, aber
  Solvenz
solvent
Solvenz *(Zahlungsfähigkeit)*
  Pl. -en, aber Solvens
Sombrero
Sommer
sommers *§ 56(3)*
Sonde
Sonder‿druck ...
Sonderheit; in Sonderheit *§ 55(4)*
sondern
Sonett
Sonnabend *usw.*
  (vgl. Dienstag *usw.)*
Sonnabendabend *usw.*
  (vgl. Dienstagabend *usw.)*
sonnabends *usw.*
  (vgl. dienstags *usw.)*
Sonne

sonnen‿arm ... *§ 36(1.1)*
sonnenbaden *§ 33(1)*
Sonntag *usw.* *(vgl.* Dienstag *usw.)*
Sonntagabend *usw.*
  (vgl. Dienstagabend *usw.)*
sonntags *usw.*
  (vgl. dienstags *usw.)*
Sonnyboy *§ 37 E3*
sonor
sonst
sonstig; das Sonstige *§ 57(1)*
sooft *§ 39(2)*
Sopran
Sorbet, Sorbett
sorbisch, Sorbisch
  (vgl. deutsch, Deutsch*)*
Sorge [tragen *§ 55(4)*]
Sorte
Sortiment
Soße, Sauce
Soubrette
Soufflé, Soufflee
soufflieren
Soul
Sound
Soundtrack *§ 37 E3*
Souper
soupieren
Soutane, Sutane
Souterrain
Souvenir
souverän
soviel *§ 39(2)*
soweit *§ 39(2)*
sowieso *§ 39(1)*
sowohl *§ 39(2)*; das Sowohl-als-
  auch *§ 43, § 57 E4*; sowohl ...
  als [auch] *oder* wie [auch] ...
sozial
sozusagen *§ 39(1)*
Spacelab
Spaceshuttle
Spachtel
Spagat
Spagetti, Spaghetti
spähen
Spalier

Spaltbreit, Spalt breit; die Tür
einen Spaltbreit, Spalt breit
öffnen
spalten
Span
Spange
Spaniel
spanisch, Spanisch
(*vgl.* deutsch, Deutsch)
Spann
spannen
Spant
sparen
Spargel
sparren
Sparring
spartanisch
Sparte
Spaß, (*österr. auch*) Spass
spastisch
Spat
spät [kommen, werden …
§ 34(2.3); geboren, spät-
geboren … *§ 36(2.1)*]; bis
später, von früh bis spät
§ 58(3.1)
spät⌣**lateinisch** …
spätabends
Spatel
Spaten
Spatz
Spätzle, Spätzli
spazieren [gehen … *§ 34(4)*]
Specht
Speck
Spedition
Speech
Speed
Speedway *§ 37 E3*; Speedwayren-
nen *§ 37(1.1)*, Speedway-Rennen
§ 45 E1
Speer
Speiche
Speichel
Speicher
speien spie, gespien *§ 19*

Speise
Spektakel
spektakulär
Spektrum
Spekulant
Spekulatius
Spelunke
Spelze
Spende
Spenzer
Sperber
Sperenzchen, Sperenzien
Sperling
Sperma
Sperre
Spesen
spezialisieren
speziell; im Speziellen *§ 57(1)*
Sphäre
Sphinx
Spickel
spicken
Spider
Spiegel
Spiel
spielen [lassen, spielenlassen
[Muskeln] *§ 34 E7*; Karten,
Klavier … spielen]
Spierling
Spieß
spießig
Spike
Spinat
Spind
Spindel
Spinett
Spinne
spinnen spann, gesponnen
spintisieren
Spionage
Spirale
Spiritismus
Spiritual
Spirituosen
Spiritus
Spital

spitz [zulaufen … *§ 34(2.3);*
schleifen, spitzschleifen …
§ 34(2.1)]
Spitz
spitz‿bekommen … *§ 34(2.2);*
...findig … *§ 36(1.2)*
spitze [sein (das ist spitze)
§ 56(1)]
spitzeln
Spleen
spleißen spliss *oder* spleißte
Splint
Splitt
splitten
Splitter
splitter[faser]nackt
Splitting
Spoiler
spondieren
sponsern
Sponsion
Sponsor
Sponsoring
spontan
sporadisch
Spore
Sporn
spornstreichs
Sport
Sportswear
Spot *(kurzer Werbetext),*
aber Spott
Spotlight
Spott *(Hohn), aber* Spot
spottbillig *§ 36(1.5)*
Sprache
Spray
sprechen spricht, sprach, gespro-
chen [sprechen lernen *§ 34(4);*
lassen, sprechenlassen [Blumen]
§ 34 E7]
spreizen
Sprengel
sprengen
sprenkeln
Sprichwort
sprießen sprießte *(stützen)*

sprießen spross *(hervorwachsen)*
Spriet
springen sprang, gesprungen
Sprinkler
Sprint
Sprit
spritzen
spröd, spröde
Spross
Sprosse
Sprotte
Spruch
Sprudel
sprühen
Sprung
Spucke
Spuk
Spule
spülen
Spund, Spunten
Spur
spüren
Spurt
sputen
Sputnik
Squaredance *§ 37 E3*
Squash
Squaw
Staat
Stab
Stabelle
stabil [machen … *§ 34(2.3)*]
Stachel
Stadel
Stadion
Stadium
Stadt
Stafette
Staffage
Staffel
Staffelei
staffeln
Stagflation
Stagnation
Stahl
staken
Staket

Stakete

Stakkato

staksen

Stalagmit

Stalaktit

Stall

Stamm

stammeln

stammverwandt

Stamperl

stampfen

Stand; in Stand, instand [setzen],
im Stande, imstande [sein], außer
Stand, außerstand [setzen], außer
Stande, außerstande [sein], zu
Stande, zustande [bringen, kom-
men] § 39 E3(1)

Standard

Standarte

Stand-by, Standby § 45 E2

Ständel[wurz], Stendel[wurz]

Stander (kurze, dreieckige
Flagge)

standhalten (ich halte stand)
§ 34(3), § 56(2)

ständig

Standing Ovations § 37 E4

Stange

Stängel

Stanitzel

stänkern

Stanniol

Stanze

Stapel

stapfen

Star

stark [schütteln, werden ...
§ 34(2.3); besiedelt, starkbesie-
delt ... § 36(2.1)]

stark‿machen [sich für etwas] ...
§ 34(2.2)

Starlet, Starlett

starr

Start

Statement

Statik

Station

Statist

Statistik

Stativ

statt [deren, dessen, seiner; dass
§ 39 E2(2.2), aber stattdessen];
an [Eides ...] statt, aber anstatt

statt‿finden (es findet statt),
...geben (ich gebe statt), ...haben
(es hat statt) § 34(3), § 56(2)

stattdessen § 39(1), aber statt
dessen (wie statt deren)

Stätte

statthaft

stattlich

Statue

Statuette

statuieren

Statur

Status

Status quo

Statut

Stau

Staub [saugen (ich sauge Staub),
staubsaugen § 33 E; abweisend,
staubabweisend ... § 36(2.1)];
das Staubsaugen § 37(2)

staubsaugen (ich staubsauge),
Staub saugen § 33 E

stauchen

Staude

stauen

Stauffer‿fett ...

staunen

Staupe

Steak

Stearin

stechen sticht, stach, gestochen

stecken stak oder steckte [stecken
bleiben [im Schlamm] § 34(4);
bleiben, steckenbleiben (stocken)
§ 34 E7; lassen [Schlüssel]
§ 34(4); lassen, steckenlassen
[Geld] § 34 E7]

Stecken

Steg

Stegreif
stehen stand
stehen [bleiben § 34(4); bleiben, stehenbleiben [Uhr] § 34 E7; lassen § 34(4); lassen, stehenlassen *(nicht länger beachten)* § 34 E7]
stehlen stiehlt, stahl, gestohlen
steif [werden ... § 34(2.3); schlagen, steifschlagen [Sahne] ... § 34(2.1)]
steif∪beinig ... § 36(1.2)
steif∪halten [Ohren] ... § 34(2.2)
steigen stieg [steigen lassen [Drachen] § 34(4); lassen, steigenlassen [Party] § 34 E7]
steigern
steil; am steilsten § 58(2)
Stein
Steinmetz
Steiß
Stelldichein § 37(2)
Stelle; an Stelle, anstelle § 39 E3(3)
stellen
Stelze; Stelzen laufen § 55(4)
stemmen
Stempel
Stendel[wurz], Ständel[wurz]
Steno∪block ...
Stenografie, Stenographie
Stepp
Stepp∪decke ...
Steppe
steppen
sterben stirbt, starb, gestorben [sterben lassen [jmdn.] § 34(4); lassen, sterbenlassen [Projekt] § 34 E7]
stereo∪metrisch ...
Stereo∪anlage ...
Stereofonie, Stereophonie
stereotyp
steril
Stern
Sternschnuppe
Sterz

stetig
stets
Steuer
steuern
Steven
Steward
Stewardess
Stich
stichhaltig
Stichling
sticken
stickig
Stickstoff
stieben stob
Stief∪eltern ...
Stiefel
Stiege
Stieglitz
Stiel *(des Besens), aber* Stil
Stier
stieren
stieselig, stieslig, stießelig, stießlig
Stift
stiften [gehen § 34(4)]
Stigma
Stil *(Ausdrucksform, z. B. in der Kunst), aber* Stiel
Stilett
still [bleiben, halten [Kopf], liegen ... § 34(2.3); still sitzen, stillsitzen *(konzentriert sein)* § 34 E5; sein § 35]; im Stillen § 57(1); der Stille Ozean § 60(2.4)
still∪halten *(keinen Widerstand leisten)*, ...schweigen, ...legen *(außer Betrieb setzen)*, ...stehen *(außer Betrieb sein)* § 34(2.2)
Still∪leben ...
stillen
stillgestanden
Stimme
stimmen
Stimulans *(Reizmittel) Pl.* ...lantia *oder* ...lanzien, *aber* Stimulanz
Stimulanz *(Anreiz) Pl.* -en , *aber* Stimulans
stinken stank, gestunken

Stint
Stipendium
Stipp‿visite …
stippen
Stirn
stöbern
stochern
Stock
stock‿dunkel … § 36(1.5)
Stock‿ente …
Stockcar § 37 E3
stöckeln
Stöckelschuh
stocken; das Stocken, ins Stocken
   [geraten, kommen] § 57(2)
stockig
Stoff; Stofffetzen
stöhnen
stoisch
Stola
Stolle, Stollen *(Weihnachtsgebäck)*
Stollen *(unterirdischer Gang usw.)*
stolpern
stolz
Stomatologie
stop *(auf Verkehrsschildern), aber*
   stopp
Stop-and-go-Verkehr § 44(1),
   § 55(1)
stopfen
stopp *(zu stoppen), aber* stop
Stopp *(zu stoppen), auch beim*
   Tennis
Stoppel
stoppen
Stöpsel
Stör
Storch
Store *(Fenstervorhang)*
Store *(Laden)*
stören
Störenfried
stornieren
Storno
störrisch
Story

stoßen stieß
stottern
stracks
Strafe
straff
strafversetzen § 33(1)
Strahl
strählen
strahlend [hell …]
Strähne
stramm [marschieren …
   § 34(2.3); ziehen, strammziehen
   [Gurt; Hosenboden] § 34(2.1);
   sein § 35]
strammstehen … § 34(2.2)
strampeln
Strand
Strang
Strapaze
Straps
straß‿ab, …auf § 39(1)
Straße
Strategie
Stratosphäre
sträuben
Strauch
straucheln
Strauß
Strebe
streben
Strecke
strecken
Streetwork § 37 E3
Streich
streicheln
streichen strich
Streif, Streifen
streifen
Streifen, Streif
Streik
streit‿lustig … § 36(1.2)
streiten stritt
streitig [machen § 34(2.3)]
streng [nehmen, riechen …
   § 34(2.3); genommen, strengge-
   nommen § 36(2.1); sein § 35]

256

strenggläubig *§ 36(1.5)*
Stress
Stretch
streuen
streunen
Streusel
Strich
Strick
stricken
Striegel
Strieme, Striemen
Striezel
strikt, strikte
stringent
Stringenz
Strip, *aber* strippen
Strippe
strippen, *aber* Strip
Striptease
strittig
Strizzi
Stroboskop
Stroh
Strolch
Strom
strom∪ab, ...auf, ...abwärts,
    ...aufwärts *§ 39(1)* [fahren ...],
    aber den Strom aufwärts
    § 39 E2(1)
Strontium
Strophe
strotzen
strubbelig, strubblig
Strudel
Struktur
Strumpf
Strunk
struppig
Strychnin
Stube
Stuck
Stück
Stuckateur
Student
Studie
studieren; das Studieren *§ 57(2)*;
    Probieren/probieren geht über

Studieren/studieren *§ 57 E3*;
    Studierende *§ 57(1)*
Studio
Stufe
Stuhl
Stulpe
stülpen
stumm
Stummel
Stumpen
Stümper
stumpf
Stunde
stundenlang *§ 36(1.1)*, *aber* eine
    Stunde lang
Stunt[man] *§ 37 E3*
stupend
stupid, stupide
Stupp
Stups
stur
Sturm [laufen, läuten ... *§ 55(4)*]
Sturz
Stute
stutzen
Stutzen
stützen
stylen, *aber* Stil
Styropor ®
Suada, Suade
sub∪arktisch ...
Sub∪kategorie ...
subaltern
Subjekt
sublim
Subordination
Subskribent
Subskription
Substandard
substantiell, substanziell
Substantiv
Substanz
substanziell, substantiell
Substitut
Substrat
subsumieren
Subsumtion

subtil
Subtrahend
Subtraktion
Suburb
Subvention
Subversion
suchen
Sucht
Sud
Süd
sudeln
Süden
süffig
Süffisance, Süffisanz
süffisant
Süffisanz, Süffisance
Suffix
suggerieren
Suggestion
Suhle
Sühne
Suitcase *§ 37 E3*
Suite
Suizid
Sujet
Sukkade
sukzessiv, sukzessive
Sulfat
Sulfid *(Salz der Schwefelwasser-stoffsäure), aber* Sulfit
Sulfit *(Salz der schwefligen Säure), aber* Sulfid
Sulfonamid
Sulky
Sultan
Sultanine
Sulz, Sülze
Summand
Summe
summen
Sumpf
Sund
Sünde
Sündflut, Sintflut
super
super⌣leicht ... *§ 36(1.5)*

Super⌣markt ...
superb, süperb
Super-G *§ 40(1)*
Superlativ
Suppe
Suppengrün *§ 37(2)*
Supplement
supra⌣national ...
Supra⌣leiter ...
Supremat
Sur⌣fleisch ...
Sure
surfen
Surfing
Surrealismus
surren
Surrogat
suspekt
suspendieren
Suspension
süß
süßsauer *§ 36(1.4)*
Sutane, Soutane
Sweater
Sweatshirt *§ 37 E3*
Swimmingpool *§ 37 E3*
Swing
Symbiose
symbiotisch
Symbol
Symmetrie
Sympathie
Sympathisant
Symphonie, Sinfonie
Symposion, Symposium
Symptom
Synagoge
synchron
Syndikat
Syndrom
Synkope
Synode
synonym
syntaktisch
Syntax
Synthese

258

Synthesizer
Synthetics
synthetisch
Syphilis
System

Szene
Szepter *(österr.)*, Zepter
Szilla, Scilla

t/T

Tab
Tabak
Tabasco ®
Tabelle
Tabernakel
Tablar
Tableau
Tablett
Tablette
tabu
Tabula rasa § 55(3) [machen
  § 55(4)]
Tabulator
Taburett
tachinieren
Tachometer
Tackling
Tadel
Tafel
täfeln
Taft
Tag; eines Tages; bei Tage, unter
  Tage § 55(4); zu Tage, zutage
  [fördern, treten …] § 39 E3(1)
tag∪aus, ...ein § 39(1)
tagelang § 36(1.1), aber mehrere
  Tage lang
Tagliatelle
tags [darauf] § 56(3)
tagsüber § 39(1)
Taifun
Taiga
Taille
Takt
Taktik
Tal
Talar
Talent
Taler
Talg (Fett), aber Talk
Talisman

Talk (Mineral), aber Talg
Talk (Unterhaltung);
  Talk∪master, ...show … § 37 E3
Talkum
Talmi
Talmud
Talon
Tamariske
Tambour (Trommler)
Tambur, Tamburin (Stickrahmen)
Tamburin (Schellentrommel)
Tampon
Tamtam
Tand
tändeln
Tandem
Tandler
Tang (Algen), aber Tank
Tanga
Tangente
tangential
Tango
Tank (Behälter), aber Tang
Tanne
Tante
Tantieme
Tanz
tanzen; [Walzer, Tango …] tanzen
Tapedeck
Tapete
tapezieren
Tapfe, Tapfen
tapfer
Tapir
Tapisserie
tappen
Tara
Tarantel
Tarantella
tarieren
Tarif

tarnen
Tarock
Tartan *(Decke, Umhang)*
Tartan *(Kunststoffbelag)* ®
Tasche
Tasse
Taste
tasten
Tat
Tatar
tätowieren
tätscheln
tatschen
Tatze
Tau
taub
Taube
Taubnessel
taubstumm *§ 36(1.4)*
tauchen
tauen
Taufe
taugen
Taumel
tauschen
täuschen
tausend, Tausend *usw.*
  (vgl. hundert, Hundert *usw.)*
Tautologie
Taverne
Taxe *(Preis, Gebühr)*
Taxe, Taxi *(Fahrzeug)*
taxieren
Tb-krank, Tbc-krank *§ 40(2),*
  § 55(2)
T-Bone-Steak *§ 44(1), § 55(1),*
  § 55(3)
Teach-in, Teachin *§ 45 E2*
Teak
Team
Team⌣work ... *§ 37 E3*
Tearoom *§ 37 E3*
Technik

technisch; der Technische
  Direktor *§ 64(1)*
Teddy
Tedeum
Tee
Teen
Teenager
Teenie, Teeny
Teer
Teflon ®
Teich
Teig
Teil; des Teils
teil⌣haben (ich habe teil),
  ...nehmen (ich nehme teil)
  § 34(3), § 56(2)
teils *§ 56(3)*
Teilzeit; [in] Teilzeit [arbeiten],
  Teilzeit arbeiten (ich arbeite [in]
  Teilzeit) *§ 55(4)*
Teint
Tektonik
tele⌣kopieren ...
Tele⌣fax ...
Telefon
telefonieren
telegen
Telegrafie, Telegraphie
Telegramm
Telegraphie, Telegrafie
Teleologie
Telepathie
Teleskop
Television
Telex
Teller
Tellur
Tempel
Tempera⌣farbe ...
Temperament
Temperatur
Tempo
temporär
Tempus

Tendenz
tendenziell
Tender
tendieren *(zu etwas neigen), aber*
  tentieren
Tenne
Tennis
Tenor
Tensid
Tentakel
tentieren *(beabsichtigen), aber*
  tendieren
Teppich
Termin
Terminal
Termite
Terpentin
Terrain
Terrarium
Terrasse
Terrazzo
Terrier
Terrine
Territorium
Terror
Tertiär
Terz
Terzett
Test
Testament
Tetanus
Tete-a-tete, Tête-à-tête
teuer
Teufel
Text
textil
T-förmig *(in der Form des Groß-*
  buchstabens T) *§ 40(1), § 55(2)*
Theater
Theatralik
Theismus
Theke
Thema

Theologie
Theorie
Therapie
thermal
thermo‿elektrisch …
Thermo‿chemie …
Thermometer
Thermostat
These
Thing, Ding *(germanische Volks-*
  versammlung), aber Ding
Thora
Thorax
Thriller *(spannender Film oder*
  Roman)
Thrombose
Thron
Thuja, Thuje
Thunfisch, Tunfisch
Thymian
Tiara
Tick
ticken
Ticket
Tiebreak *§ 37 E3*, Tie-Break
  § 45 E1
tief [atmen, empfinden …
  § 34(2.3); empfunden, tiefemp-
  funden … *§ 36(2.1)*]
tief‿blau, …ernst … *§ 36(1.5);*
  …gefrieren, …kühlen *§ 33(2);*
  …gekühlt … *§ 36(1.3);* …fliegen
  (im Tiefflug fliegen), …stapeln …
  § 34(2.2)
Tiegel
Tier
Tiffanylampe
Tiger
Tilde
tilgen
Timbre
timen
Time-out *§ 45 E2*

Timesharing *§ 37 E3*
Tinktur
Tinnef
Tinte
Tipp
Tippel
tippeln
tippen
Tipp-Ex ®
tipptopp
Tirade
Tiramisu
tirilieren
Tisch; zu Tisch, bei Tisch *§ 55(4)*
Titan
Titel
titulieren
Toast
toben
Tochter
Tod
tod‿ernst, ...krank ... *§ 36(1.5)*
Toeloop *§ 37 E3,* Toe-Loop
  § 45 E1
Töff
Toffee
Tofu
Toga
Tohuwabohu
Toilette
Tokaier, Tokajer
tolerant
Toleranz
toll; das tolle Treiben *§ 63*
Tolle
Tollpatsch
Tölpel
Tomahawk
Tomate
Tombola
Ton
tönen
Tonic[water]
Tonika

Tonikum
Tonnage
Tonne
Top *(Kleidungsstück), aber* Topp
Topas
Topf
Topfen
topfit
topless
Topografie, Topographie
Topos
Topp *(Mastspitze), aber* Top
topsecret *§ 36(1.5)*
Topspin
Topstar *§ 37 E3*
Top Ten *§ 37 E4*
Toque
Tor
Torero
Torf
torkeln
Tornado
Tornister
Torpedo
Torso
Torte
Tortelett, Tortelette
Tortellini
Tortilla
Tortur
tosen
tot [stellen [sich], umfallen ...
  § 34(2.3); geboren, totgeboren ...
  § 36(2.1); sein *§ 35*]
tot‿fahren, ...machen, ...schlagen
  ... *§ 34(2.1);* ...arbeiten [sich],
  ...lachen [sich], ...laufen [sich],
  ...sagen, ...schweigen ... *§ 34(2.2)*
total
Totem
toten‿blass ...
Toto
Touch
touchieren

Toupet
Tour
Touristik
Tournee
Towarischtsch
Tower
toxisch
Trab [laufen ... § 55(4)]
Trabant
Tracht
trachten
trächtig
Tradition
Trafik
Trafikant
Trafo
träg, träge
tragen trug
Tragik
Tragödie
Trailer
Training
Trakt
Traktat
traktieren
Traktor
trällern
Tram
Traminer
Tramp
trampeln
Trampolin
Tramway
Tran
Trance
tranchieren, transchieren
Träne
Trank
Tranquilizer
trans‿atlantisch ...
Trans‿aktion ...
transchieren, tranchieren
Transfer

Transistor
Transit
transitiv
Transmission
transparent
Transparenz
Transpiration
Transplantation
transponieren
Transport
Transvestit
transzendent
Transzendenz
Trap *(Geruchsverschluss)*
Trapez
trappeln
Trapper
Trasse, Trassee *(schweiz.)*
Traube
trauen
Trauer
Traufe
träufeln
Traum
Trauma
traut
Travellerscheck § 37(1.1)
travers
Trawler
Trax ®
Treatment
Treber
Treck
Trecker
Trecking, Trekking
treffen trifft, traf, getroffen
treiben trieb
Trekking, Trecking
Tremolo
Trenchcoat
Trend
Trendsetter § 37 E3
trennen

Trense
Treppe
Tresen
Tresor
Tresse
Trester
treten tritt, trat
treu [bleiben ... *§ 34(2.3);*
  ergeben, treuergeben ...
  § 36(2.1)]
treu‿herzig ... *§ 36(1.2)*
Triangel
Trias
Triathlon
Tribunal
Tribüne
Tribut
Trichine
Trichter
Trick
Tricktrack
Trieb
triefen
Trifokal‿brille ...
Trift *(Weide)*
Trift, Drift *(Strömung, Treibgut)*
triftig
Triga
Trikolore
Trikot
Trikotage
Triller *(musikalische Verzierung)*
Trilliarde
Trillion
Trilogie
Trimester
Trimm-dich-Pfad *§ 44(1), § 55(1)*
trimmen
Trinität
trinken trank, getrunken,
  aber Drink
Trio
Trip

trippeln *(mit kleinen Schritten
  laufen), aber* drippeln
Tripper
Triptychon
trist
Triste
Tristesse
Tritt
Triumph
trivial
trocken [rasieren [sich], reinigen
  *(im trockenem Zustand reini-
  gen)* ... *§ 34(2.3);* reiben, tro-
  ckenreiben ... *§ 34(2.1)*]; auf
  dem Trock[e]nen sitzen, [seine
  Schäfchen] im Trockenen ha-
  ben, ins Trockene bringen
  § 57(1)
trocken‿legen [Kind; Land],
  ...sitzen [Gäste], ...stehen [Kuh]
  ... *§ 34(2.2)*
trocknen
Troddel *(kleine Quaste)*
Trödel
trödeln
Trog
Troika
Troll
trollen
Trommel
Trompete
Tropen
Tropf
tropfen
tropfnass *§ 36(1.1)*
Trophäe
Tropical
Troposphäre
Tross
Trosse
Trost
Trott
Trottel *(Dummkopf)*
Trottinett

Trottoir
trotz [des Regens/dem Regen ...]
  § 56(4)
Trotz; zum Trotz *§ 55(4)*
Troubadour
trüb[e]; im Trüben fischen *§ 57(1)*
Trubel
Truck
trudeln
Trüffel
Trug; Lug und Trug
trügen trog
Truhe
Trümmer
Trumpf
Trunk
Trunkenbold
Trupp
Trust
Trut⌣hahn ...
Tsatsiki, Zaziki
Tschako
tschau, ciao
tschechisch, Tschechisch
  (*vgl.* deutsch, Deutsch)
tschilpen, schilpen
tschüs, tschüss
Tsetse⌣fliege ...
T-Shirt *§ 40(1), § 55(1)*
T-Träger *§ 40(1), § 55(1)*
Tuba
Tube
Tuberkel
Tuberkulose
Tubus
Tuch
Tuchent
tüchtig
Tücke
tuckern
Tuff
tüfteln
Tugend

Tugendbold
Tulpe
Tumba
tummeln
Tümmler
Tumor
Tümpel
Tumult
tun tat
Tünche
Tundra
Tunell *(österr. auch)*, Tunnel
Tuner
Tunfisch, Thunfisch
Tunika
Tunke
Tunnel, *(österr. auch)* Tunell
tupfen
Tür
Turban
Turbine
Turbo⌣motor ...
turbulent
Turbulenz
Turf
türkis
Türkis
Turm
Turmalin
turnen
Turnier
Turnus
turteln
Tusch
Tusche
tuscheln
Tüte
tuten
Tutor
tutti
Tuttifrutti
Tweed
Twen

266

Twinset
Twist
Twostepp § 37 E3
Typ, Typus
Typhus

Typografie, Typographie
Typus, Typ
Tyrann

u/U

U-Bahn *§ 40(1), § 55(1)*; U-Bahn-
Station *§ 44(1), § 55(2)*
übel [mitspielen … *§ 34(2.3)*;
nehmen, übelnehmen …
§ 34 E5; gelaunt, übelgelaunt …
§ 36(2.1); sein (mir ist übel)
§ 35]
übelwollen *§ 34(2.2)*
Übel; von/vom Übel [sein] *§ 55(4)*
üben
über
über‿setzen (übersetzt), …fallen,
…legen, …mitteln, …zeugen …
§ 33(3); …setzen (setzt über),
…strömen, …wallen … *§ 34(1.1)*
überall
überantworten
Überdruss
überein‿stimmen … *§ 34(1.3)*
übereinander [lachen, reden …
§ 34 E1]
übereinander‿legen, …schlagen
[Beine] … *§ 34(1.2)*
überhandnehmen *§ 34(1.3)*
überhaupt
übermorgen *usw.*
(*vgl.* gestern *usw.*)
Übermut
übers
Überschuss
Überschwang
überschwänglich
üblich
übrig [haben [Geld] … *§ 34(2.3)*;
bleiben, übrigbleiben *(keine*
andere Wahl haben) … *§ 34 E5*;
sein *§ 35*]; die Übrigen, das
Übrige, alles Übrige, ein Übriges
tun, im Übrigen *§ 57(1)*
übrighaben [etwas für jmdn.]
§ 34(2.2)

Ufer
u-förmig, U-förmig *§ 40(1)*,
§ 55(2)
Uhr *(Messgerät)*, aber Ur
Uhu
Ukas
Ukelei
Ukulele
Ulan
ulken
Ulkus *Pl.* Ulzera
Ulme
Ulster
Ultima Ratio *§ 55(3)*
ultra‿kurz … *§ 36(1.5)*;
…marinblau [streichen …
§ 34(2.3)]
Ultra‿schall …
um
um‿fahren (umfährt), …zingeln …
§ 33(3); …fahren (fährt um),
…lernen … *§ 34(1.1)*
Um‿bau, …fahrung …
Umber, Umbra
umeinander [kümmern [sich] …
§ 34 E1]
umeinander‿drehen [sich],
…laufen … *§ 34(1.2)*
umher
umher‿irren … *§ 34(1.2)*
umhin‿kommen, …können …
§ 34(1.3)
ums
umso [mehr, weniger …] *§ 39(1)*
umsonst
Umstand
umständehalber *§ 39(1), aber* der
Umstände halber *§ 39 E2(1)*
umstehend; die Umstehenden, im
Umstehenden *§ 57(1)*
un‿treu …

268

Un‿dank …
unabdingbar
unbändig
unbedarft
unbeholfen
unbekannt; ein Unbekannter
§ 57(1); [eine Anzeige] gegen
unbekannt, nach unbekannt
verzogen *§ 58(3.1)*
Unbilden
Unbill
und
Under‿dog, …ground, …statement
… *§ 37 E3*
unendlich; das Unendliche, [bis]
ins Unendliche [gehen …]
§ 57(1)
unentgeltlich
unentwegt
unermesslich; das Unermessliche,
[sich] ins Unermessliche [verlie-
ren …] *§ 57(1)*
Unfall; unfallgeschädigt
Unflat
Unfug
ungarisch, Ungarisch
(*vgl.* deutsch, Deutsch)
ungeachtet [dessen]
ungebärdig
ungefähr
ungeheuer; das Ungeheure, ins
Ungeheure [steigern …] *§ 57(1)*
Ungeheuer
ungemein
ungeschlacht
ungestüm
Ungetüm
ungewiss; das Ungewisse, ins
Ungewisse [fahren …], im
Ungewissen [bleiben, lassen …]
§ 57(1)
ungezählt; Ungezählte [kamen …]
§ 57(1)
Ungeziefer

unglücklicherweise
Ungunst; zu Ungunsten,
zuungunsten *§ 39 E3(3)*
Unheil [verkünden, bringen …
§ 55(4); verkündend, unheilverkündend … *§ 36(2.1), aber nur
großes Unheil verkündend, äußerst unheilverkündend
§ 36 E3*]
unheildrohend *§ 36(1.1)*
unheimlich
Unhold
uni
Uniform
Unikum
Union
unisono
universal, universell
Universität
Universum
unken
unklar; im Unklaren [bleiben, sein
…] *§ 57(1)*
unleugbar
unmöglich; das Unmögliche,
[Mögliches und] Unmögliches
verlangen *§ 57(1)*
Unmut
UNO-Sicherheitsrat *§ 40(2)*
unpässlich
Unrat
unrecht [sein *§ 35*]; sich unrecht
aufführen
unrecht, Unrecht [bekommen,
geben, haben, tun … *§ 56 E2*]
Unrecht; [ein] Unrecht leiden, im
Unrecht sein, zu Unrecht *§ 55(4)*
uns *(Personalpronomen)*
(siehe wir)
unsäglich
unser *(Personalpronomen)*
(siehe wir)
unser *(Possessivpronomen) § 58(1);*
die Unseren, unseren (die Unsri-

gen, unsrigen), das Unsere, unsere
(das Unsrige, unsrige) *§ 58 E3*
unser∪einer, ...eins; ...seits,
uns[e]rerseits *§ 39(1)*
uns[e]res∪gleichen, ...teils,
unsersgleichen *§ 39(1)*
unser[e]t∪halben, ...wegen,
...willen *§ 39(1)*
unstet
unten [bleiben, stehen ... *§ 34 E1;*
stehend, untenstehend ...
§ 36(2.1)]
unter [Berücksichtigung
§ 39 E2(2.3)]
unter∪stellen (unterstellt), ...fangen,
...halten, ...scheiden, ...schlagen,
...zeichnen ... *§ 33(3);* ...stellen
(stellt unter), ...bringen ...
§ 34(1.1)
Unter∪arm ...
unterdessen *§ 39(1)*
untere
untereinander [ausmachen, teilen
... *§ 34 E1*]
untereinander∪schreiben,
...setzen ... *§ 34(1.2)*
Untergebene
Unterricht
Unterschied
unterschwellig
Untertan
unterwegs *§ 39(1)*
unverfroren
unwirsch
unzählig; Unzählige [kamen ...]
§ 57(1); unzählige Mal[e]
§ 39 E2(1)

Unze
Update
Upperclass *§ 37 E3*
üppig
Ur *(Auerochse), aber* Uhr
ur∪alt ... *§ 36(1.5)*
Ur∪adel ...
Uran; uranhaltig, Uran-238-haltig
§ 44(1), § 55(2)
urban
urbar
urchig, urig
urgieren
Urheber
Uriasbrief
urig, urchig
Urin
Urkunde
Urlaub
Urne
Ursache
Ursprung
Urteil
urtümlich
Usance, Usanz *(schweiz.)*
User
usuell
usurpieren
Usus
Utensilien
utilitär
Utopie
UV-bestrahlt *§ 40(2), § 55(2)*
UV-Strahlen-gefährdet *§ 44(1),*
§ 55(2), aber strahlengefährdet

v/V

Vabanque spielen, va banque
spielen; Vabanquespiel
Vademekum, (*österr. auch*)
Vademecum
vag, vage
Vagabund
Vagant
vage, vag
Vagina
vakant
Vakanz
Vakuum
Valuta
Vamp
Vampir
Vandalismus, Wandalismus
Vanille
Variation
Varieté, Varietee
Vasall
Vase
Vaselin, Vaseline
Vater
Vegetarier
Vegetation
vegetieren
vehement
Vehemenz
Vehikel
Veilchen
Vektor
Velo
Velours
Velvet
Vendetta
Vene
venös
Ventil
Ventilation
ver∪ankern …
Ver∪band …

Veranda
verantworten
Verantwortung
veräußern
Verb
verbieten verbot
verbläuen
verblichen
verblüffen
verbohrt
verborgen; das Verborgene, im
Verborgenen *§ 57(1)*
Verbot
verbrämen
verbrechen verbricht, verbrach,
verbrochen
Verbund
Verdacht [schöpfen … *§ 55(4)*]
verdammen
verdattert
verdauen
Verderb; auf Gedeih und Verderb
§ 55(4)
verderben verdirbt, verdarb,
verdorben
verderbt
verdienen
Verdikt
verdingen verdungen
verdrießen verdross
Verdruss
verdutzen
Verein
vereinzelt; Vereinzelte [kamen …]
§ 57(1)
vereiteln
verfahren verfuhr
verfassen
Verfassung
verflixt
verfügen

vergällen

vergattern

vergebens

vergehen verging, vergangen

vergelten vergilt, vergalt,
vergolten

vergessen vergisst, vergaß

vergeuden

Vergissmeinnicht *§ 37(2)*

vergnügen

verhalten verhielt

verhängen

Verhau

verheeren

verhehlen

verheißen verhieß

verhohlen

Verkehr

verklappen

verkommen verkam

Verlag

verlangen

Verlass

Verlassenschaft

Verlaub

verlegen [sein]

verletzen

verleumden

verlieren verlor

Verlies

verloben

verloren [geben, verlorengeben;
gehen, verlorengehen *§ 34 E5;*
gegeben, verlorengegeben;
gegangen, verlorengegangen
§ 36(2.1)]

Verlust

vermählen

vermeintlich

vermessen [sein]

vermissen [lassen, vermissenlas-
sen [Feingefühl] *§ 34 E7*]

vermitteln

vermögen vermag, vermochte

vermummen

vermuten

vernehmen vernimmt, vernahm,
vernommen

Vernissage

Vernunft

verpassen

verpönt

verquicken

verraten verriet

verrenken

verrotten

verrucht

verrückt

Vers

versagen

Versal

verschieden; Verschiedene
(Unterschiedliche) [kamen ...],
Verschiedenste [kamen ...],
Verschiedenes, Verschiedenstes
§ 57(1)

Verschlag

verschlagen [sein]

verschleißen verschliss

verschmitzt

verschollen

verschossen

verschroben

verschüttgehen *§ 34(1.3)*

verschwenden

versehentlich

versehrt

versessen

versiegen

versiert

Version

versöhnen

versonnen

versponnen

versprechen verspricht, versprach,
versprochen

Verstand
verständlich [reden …]
verstauchen
Versteck [spielen *§ 55(4)*]
verstecken
verstehen verstand
verstockt
verstohlen
verteidigen
vertikal
Vertiko
vertrackt
Vertrag
vertragen vertrug
Vertrauen [erwecken … *§ 55(4);*
erweckend, vertrauenerweckend
§ 36(2.1), aber nur großes Vertrauen erweckend, äußerst vertrauenerweckend, [noch] ver-
trauenerweckender *§ 36 E3*]
vertrauensbildend *§ 36(1.1)*
vertuschen
verunglimpfen
verunstalten
Verve
verwahrlosen
verwaisen verwaiste (*zu* Waise),
aber verweisen
verwalten
verwandt
verwegen
verweisen verwies (*zu* weisen),
aber verwaisen
verwesen
verwinden verwand, verwunden
verwöhnen
verworren
verzeihen verzieh
verzetteln
verzichten
verzücken
Verzug
verzwickt
Vesper

Vestibül
Veston
Veteran
Veterinär
Veto
Vetter
Vexier‿bild …
v-förmig, V-förmig *§ 40(1),*
§ 55(2)
Vibrafon, Vibraphon
Vibration
Video
Videoclip
Videothek
vidieren
Vieh
viel [lesen, fahren …; gelesen, viel-
gelesen; befahren, vielbefahren …
§ 36(2.1)]; viele, vieles, das viele,
die vielen *§ 58(5), substantivisch*
auch Viele, Vieles, das Viele, die
Vielen *§ 58 E4* (*vgl.* mehr, meist)
viel‿deutig … *§ 36(1.2)*; …fach;
das Vielfache, um ein Vielfaches
[größer …] *§ 57(1)*
Vielfalt
vielleicht
vielmals *§ 39(1), aber* viele Male
§ 39 E2(1)
vier *usw.* (*vgl.* acht *usw.*)
Vierachteltakt *§ 37(1.1)*
viertel *usw.* (*vgl.* achtel *usw.*);
die/eine viertel Stunde *§ 56(6.1),*
die/eine Viertelstunde *§ 56 E4;*
in drei viertel Stunden *§ 56(6.1),*
in drei Viertelstunden (*vgl.* Dreiviertelstunde) *§ 56 E4;* um viertel acht *§ 56(6.2)*; [ein/um]
Viertel vor acht *§ 56 E5*
vierzig *usw.* (*vgl.* achtzig *usw.*)
Vignette
Vikar
Viktoria
Villa

Viola *(Bratsche)*

Viola, Viole *(Veilchen)*

violett

Violine

Viper

VIP-Lounge *§ 40(2)*

viril

virtuell

virtuos

virulent

Virulenz

Virus

vis-a-vis, vis-à-vis

Visavis

Visier

Vision

Visite

viskos, viskös

visuell

Visum

vital

Vitamin; vitaminhaltig *§ 36(1.2)*,
    aber Vitamin-B-haltig *§ 44(1)*,
    § 55(2), Vitamin-B-Mangel
    § 44(1)

Vitrine

Vivace

Vivarium

Vize∪kanzler …

Vlies

Vogel

Vogt

Vokabel

Vokabular

Vokal

Volant

Voliere

Volk *(Bevölkerung), aber* Folk

voll [arbeiten, nehmen [Mund;
    jmdn.] *§ 34(2.3);* sein *§ 35;*
    automatisiert, vollautomatisiert;
    besetzt, vollbesetzt; entwickelt,
    vollentwickelt … *§ 36(2.1)*]; ins

Volle [greifen …], aus dem
    Vollen [schöpfen …] *§ 57(1)*

Voll∪bad …

voll∪füllen , …laden, …laufen,
    …schmieren, …tanken …
    § 34(2.1); …essen [sich], …schla-
    gen [Bauch] … *§ 34(2.2);* …brin-
    gen (vollbringt), …enden, …stre-
    cken, …ziehen … *§ 33(2);* …bu-
    sig, …jährig, …ständig, …wertig
    … *§ 36(1.2);* …automatisch,
    …beschäftigt, …fett, …gültig …
    § 36(1.5)

Völlegefühl

Volleyball

völlig

vollkommen

Vollmacht

Vollzug

Volontär

Volt

Volte

Volumen

voluminös

von

voneinander [abschreiben, lernen
    … *§ 34 E1*]

voneinander∪gehen … *§ 34(1.2)*

vonnöten [sein *§ 35*]

vonseiten, von Seiten *§ 39 E3(3)*;
    von [der] Seite *§ 55(4)*

vonstattengehen *§ 34(1.3)*

vor; vor allem *§ 39 E2(2.1)*

vor∪haben, …sehen … *§ 34(1.1)*

vorab

voran

voran∪gehen … *§ 34(1.2);*
    vorangehend; das Vorangehende,
    Vorangehendes, im Vorangehen-
    den *§ 57(1)*

vorauf

vorauf∪gehen … *§ 34(1.2)*

voraus; im Voraus, zum Voraus
  § 57(5)
voraus∪**gehen**, ...sagen ...
  § 34(1.2); vorausgehend, das
  Vorausgehende, Vorausgehen-
  des, im Vorausgehenden *§ 57(1)*
vorbei [sein *§ 35*]
vorbei∪**fahren** ... *§ 34(1.2)*
vorbeugen
vordere
voreinander [fliehen ... *§ 34 E1*]
vorgestern *usw.*
  (*vgl.* gestern *usw.*)
vorhanden [sein *§ 35*]
vorher *(früher)* [sagen ... *§ 34 E1*]
vorher∪**sagen** *(voraussagen),*
  ...sehen ... *§ 34(1.2)*
vorhergehend; das Vorherge-
  hende, im Vorhergehenden
  § 57(1)
vorhinein; im Vorhinein *§ 57(5)*
vorige
Vorkehrung
vorläufig
vorlaut
vorliebnehmen *§ 34(1.3)*
Vormittag *usw.* (*vgl.* Abend)
vormittags (*vgl.* abends)
Vormund
vorn [sitzen ... *§ 34 E1*]
vornehm

vornherein; von vorn[e]herein
vornüber
vornüber∪**beugen** ... *§ 34(1.2)*
Vorrat
vors
Vorsatz
Vorschuss
Vorteil
vortrefflich
vorüber [sein *§ 35*]
vorüber∪**gehen** ... *§ 34(1.2)*
Vorwand
vorwärts∪**blicken**, ...gehen ...
  § 34(1.2)
vorweg [sein *§ 35*]
vorweg∪**nehmen** ... *§ 34(1.2)*
vorwiegend
vorzeiten *§ 39(1), aber* vor langen
  Zeiten *§ 39 E2(1)*
vorzu
Vorzug
votieren
Votiv∪**bild** ...
Votum
Voucher
Voyeur
vulgär
Vulkan

w/W

Waage, *aber* Wägelchen *§ 9 E2*
waag[e]recht [stehen ... *§ 34(2.3)*]
wabbelig, wabblig
Wabe
wabern
wach [bleiben, werden ...
  § 34(2.3); sein § 35; rütteln,
  wachrütteln ... *§ 34(2.1);*
  werden, wachwerden
  [Erinnerungen] *§ 34 E5*]
wach∪rufen ... *§ 34(2.2)*
Wache [halten ... *§ 55(4)*]
Wacholder
wachsen wachste *(mit Wachs
  einreiben)*
wachsen wuchs *(größer werden)*
Wacht [halten ... *§ 55(4)*]
Wachtel
wackeln
wacker
Wade
Waffe
Waffel
Wägelchen *(zu* Waage) *§ 9 E2*
Wägelchen *(zu* Wagen) *§ 9 E2*
wagen
Wagen
wägen wog; wägte
Waggon, Wagon
waghalsig
Wagon, Waggon
Wähe
Wahl *(zu* wählen), *aber* Wal
wählen
Wahn
wähnen
Wahnwitz
wahr [bleiben, werden ...
  § 34(2.3); machen, wahrmachen
  ... *§ 34(2.1); sein § 35*]

wahr∪nehmen *(bemerken),*
  ...sagen *(prophezeien)* ... *§ 34 E4*
wahren
währen
während
währenddessen *§ 39(1)*
währschaft
Währung
Waid *(Pflanze), aber* Waid∪...,
  Weid∪...
Waise *(elternloses Kind), aber*
  Weise
Wal *(Meeressäugetier), aber* Wahl
Wald
Walhall, Walhalla
walken
Walkie-Talkie *§ 43*
Walkman ®
Walküre
Wall
Wallach
wallen
wallfahren, wallfahrten *§ 33(1)*
Wallholz
Walm
Walnuss
Walross
Walstatt
walten
walzen
wälzen
Walzer [tanzen ... *§ 55(4)*]
Wand
Wandalismus, Vandalismus
Wandel
wandeln
wandern
Wange
Wankelmut
wanken
wann

Wanne
Wanst
Wanze
Wappen
wappnen
war (*zu* sein), *aber* wahr
Waran
Ware
warm [anziehen [sich], laufen [Motor; Sportler], machen [sich] ... *§ 34(2.3);* machen, warmmachen [Essen]; stellen, warmstellen ... *§ 34(2.1);* werden, warmwerden [mit jmdm.] *§ 34 E5];* [auf] kalt und warm [reagieren] *§ 58(3.1); (in festen Verbindungen)* die warme Miete *(Miete mit Heizung) § 63*
warm∪blütig ... *§ 36(1.2);* ...halten [sich jmdn.] ... *§ 34(2.2)*
warnen
Warte
warten
warum
Warze
was *§ 58(4)*
waschen wusch
Wasser [trinken ... *§ 55(4);* abweisend, wasserabweisend ... *§ 36(2.1), aber nur* besonders wasserabweisend, [noch] wasserabweisender *§ 36 E3*]
waten
Watsche
watscheln
Watt
Watte
Watten
weben webte *oder* wob
Wechsel
Wechte *(Schneewehe)*
Weck, Wecke, Wecken, Weckerl, Weggen
Weck∪apparat ®, ...glas ®

Wecke, Weck, Wecken, Weckerl, Weggen
wecken
Wecken, Weck, Wecke, Weckerl, Weggen
Weckerl, Weck, Wecke, Wecken, Weggen
Wedel
weder; weder ... noch; das Weder-noch *§ 43, § 57 E4*
Weekend *§ 37 E3*
weg
Weg; zu Wege, zuwege [bringen] *§ 39 E3(1)*
weg∪werfen ... *§ 34(1.2)*
wegen; von [Amts ...] wegen *§ 56(4)*
Weggen, Weck, Wecke, Wecken, Weckerl
weh [tun, wehtun *§ 34 E5;* sein *§ 35*]
Wehe
wehen
wehklagen *§ 33(1)*
Wehmut
Wehr
wehren
Weib
Weibel
weich [klopfen, weichklopfen [etwas]; machen, weichmachen [etwas] ... *§ 34(2.1)*]
weich∪klopfen [jmdn.], ...löten ... *§ 34(2.2)*
Weiche
welchen welchte *(weich machen, werden)*
weichen wich *(Platz machen)*
Weichsel[kirsche]
weid∪wund ..., waid∪...
Weid∪mann *(Jäger)* ..., Waid∪...
Weide
weidlich
weigern

Weih, Weihe *(Vogel)*
Weihe *(zu* weihen)
weihen
Weiher
Weihnachten
weil
Weile
Weiler
Weimutskiefer, Weymouthskiefer
Wein
Weinbrand
weinen
weis‿machen *§ 34 E4;* ...sagen
  § 33(2)
weise
Weise *(Art), aber* Waise
Weisel
weisen wies
weiß *usw. (vgl.* blau *usw.);* [blühen,
  glühen ... *§ 34(2.3);* streichen,
  weißstreichen; tünchen, weißtün-
  chen ... *§ 34 (2.1)];* aus Schwarz
  Weiß machen *§ 57(1);* eine Weiße
  (Berliner Biergetränk) § 57(1); (in
  Eigennamen) das Weiße Haus *(in*
  Washington) § 60(3.2); der Weiße
  Nil *§ 60(2.4); (in festen Verbin-*
  dungen) die weiße Fahne [hissen],
  ein weißer Fleck auf der Landkar-
  te, eine weiße Weste haben *§ 63;*
  der weiße Sport *(Tennis) § 63,*
  nach *§ 63 E auch* der Weiße
  Sport; der weiße Tod *(Lawinen-*
  tod) § 63, nach § 63 E auch der
  Weiße Tod; der Weiße Sonntag
  § 64(2)
weiß‿nähen, ...waschen *(von*
  einem Verdacht befreien) ...
  § 34(2.2)
weit [gehen ... *§ 34(2.3);* gehend,
  weitgehend ... *§ 36(2.1)];* das
  Weite suchen, [sich] ins Weite
  [verlieren], im/des Weiteren, [ein]

Weiteres, alles Weitere *§ 57(1);*
ohne weiteres, ohne Weiteres
(österr. ohneweiters), von weitem,
von Weitem, bei weitem, bei
Weitem, bis auf weiteres, bis auf
Weiteres *§ 58(3.2)*
weit‿herzig, ...läufig ... *§ 36(1.2);*
  ...springen *(Sport) § 33(2)*
weiter‿gehen ... *§ 34(1.2)*
weiters
Weizen
welch, welche, welcher, welches
  § 58(4)
Welf, Welpe
welk
Welle
Wellensittich
Welpe, Welf
Wels
welsch
Welt
Weltergewicht
wem
wen
wenden wandte *oder* wendete,
  gewandt *oder* gewendet
wenig [lesen, fahren ...; gelesen,
  weniggelesen; befahren, wenigbe-
  fahren ... *§ 36(2.1)];* am wenigsten
  § 58(2); ein wenig, wenige, die
  wenigen, die wenigsten, weniges,
  das wenige, das wenigste *§ 58(5),*
  substantivisch auch Wenige, die
  Wenigen, die Wenigsten, Weniges,
  das Wenige, das Wenigste *§ 58 E4*
wenn
Wenzel
wer *§ 58(4)*
werben wirbt, warb, geworben
werbewirksam *§ 36(1.1)*
werden wird, wurde (ward),
  geworden
Werder

werfen wirft, warf, geworfen
Werft
Werg *(Flachsabfall), aber* Werk
Werk *(Arbeit), aber* Werg
werktags *§ 56(3), aber* des/eines
　Werktags
Wermut
wert [sein *§ 35*]
Wert [legen auf *§ 55(4)*]
wert∪halten, ...schätzen ...
　§ 34(2.2)
Werwolf
wes, *aber* wessen
Wesen
wesentlich; das Wesentliche, im
　Wesentlichen *§ 57(1)*
weshalb
Wesir
Wespe
wessen, *aber* wes
West
Weste
Westen
Western
westfälisch; der Westfälische
　Friede *§ 60(6);* der westfälische
　Schinken *§ 63*
Westover
weswegen
wett∪eifern, ...laufen, ...machen,
　...rennen *§ 34 E4*
Wett∪tauchen ...
Wette
Wetter
wetterleuchten *§ 33(1)*
wettern
wetzen
Weymouthskiefer, Weimutskiefer
Whirlpool *§ 37 E3*
Whiskey *(irischer Whisky),*
　aber Whisky
Whisky *(Branntwein),*
　aber Whiskey
Whist

Wichs
Wichse
Wicht
wichtig [nehmen ... *§ 34(2.3)*; sein
　§ 35]
wichtig∪machen [sich], ...tun
　[sich] ... *§ 34(2.2)*
Wicke
Wickel
Widder
wider *(gegen)*; das Für und Wider
　§ 57(5)
wider∪sprechen (widerspricht) ...
　§ 33(3); ...hallen (hallt wider) ...
　§ 34(1.1); ...spenstig, ...wärtig ...
　§ 36(1.2)
widereinander [arbeiten, kämpfen
　... *§ 34 E1*]
widereinander∪stoßen ...
　§ 34(1.2)
widerlich
Widersacher
widmen
widrig
wie [hoch, oft, viel[e], weit ...
　§ 39 E2(2.4)]
Wiedehopf
wieder [aufheben [etwas], anpfeifen
　[Spiel], tun ... *§ 34 E1*]
wieder∪bekommen *(zurückbekom-*
　men), ...grüßen *(Gruß erwidern),*
　...beleben [jmdn.], ...herstellen *(in*
　den alten Zustand bringen), ...se-
　hen *(erneut zusammentreffen)* ...
　§ 34 (1.2); aber wieder bekommen
　(erneut bekommen), wieder grüßen
　(erneut grüßen), wieder beleben
　[Wirtschaft], wieder herstellen *(er-*
　neut herstellen), wieder sehen
　(nach einer Operation) ... *§ 34 E1*
wieder∪aufbereiten [Brennelemen-
　te], ...auferstehen, ...käuen, ...keh-
　ren ... *§ 34(1.2);* ...holen (wieder-
　holt) ... *§ 33(3)*

wieder [aufnehmen, wiederaufneh-
men; einstellen, wiedereinstellen;
eröffnen, wiedereröffnen …
§ 34 E1, § 34(1.2)]

Wiedersehen § 57(2); [jmdm.] auf
Wiedersehen /Auf Wiedersehen
sagen

wiegen wiegte *(das Kind schaukeln)*

wiegen wog *(das Gewicht feststellen)*

wiehern

Wiese

Wiesel

wieso § 39(1)

Wigwam

wild; der Wilde Westen § 60(5)

Wildbret

Wildfang

Wille, Willen; des Willens; guten
Willens, zu Willen [sein] § 55(4)

willen; um [der Kinder …] willen
§ 56(4)

willens § 56(3)

willentlich

willfahren willfuhr § 33(1)

willkommen

Willkür

wimmeln

Wimmerl

wimmern

Wimpel

Wimper

Wind

Windel

winden wand, gewunden

Winkel

winken

winseln

Winter

winters § 56(3)

Winzer

winzig [klein]

Wipfel

Wippe

wir *(Personalpronomen)*; unser,
uns, uns § 58(4)

Wirbel

wirken

wirklich

wirr

Wirrwarr

Wirsing, Wirz

Wirt

Wirz, Wirsing

wischen

Wisent

Wismut

wispern

wissen weiß, wusste

wissentlich

wissenschaftlich-technisch
§ 44(2)

wittern

Witterung

Wittling

Witwe

Witz

Witzbold

wo

wo‿mit, …nach, …von, …vor …

woanders

woandershin

wobei

Woche

wöchentlich

Wöchnerin

Wodka

wodurch

wofür

Woge

wogegen

woher

woherum

wohin

wohinauf

wohinaus

wohinein

wohingegen
wohinter
wohinunter
wohl [dosiert, wohldosiert; durch-
  dacht, wohldurchdacht; erzogen,
  wohlerzogen … § 36(2.1); erge-
  hen, wohlergehen; fühlen, wohl-
  fühlen [sich] … § 34 E5]
wohl∪behalten, …feil, …habend,
  …weislich … § 36(1.2);
  …anständig, …gelitten, …verdient
  … § 36(1.5); …wollend …
  § 36(1.3); …wollen … § 34(2.2)
wohnen
Woiwod, Woiwode
wölben
Wolf
Wolfram
Wolke
Wolle
wollen will
Wollust
womit
womöglich
wonach
Wonne
woran
worauf
woraufhin
woraus
Worcestersoße § 37(1.1)
worein
worin
Workaholic § 37 E3
Workshop § 37 E3
Worldcup § 37 E3
Wort; zu Wort [kommen] § 55(4)
worüber

worum
worunter
wovon
wovor
wozu
Wrack
wringen wrang, gewrungen
Wucher
Wuchs
Wucht
wühlen
Wulst
wund [laufen, wundlaufen; liegen,
  wundliegen … § 34(2.1)]
Wunder; [was] Wunder[, wenn …],
  Wunder [was] (vgl. wunderneh-
  men)
wundernehmen (es nimmt
  wunder) § 34(3), § 56(2)
wunders § 56(3)
Wunsch
Wünschelrute
Würde
würdigen
Wurf
Würfel
würgen
Wurm
wurst, wurscht [sein § 56(1)]
Wurst
Würze
Wurzel
Wuschel∪haar …
wuschelig
Wust
Wüste
Wut

x/X

x-Achse *§ 40(1), § 55(1)*

Xanthippe

X-Beine *§ 40(1), § 55(1)*; x-beinig, X-beinig *§ 40(1), § 55(2)*

x-beliebig *§ 40(1), § 55(2)*

x-fach *§ 40(1), § 55(2)*

x-förmig, X-förmig *§ 40(1), § 55(2)*

X-Haken *§ 40(1), § 55(1)*

x-mal *§ 40(1), § 55(2)*

x-te; der x-te Besucher, das x-te Mal, zum x-ten Mal[e] *§ 41*

y/Y

y-Achse *§ 40(1), § 55(1)*
Yacht, Jacht
Yak, Jak
Yankee
Yard
Y-Chromosom *§ 40(1), § 55(1)*
Yellow Press *§ 37 E4*
Yeti

Yippie
Yoga, Joga
Youngster
Yo-Yo, Jo-Jo
Ysop
Yucca
Yuppie

z/Z

Zacke, Zacken
zagen; das Zagen, mit Zittern und
  Zagen § 57(2)
zäh
Zähheit
Zahl
zählen
zahllos; Zahllose § 57(1)
zahlreich; Zahlreiche § 57(1)
zahm
Zahn
Zähre
Zaine, Zeine
Zampano
Zander
Zange
Zank
Zapf, Zapfen
Zäpfchen-R, Zäpfchen-r § 40(1)
zapfen
Zapfen, Zapf
zappeln
Zar
Zarge
zart [berühren … § 34(2.3);
  fühlend, zartfühlend …
  § 36(2.1)]
zart‿blau …
Zäsium, Caesium, Cäsium
Zäsur
Zauber
zaudern
Zaum
Zaun
zausen
Zaziki, Tsatsiki
Zebra
Zeche
Zeck, Zecke
Zeder
Zeh, Zehe

zehn *usw.* (*vgl.* acht *usw.*)
zehntel *usw.* (*vgl.* achtel *usw.*)
zehren
Zeichen
zeichnen
zeigen
zeihen zieh
Zeile
Zeine, Zaine
Zeisig
zeit [seines Lebens] *§ 56(4), aber*
  zeitlebens *§ 39(1)*
Zeit; eine Zeit lang, Zeitlang; zur
  Zeit [Goethes] *§ 39 E2(2.3), aber*
  zurzeit *§ 39(1)*; zu Zeiten [Goe-
  thes] *§ 39 E2(2.3), aber* zuzeiten
  § 39(1)
zeitlebens *§ 39(1), aber* zeit [sei-
  nes Lebens] *§ 56(4)*
Zeitung
Zelle
Zellophan, *aber* Cellophan ®
zellular, zellulär
Zelluloid, Celluloid
Zellulose, Cellulose
Zelot
Zelt
Zelten
Zement
Zen
Zenit
Zensur
Zentaur, Kentaur
Zenti‿meter …
Zentner
zentrifugal
zentripetal
Zentrum
Zephir, Zephyr
Zepter, Szepter *(österr.)*
zer‿fleddern …

Zer∪fall …
Zerberus, Cerberus
Zeremonie
zerknirscht
Zero
Zeroplastik, Keroplastik
zerren
zerrütten
zerschellen
Zertifikat
Zervelatwurst, Servelatwurst,
   (schweiz. auch) Cervelat, Servela
zetern
Zettel
Zeug
Zeuge
zeugen
Zibebe
Zichorie
Zicke
Zickzack
Zider, Cidre
Ziege
Ziegel
Ziegenpeter
Zieger *(österr.)*, Ziger *(schweiz.)*
ziehen zog
Ziel
ziemen
Ziemer
ziemlich
ziepen
Zier, Zierde
Zierrat
Ziesel
Ziest
Ziffer; die Ziffer Null *§ 57(4)*
Zigarette
Zigarillo
Zigarre
Ziger *(schweiz.)*, Zieger *(österr.)*
Zigeuner
zigtausend[e], Zigtausend[e]
   § 58 E5

Zikade
Zille
Zimbel
Zimmer
zimmern
zimperlich
Zimt
Zineraria, Zinerarie
Zink
Zinke
Zinn
Zinne
Zinnie
Zinnober
Zins
Zionismus
Zipfel
zirka, circa
Zirkel
zirkular, zirkulär
zirkum∪terrestrisch …
Zirkum∪skription …
Zirkus, Circus
zirpen
Zirrus[wolke]
zirzensisch
zischen
ziselieren
Zisterne
Zistrose
Zitadelle
Zitat
Zither
Zitrat, Citrat
Zitrone
Zitrus∪frucht …
zittern; das Zittern, mit Zittern
   und Zagen *§ 57(2)*
Zitze
zivil
Zobel
zockeln, zuckeln
Zofe
zögern

Zögling
Zölibat
Zoll
zoll‿breit … *§ 36 (1.1)*
Zollbreit, Zoll breit; keinen Zoll-
    breit, Zoll breit zurückweichen
Zombie
Zone
Zoo; Zooorchester
Zoologie
Zoom
Zopf
Zorn
Zote
Zottel
zotteln
zu [hoch, oft, viel[e], weit …
    § 39 E2(2.4)]; zu Ende, zu Fuß
    [gehen …] *§ 39 E2(2.1)*; zu
    Hause, zuhause [bleiben …]
    § 39 E3(1); das Zuhause *§ 57(5)*;
    zu Hilfe [kommen …]; zu Lande;
    zu Wasser [und zu Lande]; hier
    zu Lande (*wegen* zu Lande)
    § 39 E2(2.1), hierzulande; zu
    Schaden [kommen] *§ 39 E2(2.1)*;
    zu Zeiten [Goethes] *§ 39 E2(2.3)*,
    aber zuzeiten *§ 39(1)*
zu‿geben (gibt zu), …gestehen,
    …muten, …schießen, …sehen …
    § 34(1.1)
zuallererst *§ 39(1)*
zuallerletzt *§ 39(1)*
zuallermeist *§ 39(1)*
Zubehör
Zuber
Zucht
züchten
züchtigen
zuckeln, zockeln
zucken
zücken
Zucker

Zuckerl
zueinander [sprechen … *§ 34 E1*;
    finden, zueinanderfinden; passen,
    zueinanderpassen … *§ 34 E1,*
    § 34(1.2)]
zuerst *§ 39(1)*
zufällig
zufolge *§ 39(3)*
zufrieden [machen … *§ 34(2.3)*;
    stellen, zufriedenstellen *§ 34 E5*;
    sein *§ 35*]
zufrieden‿geben [sich], …lassen
    § 34(2.2)
Zug
Zugabe
zugegebenermaßen *§ 39(1)*
Zügel
zugrunde, zu Grunde [gehen,
    richten] *§ 39 E3(1)*
zugunsten, zu Gunsten
    § 39 E3(3); zu [seinen …]
    Gunsten *§ 55(4)*
zugute‿halten, …kommen …
    § 34(1.3)
Zuhälter
zuhanden *§ 39(3)*
zuhauf *§ 39(1)*
zuhause, zu Hause *§ 39 E3(1)*
    (*vgl.* Haus)
zuhinterst *§ 39(1)*
zuhöchst *§ 39(1)*
zulasten, zu Lasten *§ 39 E3(3)*
zuleide, zu Leide [tun] *§ 39 E3(1)*
zuletzt *§ 39(1)*
zuliebe *§ 39(3)*
zumal *§ 39(1)*
zumeist *§ 39(1)*
zumindest *§ 39(1)*
zumute, zu Mute [sein] *§ 39 E3(1)*
zunächst *§ 39(1)*
zünden
Zunder
Zunft

Zunge; Zungen-R, Zungen-r
  § 40(1)
zunichte [sein *§ 35*]
zunichte‿machen, ...werden
  § 34(1.3)
zunutze, zu Nutze [machen]
  § 39 E3(1)
zuoberst *§ 39(1)*
zupass[e]kommen *§ 34(1.3)*
zupfen
zur; zur Zeit [Goethes]
  § 39 E2(2.3), aber zurzeit
  § 39(1)
zurande, zu Rande [kommen]
  § 39 E3(1)
zurate, zu Rate [ziehen]
  § 39 E3(1)
zurecht
zurecht‿rücken ... *§ 34(1.3)*
zürnen
zurren
zurück [sein *§ 35*]
zurück‿fahren ... *§ 34(1.2)*
zurzeit *§ 39(1), aber* zur Zeit
  [Goethes] *§ 39 E2(2.3)*
zusammen *(miteinander)* [sitzen,
  tragen ... *§ 34 E1*; sein *§ 35*]
zusammen‿sitzen, ...tragen
  (sammeln) ... *§ 34(1.2)*
zuschanden, zu Schanden
  [machen, werden] *§ 39 E3(1)*
zuschulden, zu Schulden
  [kommen lassen] *§ 39 E3(1)*
Zuschuss
zuseiten, zu Seiten *§ 39 E3(3)*
Zustand
zustande, zu Stande [bringen,
  kommen] *§ 39 E3(1)*; das
  Zustandekommen *§ 37(2)*
zuständig
zustattenkommen *§ 34(1.3)*
zutage, zu Tage [fördern, treten
  ...] *§ 39 E3(1)*
zuteilwerden *§ 34(1.3)*

zutiefst *§ 39(1)*
zuträglich
zuungunsten, zu Ungunsten
  § 39 E3(3)
zuunterst *§ 39(1)*
Zuversicht
zuvor *(vorher)* [sagen ... *§ 34 E1*]
zuvor‿kommen ... *§ 34(1.2)*
zuwege, zu Wege [bringen]
  § 39 E3(1)
zuweilen *§ 39(1)*
zuwider [sein *§ 35*]
zuwider‿handeln ... *§ 34(1.2)*
zuzeiten *§ 39(1), aber* zu Zeiten
  [Goethes] *§ 39 E2(2.3)*
zuzeln
zwacken
Zwang
zwängen
zwangs‿räumen ... *§ 33(1)*
zwanzig *usw.* (*vgl.* achtzig *usw.*)
zwar
Zweck
Zwecke
zwecks *§ 56(3)*
zwei *usw.* (*vgl.* acht *usw.*)
zweifach (*vgl.* achtfach) *§ 36(1.2)*,
  2fach *§ 41 E*, 2-fach *§ 40(3)*
Zweifel
zweifelsohne *§ 39(1)*
Zweig
zweimal *§ 39(1)*
Zweipfünder, 2-Pfünder *§ 40(3)*
zweitletzte (*vgl.* letzte)
Zwerchfell
Zwerg
Zwetsche, Zwetschge, Zwetschke
Zwickel
zwicken
Zwie‿licht ...
Zwieback
Zwiebel
Zwietracht
Zwilch, Zwillich

Zwilling
zwingen zwang, gezwungen
zwinkern
zwirbeln
Zwirn
zwischen
zwischen∪finanzieren, ...landen
... § 34(1.1)
Zwist
zwitschern
Zwitter
zwölf usw. (vgl. acht usw.)
zwölftel usw. (vgl. achtel usw.)

Zyankali
Zyklame, Zyklamen
Zyklon
Zyklop
Zyklus
Zylinder
zynisch
Zypresse
zyrillisch, kyrillisch
Zyste